2024年度版

貸金業務取扱主任者

合格テキスト

TAC貸金業務取扱主任者講座

TAC出版
TAC PUBLISHING Group

はじめに

平成18年12月に改正された改正貸金業法の施行により、平成22年6月以降は、貸金業者に対して、貸金業務取扱主任者資格試験に合格し、登録を完了した貸金業務取扱主任者を、その営業所等ごとに、貸金業に従事する者の50人に1人の割合で設置することが義務付けられました。

このように、貸金業務取扱主任者は、貸金業を営む者にとって必須の資格であり、また貸金業のコンプライアンス（法令等遵守）の担い手として、非常に大きな期待が寄せられている、注目の資格でもあります。

しかし、法律を学ぶということは、初学者には大変なことでもありますし、貸金業務取扱主任者試験の科目は貸金業法だけでなく、民事法から刑事法、さらには会計にいたるまでさまざまな知識が必要となります。

そこで本書では、受験者の皆さんが効率良く学習できるよう、以下の点を意識して作成しました。

1．簡潔明瞭な文章で初学者にもわかりやすくする。
2．見開き形式とすることで、学習しやすくする。
3．試験範囲を厳選し52項目で合格に必要な論点を網羅する。
4．図表を多用することで理解を深められるようにする。
5．ゴロ合わせにより重要事項の暗記をしやすくする。
6．各章末には「章末確認問題」を掲載し、テキスト部分でインプットした知識を定着できるようにする。
7．「ココが出る！」「注意‼」「講師より」等の項目を欄外に設け、重要なポイントが一目でわかるようにする。

本書を活用し、皆さんが貸金業に関する法令等の知識を十分に身に付け、貸金業務取扱主任者試験に合格されることを心より願っております。

TAC貸金業務取扱主任者講座

貸金業務取扱主任者試験の概要

1．貸金業務取扱主任者とは

貸金業務取扱主任者の制度は、平成15年8月改正貸金業法（平成16年1月施行）で創設されましたが、平成18年12月改正貸金業法の3条施行（平成21年6月18日）から、国家資格である貸金業務取扱主任者の資格試験が開始されました。

4条施行（平成22年6月に施行）以降、貸金業者は資格試験に合格し登録を完了した貸金業務取扱主任者を貸金業に従事する者50人に1人の割合で、営業所または事務所ごとに設置しなければならなくなりました。

貸金業務取扱主任者は、営業所等において、貸金業の業務に従事する使用人その他の従業者に、貸金業に関する法令遵守・業務を適正に実施するために必要なものを行わせるための助言・指導を行うとされています。

また、貸金業者は、貸金業務取扱主任者が上記の助言または指導を適切に遂行できるように配慮しなければならず、貸金業の業務に従事する従業員等は、貸金業務取扱主任者が行う助言を尊重し、指導に従わなければならないとされています。

企業内でのコンプライアンス（法令等遵守）の役割を担う、期待の資格です。

2．試験の概要

試験方法	筆記試験
試験問題数	50問
出題形式	4肢択一方式
試験時間	2時間（13時00分～15時00分）
試験日	例年11月第3日曜日
解答方式	マークシート方式

試験地	札幌、仙台、千葉、東京、埼玉、横浜、高崎、名古屋、金沢、大阪、京都、神戸、広島、高松、福岡、熊本、沖縄 全国 17 地域 ※受験申込者は希望試験地を選択することができます。 ※試験会場は試験機関で決定し通知されます。
試験問題は持ち帰りが可能です。	
受験手数料	8,500 円（政令で定められています）

3．科目別出題範囲

1	法および関係法令に関すること	貸金業法、利息制限法、出資法等
2	貸付けおよび貸付けに付随する取引に関する法令および実務に関すること	民法、商法、会社法、保険法、手形法・小切手法、民事訴訟法、民事執行法、民事保全法、破産法、民事再生法、暴力団員による不当な行為の防止等に関する法律、犯罪による収益の移転防止に関する法律、刑法等
3	資金需要者等の保護に関すること	個人情報保護法、個人情報保護法ガイドライン、消費者契約法、景表法等
4	財務および会計に関すること	家計診断、企業会計原則等

4．合格基準点・合格率

①合格基準点

年度によって異なります。参考までに、令和５・令和４年度のものを掲載します。

令和 5 年度（第 18 回）試験…50 問中 31 問正解

令和 4 年度（第 17 回）試験…50 問中 28 問正解

②合格率（令和３・令和２年度）

	令和５年度（第 18 回）	令和４年度（第 17 回）
合格率	31.0%	26.6%
受験申込者数	10,963 人	11,536 人
受験者数	9,448 人	9,950 人
合格者数	2,928 人	2,644 人

本書の使い方

本書は初学者の方でも、「使いやすく！　わかりやすく！　合格（うか）りやすい！　テキスト」を目指して作成されました。

貸金業務取扱主任者試験は、さまざまな分野の法令を学ばなければなりません。そのためには出題の傾向や重要度などに応じ、効率の良い学習を心がけるとともに、その内容を覚えなければなりません。そこで、以下の特徴を本書に盛り込みました。ぜひ有効活用してみてください。

1．章ごとに重要度を掲載

★★★…絶対に押さえなければならないレベル

★★　…合否を分けるレベル

★　　…マイナー論点

2．図表・ゴロ合わせで理解力アップ

覚えにくい論点については、図表やゴロ合わせを用意しました。

3．充実の欄外

ココが出る！…本試験で出された引っかけについてコメントしています。

講師より　…覚え方のコツや本文＋αの説明をしています。

注意!!　…間違えて覚えやすい論点についての注意喚起です。

KEYWORD…難しい用語の解説です。

4．過去問 CHECK！

今後も出題可能性の高い過去問題を1問1答の形式にして掲載しました。

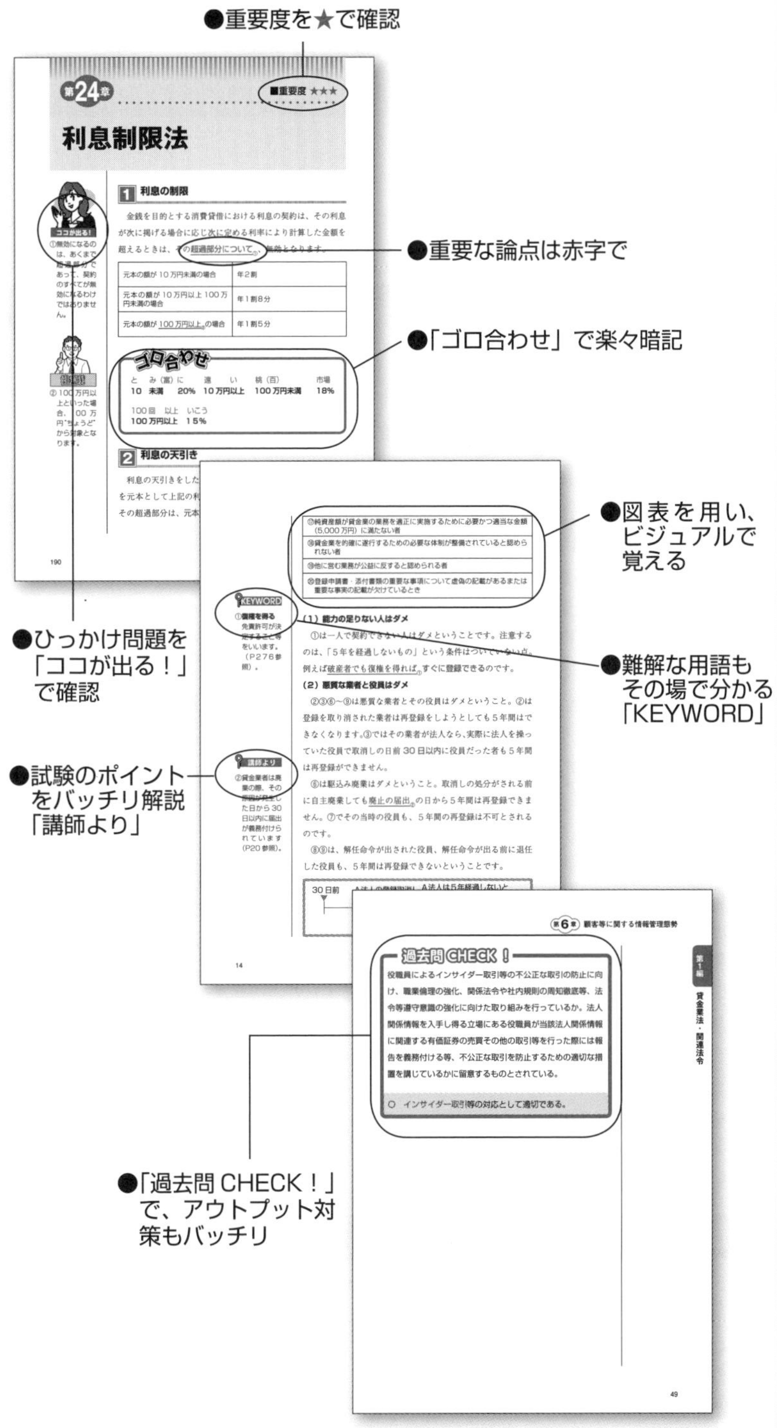
●重要度を★で確認
●重要な論点は赤字で
●「ゴロ合わせ」で楽々暗記
●図表を用い、ビジュアルで覚える
●ひっかけ問題を「ココが出る！」で確認
●難解な用語もその場で分かる「KEYWORD」
●試験のポイントをバッチリ解説「講師より」
●「過去問 CHECK！」で、アウトプット対策もバッチリ
第24章
■重要度 ★★★
利息制限法
1 利息の制限
金銭を目的とする消費貸借における利息の契約は、その利息が次に掲げる場合に応じ次に定める利率により計算した金額を超えるときは、その超過部分について①、無効となります。
元本の額が10万円未満の場合 年2割
元本の額が10万円以上100万円未満の場合 年1割8分
元本の額が100万円以上②の場合 年1割5分
ゴロ合わせ
と み(富)に 速 い 桃(百) 市場
10 未満 20% 10万円以上 100万円未満 18%
100回 以上 いこう
100万円以上 15%
2 利息の天引き
利息の天引きをした
を元本として上記の利
その超過部分は、元本
ココが出る！
①無効になるのは、あくまで超過部分であって、契約のすべてが無効になるわけではありません。
講師より
②100万円以上といった場合、100万円"ちょうど"から対象となります。
190
⑰純資産額が貸金業の業務を適正に実施するために必要かつ適当な金額(5,000万円)に満たない者
⑱貸金業を的確に遂行するための必要な体制が整備されていると認められない者
⑲他に営む業務が公益に反すると認められる者
⑳登録申請書・添付書類の重要な事項について虚偽の記載があるまたは重要な事実の記載が欠けているとき
KEYWORD
①復権を得る
免責許可が決定すること等をいいます。(P276参照)。
(1) 能力の足りない人はダメ
①は一人で契約できない人はダメということです。注意するのは、「5年を経過しないもの」という条件はついていない点。例えば破産者でも復権を得れば①すぐに登録できるのです。
(2) 悪質な業者と役員はダメ
②③⑥～⑨は悪質な業者とその役員はダメということ。②は登録を取り消された業者は再登録をしようとしても5年間はできなくなります。③ではその業者が法人なら、実際に法人を操っていた役員で取消しの日前30日以内に役員だった者も5年間は再登録ができません。
⑥は駆込み廃業はダメということ。取消しの処分がされる前に自主廃業しても廃止の届出②の日から5年間は再登録できません。⑦でその当時の役員も、5年間の再登録は不可とされるのです。
⑧⑨は、解任命令が出された役員、解任命令が出る前に退任した役員も、5年間は再登録できないということです。
講師より
②貸金業者は廃業の際、その事由が発生した日から30日以内に届出が義務付けられています(P20参照)。
30日前
14
第6章 顧客等に関する情報管理態勢
第1編 貸金業法・関連法令
過去問 CHECK！
役職員によるインサイダー取引等の不公正な取引の防止に向け、職業倫理の強化、関係法令や社内規則の周知徹底等、法令等遵守意識の強化に向けた取り組みを行っているか。法人関係情報を入手し得る立場にある役職員が当該法人関係情報に関連する有価証券の売買その他の取引等を行った際には報告を義務付ける等、不公正な取引を防止するための適切な措置を講じているかに留意するものとされている。
○ インサイダー取引等の対応として適切である。
49

目　次

第３編　その他法令

第４編　資金需要者等の保護・財務会計

第1編 貸金業法・関連法令

第1章

■重要度 ★★★

用語の定義

1 貸金業法の目的

貸金業は我が国の経済社会において大きな役割を果たしています。そこで、貸金業法では以下の制度を定めることで、資金需要者等①の利益の保護を図るとともに、国民経済の適切な運営に資することを目的としています。

KEYWORD

①**資金需要者等**
顧客等または債務者等をいいます（P5参照）。

①貸金業を営む者について登録制度を実施
⇒事業に対し必要な規制を行う
②貸金業者の組織する団体を認可する制度の設置
⇒貸金業を営む者の適正な活動を促進
③指定信用情報機関の制度の設置
⇒貸金業を営む者の業務の適正な運営の確保・資金需要者の利益保護

2 用語の定義

（1）貸金業の定義

ところで、我々は普通に貸金業②という言葉を使っていますが、いったいどういった業務をすると貸金業になるのでしょうか。

貸金業法では、以下のように定義されています。

②貸金業について、営利目的か否かは要件となっていません。

①金銭の貸付け

②金銭の貸借の媒介③
③手形の割引③ ┐
④売渡担保 ┘による金銭の貸付けや貸借の媒介
⑤その他上記③④に類する方法によってする金銭の交付または当該方法によってする金銭の授受の媒介を含む
以上のもので業として行うもの

③貸付けだけでなく、媒介や手形割引も対象です。

(2) 貸付けの契約とは?

貸付けに係る契約または当該契約に係る**保証契約**をいいます④。

④貸付けそのものだけでなく、保証契約も対象となっています。

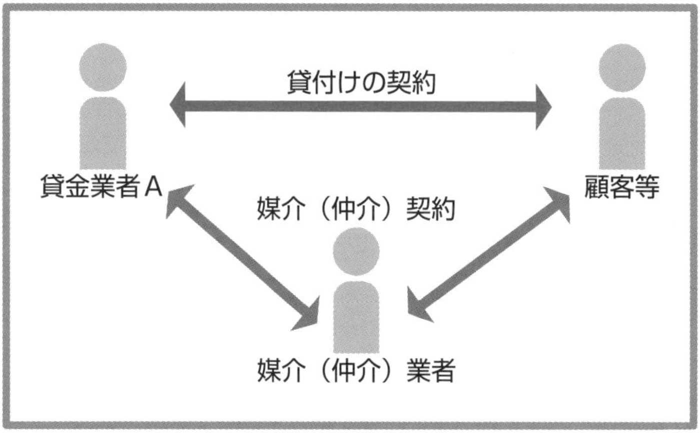

(3) 適用除外…国や銀行は対象外

以下のケースでは、貸金業法の**適用除外**となります。

①国または地方公共団体が行うもの（自治体の中小企業向け融資等）
②貸付けを業として行うにつき他の法律に特別の規定のある者が行うもの（銀行や郵便局の融資等）
③物品の売買、運送、保管または売買の媒介を業とする者

がその取引に付随して行うもの（不動産会社が住宅の販売等に関して住宅ローンをあっせんする場合等）

④事業者がその従業者に対して行うもの

⑤上記に掲げるもののほか、以下の資金需要者等の利益を損なうおそれがないと認められる貸付けを行う者で政令で定めるものが行うもの（一部抜粋）

ア）国家公務員等の職員団体・労働組合の行う組合員・構成員への貸付け

※その直接又は間接の構成員以外の者に対する貸付けを業として行うものは貸金業に該当します

イ）公益社団法人・公益財団法人・私立学校法等に基づき設立された法人（学校法人）の行う貸付けで収益を目的としないもの

※収益を目的とする事業として貸付けを行うものは貸金業に該当します

過去問CHECK！

貸金業とは、金銭の貸付け又は金銭の貸借の媒介（手形の割引、売渡担保その他これらに類する方法によってする金銭の交付又は当該方法によってする金銭の授受の媒介を含む）で業として行うものをいうが、貸金業から除かれるものの１つとして、事業者がその従業者に対して行うものがある。

○　事業者がその従業者に対して行うものは貸金業から除かれる。

3 契約等の主体に関する定義

用語	内容
貸金業者	貸金業の登録を受けた者①
顧客等	資金需要者である顧客または保証人と**なろうとする者**
債務者等②	債務者（お金を借りた人）または保証人
資金需要者等③	顧客等または債務者等
個人顧客	資金需要者である個人の顧客

つまり、契約をする前は**顧客等**という呼び名で、契約後は**債務者等**と呼ばれるわけです。そして、この顧客等と債務者等をまとめて**資金需要者等**と呼ぶのです。したがって、保証人となろうとする者や保証人も資金需要者等に含まれます。

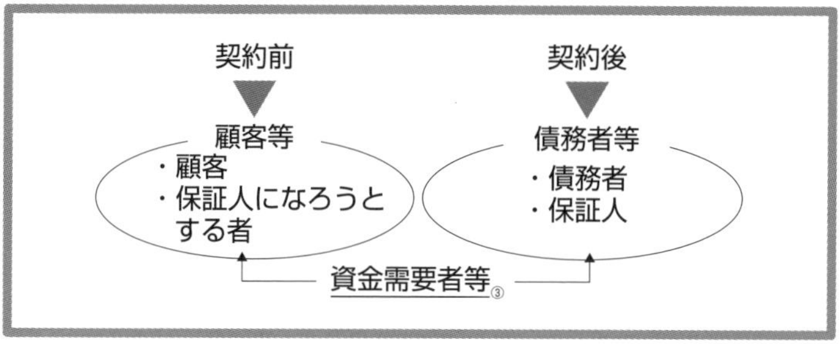

過去問CHECK！

資金需要者等とは、資金需要者である顧客又は債務者をいい、保証人となろうとする者及び保証人は、資金需要者等に含まれない。

× 資金需要者等に保証人となろうとする者および保証人は含まれる。

ココが出る！

①業務の休止を届け出ていても貸金業者でなくなるわけではありません。また、登録を受けないで貸金業を営む者は、貸金業者ではありません。

注意!!

②かつて債務者であった者（返済を終えた人等）は債務者等ではありません。

講師より

③つまり資金需要者等とは、顧客・保証人となろうとする者・債務者・保証人の四者をまとめたものです。

4 契約に関する定義

用語	定義
極度方式 基本契約	貸付けに係る契約のうち、資金需要者である顧客によりあらかじめ定められた条件に従った返済が行われることを条件として、当該顧客の請求に応じ、極度額の限度内において貸付けを行うことを約するもの （簡単にいうとリボルビング契約等のこと）
極度方式 貸付け	極度方式基本契約に基づく貸付けをいう つまり、リボルビング契約等により、極度額内で行われる個々の貸付け（カードキャッシング等）のこと
個人過剰貸付 契約	①個人顧客を相手方とする貸付けに係る契約※1で、 ※1　除外契約（住宅資金貸付契約等）・極度方式貸付けに係る契約を除く ②当該貸付けに係る契約を締結することにより、当該個人顧客に係る個人顧客合算額※2が、 ※2 住宅資金貸付契約等に係る貸付けの残高を除く ③個人顧客に係る基準額（年間の給与等の**3分の1**）を超えることとなるもの※3 ※3　例外契約（当該個人顧客の利益の保護に支障を生ずることがない契約として内閣府令で定めるもの）を除く
住宅資金貸付 契約	住宅の建設もしくは購入に必要な資金（住宅の用に供する土地または借地権の取得に必要な資金を含む）または**住宅の改良**①に必要な資金の貸付けに係る契約
基準額超過 極度方式 基本契約	個人顧客を相手方とする極度方式基本契約で、当該極度方式基本契約が締結されていることにより、当該個人顧客に係る極度方式個人顧客合算額が当該個人顧客に係る基準額を超えることとなるもの ※当該個人顧客の利益の保護に支障を生ずることがない極度方式基本契約等を除く
極度方式 保証契約	極度方式基本契約に基づく不特定の債務を主たる債務とする保証契約

ココが出る!

①住宅の改良に必要な資金の貸付けに係る契約も対象です。

■極度方式基本契約と極度方式貸付け

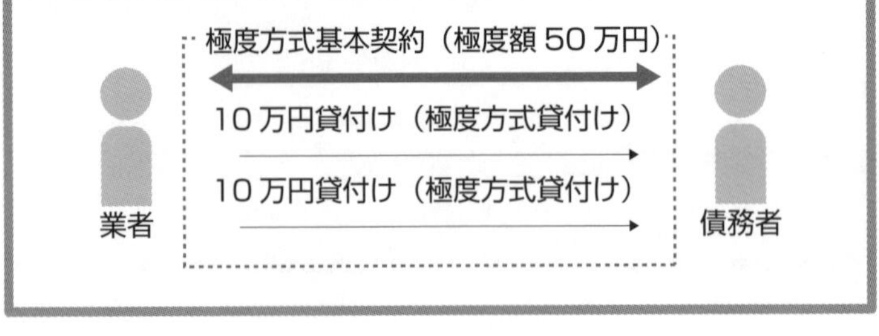

過去問CHECK！

住宅資金貸付契約とは、住宅の建設又は購入に必要な資金（住宅の用に供する土地又は借地権の取得に必要な資金を含む。）の貸付けに係る契約をいい、住宅の改良に必要な資金の貸付けに係る契約は、住宅資金貸付契約に含まれない。

× 住宅の改良に必要な資金の貸付けに係る契約も含まれる。

5 総量規制指標数値

用語	定義
当該貸金業者合算額②	①貸金業者が締結しようとする貸付けの契約※1に係る貸付けの金額（つまり、新規貸付額）※2 ※1 貸付けに係る契約に限る ※2 極度方式基本契約にあっては極度額 ＋ ②当該個人顧客と上記①以外の貸付けに係る契約を締結しているときはその貸付けの残高※1 ※1 極度方式基本契約にあっては極度額 （以上の合算額）
個人顧客合算額	①当該貸金業者合算額 ＋ ②信用情報により判明した他社貸付け残高合計額 （以上の合算額）
個人顧客に係る基準額	個人顧客の以下の計算式で求めた額 （年間の給与＋これに類する定期的な収入の金額）×1／3
極度方式個人顧客合算額	①当該極度方式基本契約の極度額※1 ※1 元本の上限として極度額を下回る額を貸金業者が提示しているときは、下回る額 ＋ ②当該個人顧客と①以外の貸付けに係る契約を締結しているときは、その貸付けの残高（極度方式基本契約では極度額）※2 ＋ ③信用情報により判明した他社残高合計額※2 ※2 住宅資金貸付契約等に係る貸付けの残高を除く （以上の合算額）

②当該貸金業者合算額が50万円を超える場合は、収入を証する書面の提出を求める必要があります（P155参照）。

6 信用情報関連

用語	定義
信用情報	資金需要者である顧客または債務者の借入金の返済能力に関する情報 ※ 保証人・保証人となろうとする者は対象外
個人信用情報	**個人の顧客を相手方とする**貸付けに係る契約※に係る、氏名および住所等・契約年月日・貸付けの金額・内閣府令で定める事項等 ※ 極度方式基本契約その他内閣府令で定めるものを除く
指定信用情報機関①	貸金業法の規定による指定を受けた信用情報機関

7 営業所等

営業所等には、以下のものが該当します。

①貸金業者またはその代理人が、一定の場所で、貸付けの契約の締結、これに基づく金銭の交付および債権の回収の全部または一部を継続して営む施設または設備

②代理店

③自動契約受付機

④現金自動設備

ただし、既存の営業所又は事務所の**同一敷地内**又は**隣接地**に新たに設置する**現金自動設備**②は、営業所等に**該当しません。**

①貸金業者が個人顧客と貸付けの契約を締結しようとするときは、指定信用情報機関が保有する信用情報を用いて返済能力を調査しなければなりません（P154参照）。

②対象となるのは現金自動設備のみで自動契約受付機は含まれていません。

過去問CHECK！

営業所又は事務所とは、貸金業者又はその代理人が一定の場所で貸付けに関する業務の全部又は一部を継続して営む施設又は設備をいうが、貸金業者が既存の営業所又は事務所の隣接地に新たに設置する、現金自動設備及び自動契約受付機は、いずれも営業所又は事務所には該当しない。

× 自動契約受付機は、営業所等に該当する。

8 電磁的方法・電磁的記録

電磁的方法とは、電子情報処理組織を使用する方法その他の情報通信の技術を利用する方法であって内閣府令で定めるものをいいます。

電磁的記録とは、電子的方式、磁気的方式その他人の知覚によっては認識することができない方式で作られる記録であって、内閣府令で定める電子計算機による情報処理の用に供されるものをいいます。

過去問CHECK！

電磁的記録とは、電子的方式、磁気的方式その他人の知覚によっては認識することができない方式で作られる記録であって、電子計算機による情報処理の用に供されるものとして内閣府令で定めるものをいう。

○ 電磁的記録の説明である。

第2章　■重要度 ★★★

貸金業者の登録

1 貸金業の登録

貸金業を営もうとする者は、登録を受けなければなりません。

> 無登録営業を行うと10年以下の懲役または3,000万円以下の罰金またはこれを併科されます。また、両罰規定の対象ともなります。

不正な手段で登録を受けた者は罰則の対象となります。

> 10年以下の懲役もしくは3,000万円以下の罰金またはこれらの併科の対象となります。

また、貸金業の登録を受けていない者が、貸金業を営む旨の表示・広告をしたり、**貸金業を営む目的**①で貸付けの契約の締結を勧誘することは禁止されており、これに違反すると、罰則の対象となります。

> 2年以下の懲役または300万円以下の罰金（これらの併科）の対象となります。

自己の名義をもって他人に貸金業を営ませる行為（名義貸し）をすることも禁止されており、違反した場合、罰則の対象（無登録営業と同じ）となります。

では、登録はどこに対して行えばいいのでしょうか？

2 登録の申請先

貸金業の登録申請先②は、次のようになります。

注意!!

①契約の締結の勧誘が禁止されるのは貸金業を営む目的のときだけです。貸金業を営む目的でないなら禁止されません。

ココが出る!

②登録申請先は複数の都道府県に営業所等を設置するか否かで決まり、従業員数で決まるのではありません。

1つの都道府県内にだけ営業所・事務所を設けて事業を行う場合	都道府県知事
2以上の都道府県内に営業所・事業所を設けて事業を行う場合	内閣総理大臣

貸金業者は、貸金業者登録名簿に登録された事務所以外の事務所で貸金業を営んではならず、違反すると、**2年以下の懲役または300万円以下の罰金**となります。

なお、登録行政庁（内閣総理大臣・都道府県知事）は貸金業者登録簿を一般の閲覧③に供しなければなりません。

③一般の閲覧に供されるのであり、利害関係人しか閲覧できないわけではありません。

貸金業者向けの総合的な監督指針によれば、監督当局は、貸金業の登録の申請の審査については、貸金業者が適切な業務を運営することに疑義がある場所を営業所等として記載することや、他人に成りすます、または他人の名義を借りて貸金業登録を行うなど、登録行政庁を欺き貸金業の登録を受けることは、虚偽記載または不正な手段による登録となるため、特に、新規の登録申請または過去に貸出実績のない者からの登録の更新申請に当たり、登録申請者（法人の役員を含む）や重要な使用人を財務局に招聘してヒアリングを行いまたは営業所等の現地調査を行うなど、不適切な登録申請を排除するよう努めるものとされています。

3 登録申請書

貸金業の登録を受けるためには、以下の事項を記載した登録申請書を提出しなければなりません。

①商号、名称または氏名および住所
②法人等④である場合においては、その**役員**の氏名、商号または名称および政令で定める使用人があるときは、その者の氏名

④法人等には、人格のない社団・財団で代表者・管理者の定めがあるものも含まれます。

③個人である場合において、**政令で定める使用人**があるときは、その者の氏名
④未成年者である場合においては、その法定代理人の氏名・商号・名称
⑤**営業所**①または事務所の名称および所在地
⑥営業所または事務所ごとに置かれる**貸金業務取扱主任者**の氏名および登録番号②
⑦その業務に関して広告または勧誘をする際に表示等をする営業所または事務所の電話番号その他の連絡先であって、内閣府令で定めるもの（**電話番号**（場所を特定するもの・着信課金サービス・統一番号サービスに限る）・メールアドレス・ホームページアドレス等）
⑧業務の種類および方法
⑨他に事業を行っているときは、その事業の種類

①登録された営業所等以外の営業所等で貸金業を営んだ場合、登録の取消しや刑事罰の対象となります。

②貸金業務取扱主任者の住所は登録事項になっていません。

登録の申請には、添付書類が必要となります。ここでは重要なものを挙げておきます。

①登録拒否事由に該当しないことを誓約する書面
②本人（個人の場合）・政令で定める使用人・役員（法人の場合）の運転免許証や旅券等の写し
③営業所等の所在地を証する書面またはその写し
④登録申請者、政令で定める使用人、貸金業務取扱主任者の住民票の抄本等
⑤登録申請者等が破産手続開始の決定を受けて復権を得ない者等に該当しない旨の官公署の証明書

（1）役員とは？

役員とは業務執行社員、取締役、執行役、代表者、管理人その他これらに準ずる者をいいます。これらは私たちがイメージする役員と一致しやすいかと思います。また、取締役等以外でも、法人に対し、**取締役等と同等以上の支配力を有すると認められる者**も役員に含まれます。

＜法人に対し、役員と同等以上の支配力を有すると認められる者＞

①当該法人の総株主等の議決権の 100分の25 を超える議決権に係る株式または出資（株式等）を自己または他人の名義③をもって所有している個人

③当該法人の親会社の総株主等の議決権の 100分の50 を超える議決権に係る株式等を自己または他人の名義③をもって所有している個人

③当該法人（人格のない社団または財団で代表者または管理人の定めのあるものを含む）の業務を執行する社員またはこれらに準ずる者が法人である場合④に、その職務を行うべき者

④当該法人の業務を執行する社員、取締役、執行役、代表者、管理人もしくはこれらに準ずる者または上記①～③に掲げる者が未成年者である場合におけるその法定代理人⑤

したがって、これらの者も**役員**として、その**氏名・商号または名称も登録申請書に記載しなければなりません**⑥。

ゴロ合わせ

カ　ギ　持って　ニコニコ　親　子
総株主　議決権　所有　25/100　親会社　50/100

宝　飾店の　子が　役員なら　親
法人の　職務を行うべき者　未成年者が取締役等　法定代理人

も役員
も役員と同等の支配力

③自己名義だけでなく他人名義での株式等の所有も該当します。

講師より

④持分会社（合名会社・合資会社・合同会社）では業務執行社員が法人の場合があります。

⑤役員には未成年者が役員の場合の法定代理人も含まれています。

⑥「役員等」の氏名等は登録申請書記載事項でした（P11参照）。

（2）政令で定める使用人とは？

営業所等の業務を統括する者その他これに準じる者で内閣府令で定めるものとされており、具体的には以下の者が該当します。

<政令で定める使用人>

①支配人、本店長、支店長、営業所長、事務所長等、名称のいかんを問わず営業所等の業務を統括する者
②**主たる営業所等**の部長、次長、課長その他いかなる名称を有する者かを問わず、それらと同等以上の職にある者であって、貸付け、債権の回収および管理その他資金需要者等の利益に重大な影響を及ぼす業務について、一切の**裁判外の行為をなす権限**を有する者
③貸付けに関する業務に従事する使用人が**50人以上の従たる営業所等**①にあっては、支店次長や副支店長、副所長などどのような名称を有する者かを問わず当該営業所等の**業務を統括する者の権限を代行できる地位にある者**

ココが出る!

① 50人以上である点と従たる営業所等（支店）である点に注意しましょう。

したがって、これらの者も**政令で定める使用人**として、その**氏名・商号または名称を登録申請書に記載しなければなりません。**

ヒント

なお、事務を統括する権限を有さず、単に書面を作成するだけの事務職員や出納事務のみに従事する会計事務員や電話対応係、与信審査をしない受付けのみの者は**政令で定める使用人にはあたりません。**

ゴロ合わせ

重要な	支	部の	副賞	50万円
重要な使用人	**支店長**	**部長**	**副所長**	**50人以上の従たる営業所**

4 登録拒否要件

貸金業者にふさわしくない者に登録を認めるわけにはいきません。そこで、一定の事由に該当する場合は、登録が拒否されます②。これを登録拒否要件といいます。

＜登録拒否要件＞

①心身の故障により貸金業を適正に行うことができない者・破産手続開始決定を受けて復権を得ない者
②登録取消処分※を受けた日から**5年**を経過しない者 ※正当な理由がないのに登録を受けた日から6ヵ月以内に貸金業を開始しないまたは引き続き6ヵ月以上貸金業を休止したことで登録を取り消されたときは拒否事由となりません
③上記②に法人が該当する場合、その取消しの日前**30日以内**③に役員であった者で、取消しの日から**5年**を経過しない者
④**禁錮以上の刑**④に処せられ、その刑の執行を終わりまたは執行を受けることがなくなった日から**5年**を経過しないもの
⑤ア）**貸金業法**・**出資法**・旧貸金業者の自主規制の助長に関する法律・暴力団員による不当な行為の防止等に関する法律の規定に違反した イ）貸付けの契約の結果もしくは当該契約に基づく債権の取立てにあたり、物価統制令の抱き合わせ、負担付契約の禁止に違反した ウ）刑法もしくは暴力行為等処罰に関する法律の罪を犯した 上記ア～ウにより**罰金の刑**に処せられ、その刑の執行を終わり、または刑の執行を受けることがなくなった日から**5年**を経過しない者
⑥登録取消処分について聴聞の通知があった日から実際に処分される日か、処分されないことが決定する日までの間に、解散・貸金業の廃止※の届出をした者で、その届出の日から**5年**を経過しない者 ※解散・廃止に相当の理由のある者を除く
⑦上記⑥の期間内に合併による消滅・解散・廃止をした法人の当時の役員で、聴聞の通知日前**30日**から、合併等による消滅日まで役員であった者で、その届出の日から**5年**を経過しない者
⑧監督上の処分の対象事項に該当したため、内閣総理大臣または都道府県知事により解任を命ぜられた役員で、その処分を受けた日から**5年**を経過しない者
⑨監督上の処分の対象事項に該当するとして役員の解任を命ずる処分に係る聴聞の通知があった日から当該処分をする日または処分をしないことの決定をする日までの間に退任した※当該命令により解任されるべきとされた者で、退任の日から**5年**を経過しない者 ※退任に相当な理由がある者を除く
⑩暴力団員等または暴力団員でなくなった日から**5年**を経過しない者

②内閣総理大臣または都道府県知事は登録を拒否したときは、遅滞なくその理由を示して申請者に通知しなければなりません。

③貸金業の登録拒否では「30日以内」に役員であった者ですが、貸金業務取扱主任者の登録拒否では、「60日以内」となっています(P35参照)。

KEYWORD

④刑罰は死刑＞懲役＞禁錮＞罰金＞科料等で左に行くほど重くなります。

⑪営業に関し成年者と同一の行為能力を有しない未成年者でその法定代理人が上記①～⑩のいずれかに該当する者
⑫法人で、その役員または政令で定める使用人のうちに、上記①～⑩のいずれかに該当する者のあるもの
⑬個人で、政令で定める使用人のうちに、上記①～⑩のいずれかに該当する者のあるもの
⑭暴力団員等がその事業活動を支配する者
⑮暴力団員等をその業務に従事させ、またはその業務の補助者として使用するおそれのある者
⑯営業所または事務所に一定数の貸金業務取扱主任者①を置かない者
⑰純資産額が貸金業の業務を適正に実施するために必要かつ適当な金額（**5,000万円**）に満たない者（再生手続・更生手続の開始決定を受けている者を除く）
⑱貸金業を的確に遂行するための必要な体制が整備されていると認められない者
⑲他に営む業務が公益に反すると認められる者
⑳登録申請書・添付書類の重要な事項について虚偽の記載があるまたは重要な事実の記載が欠けているとき

講師より

①一定数とは、原則として事務所等において貸金業に従事する者**50名につき1名**の割合になります。

KEYWORD

②**復権を得る**
免責許可が決定すること等をいいます（P327参照）。

ココが出る!

③本試験では"50日前"のようにひっかけてきますので注意しましょう。

（1）能力の足りない人はダメ

①は適正に業務を行えない人はダメということです。注意するのは、「5年を経過しない者」という条件はついていない点。例えば破産手続開始決定を受けた者でも復権を得れば②**すぐに登録できる**のです。

（2）悪質な業者と役員はダメ

②③⑥～⑨は悪質な業者とその役員はダメということ。②は登録を取り消された業者は再登録をしようとしても5年間はできなくなります。③ではその業者が法人なら、実際に法人を操っていた役員で取消しの日前**30日以内**③に役員だった者も5年間は再登録ができません。

⑥は駆込み廃業はダメということ。取消しの処分がされる前に自主廃業しても廃止の届出④の日から5年間は再登録できま

せん。⑦でその当時の役員も、５年間は再登録が不可とされるのです。

過去問 CHECK！

貸金業法第 24 条の6の4（監督上の処分）第１項の規定により貸金業の登録を取り消された株式会社の取締役を当該取消しの日の 60 日前に退任した者であって、当該取消しの日から５年を経過しないものは、貸金業の登録拒否事由に該当しない。

○　拒否事由に該当するのは取消日前「30 日」以内の役員である。

⑧⑨は、解任命令が出された役員、解任命令が出る前に退任した役員も、５年間は再登録できないということです。

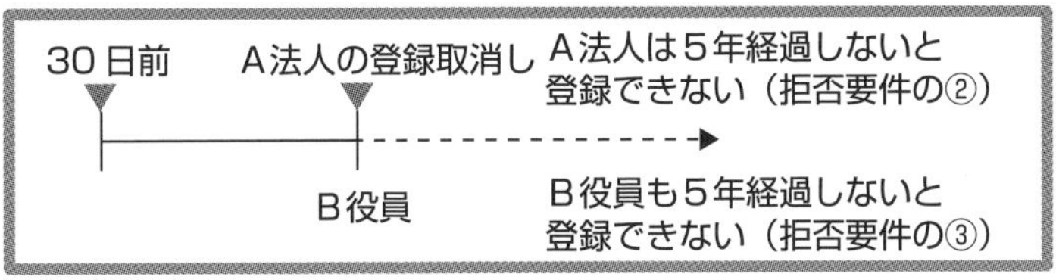

講師より

④貸金業者は廃業の際、その原因が発生した日から 30 日以内に届出が義務付けられています（P25 参照）。

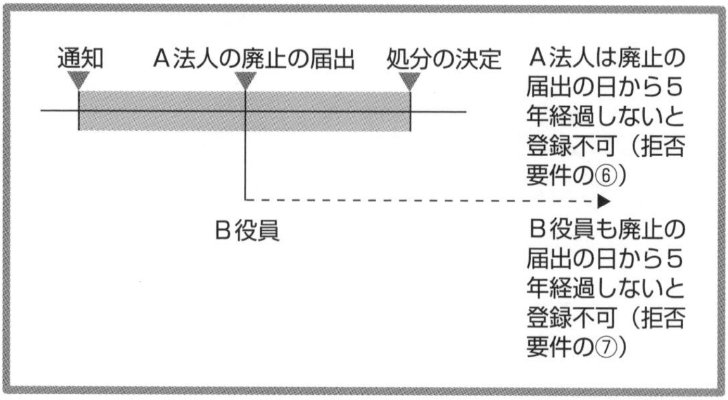

（3）犯罪者はダメ

④は禁錮・懲役に処せられた者、⑤は貸金業法関連法令・刑法・暴力団関係法令違反で罰金に処せられた者は、その刑の執行を終わり、または刑の執行を受けることがなくなった日から５年を経過しないと再登録はできません。

禁錮・懲役については**原因となった法令は問われません**。貸金業法等以外の法令（道路交通法等）で禁錮刑や懲役刑になった場合も含まれます。これに対して**罰金**の場合は、貸金業法関連法令・刑法・暴力団関係法令違反に**限定されています**①。

①道路交通法で罰金の場合、登録は拒否されません。

なお、刑に処されても執行猶予が付され、その執行猶予が取り消されることなく満了した場合、刑に処されなかったことになるので、５年を経過していなくても登録できます。

過去問CHECK！

A社の政令で定める使用人の中に、道路交通法の規定に違反し、罰金の刑に処せられた日から５年を経過しない者がいる場合、A社は登録を拒否される。

× 道路交通法で罰金刑に処された場合は、登録拒否事由に該当しない。

（4）支配力を持つ者が悪質な業者はダメ

⑪〜⑬は、登録を申請した者が登録拒否要件に該当しなくても、支配力を持つ者が登録拒否要件に該当する場合は登録できないということです。未成年者が拒否要件に該当しなくても親権者が拒否要件に該当するなら、その**未成年者は登録を受けられません**②し、会社が拒否要件に該当しなくても役員や政令で定める使用人が拒否要件に該当するなら、**会社（法人）名義での登録も受けられない**のです。

例えば、貸金業者A法人（B役員が**取消し前30日以内**に役員だった）の登録が取り消されると、取り消されたA法人自身の再登録は５年経過しないとできません。では、B役員が個人で貸金業者になろうとしたらどうでしょう？　この場合も、B役員は取消しから５年経過しないと登録を受けられません。

さらに、Bが新たにC法人を設立し、C法人の役員に就任して、C名義で貸金業の登録を受けようとしたらどうなるのでしょうか？　こちらは拒否要件の⑫に該当しますので、C法人の役員にBがいる以上、**C法人も登録が拒否される**のです。

②登録拒否要件の⑪はあくまで「成年者と同一の能力を有しない」未成年者が対象です。営業の許可を親権者から受けた未成年者は、営業に関し成年者と同一の能力があるので対象外となります。

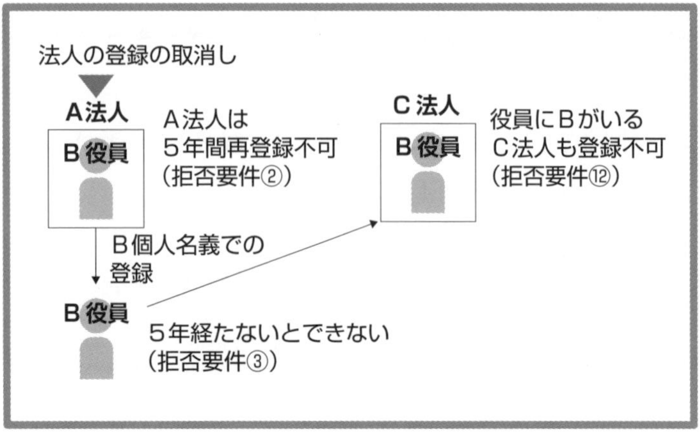

またA法人の役員の中に**道路交通法**に違反し、**懲役の刑**に処され、その刑の執行を終わり、または執行を受けることがなくなった日から5年を経過していない者がいる場合、A法人の登録申請は拒否されます。

(5) 貸金業を的確に遂行するための必要な体制の整備とは?

拒否要件⑱の貸金業を的確に遂行するための必要な体制の整備は、以下の点が審査基準となります。

①定款または寄附行為の内容が法令に適合していること(法人の場合)

②常務に従事①する役員のうちに、貸付けの業務②に3年以上②従事した経験を有する者(1人でよい)がいること

③営業所等ごとに貸付けの業務②に1年以上従事した者が常勤①の役員または使用人として1人以上在籍していること(自動契約受付機・現金自動設備のみのものは除く)

④資金需要者等の利益の保護を図り、貸金業の適切な運営に資するため十分な社内規則を定めていること

KEYWORD

①常務に従事
「常勤」までは求められませんが、貸金業者の通常の業務執行の内容・態様を基本的に把握できるだけの実態が必要です。

常勤
常時駐在することまでは求められませんが、相応の勤務実態が必要です。

ココが出る!

②貸付けの業務は、貸金業に限りません。銀行業務でも該当します。
また、審査基準の②と③の違いに注意!
③は、「**営業所等ごと**」「**1年以上従事**」「役員だけでなく使用人も対象」とされています。

⑤指定紛争解決機関との契約締結等の必要な措置を講じていること

なお、貸金業者向けの総合的な監督指針では、「貸金業を的確に遂行するための必要な体制が整備されていると認められない者」であるかどうかの審査に当たっては、登録申請書及び同添付書類をもとに、ヒアリング及び実地調査等により検証し、特に申請者の社内規則等は貸金業協会の自主規制規則と同等の社内規則等となっているか等の点に留意するものとされています。

過去問CHECK！

Ａ社の常務に従事する取締役が３名であり、そのうち１名のみＣ銀行において貸付けの業務に３年以上従事した経験を有する者がいる場合、Ａ社は登録を拒否される。

× 役員のうち１人でも貸付けの業務（銀行業務も含む）に３年以上従事した経験を有する者がいれば登録は拒否されない。

ゴロ合わせ

常務に従事する《助》役員《役》　３年以上貸金業に従事《さん》　営業所ごと《営業所は》

１年以上貸金業に従事《い》　１人以上在席《い》

第3章　■重要度 ★★★

登録事項の変更等

1 変更の届出

貸金業者の登録事項に変更があった場合、その旨を貸金業者の登録をした行政庁（都道府県知事・内閣総理大臣）に届け出て、登録簿を修正しなければなりません。これを変更の届出といいます。この変更の届出には、**事前届出**と**事後届出**があります。

（1）事前届出が必要になるもの

以下の事項を変更する場合には、**事前届出**が必要となります。

> ①営業所等①の名称、所在地
> ②業務に関して広告、勧誘をする際に表示等をする営業所等の電話番号その他の連絡先②

ココが出る!

①営業所等には代理店も含まれましたので、代理店契約をする際には、事前届出が必要です。

注意!!

②フリーダイヤルやメールアドレス、ホームページのアドレスも含まれます。

ゴロ合わせ

名　所の	広告　電話は	事前に！
営業所の名称・所在地	**広告・電話番号等**	**事前届出**

過去問CHECK！

株式会社であるＡ社は、甲県知事の登録を受けた貸金業者である。Ａ社は、その業務に関して広告又は勧誘をする際に表示等をする営業所又は事務所のホームページアドレスを変更したときは、その日から２週間以内に、その旨を甲県知事に

届け出なければならない。

× ホームページアドレスは**営業所等の連絡先**に該当するので、**事前（あらかじめ）届出**が必要。

（2）事後届出が必要になるもの

下表の登録事項（事前届出が必要となるもの以外）を変更する場合、貸金業者は、当該変更の日から**2週間以内**に登録をした行政庁にその旨を届け出る必要があります。

ヒント

2「**廃業等の届出**」の「**30日以内**」に届出とひっかけで出題されますので、「2週間以内」は特に注意しましょう。

変更する事項
①商号、名称または氏名および住所
②**役員**の氏名
③**政令で定める使用人**の氏名
④営業所等ごとに置かれる貸金業務取扱主任者の氏名・登録番号③
⑤未成年者の法定代理人の氏名
⑥業務の種類・方法④
⑦他に事業を行っているときは、その事業の種類⑤

過去問CHECK！

貸金業者は、貸金業の他に運送事業を営んでいる場合において、新たに小売事業を始めたときは、その旨を登録行政庁に届け出る必要はない。

③貸金業務取扱主任者が登録の更新をしても、登録番号は変わりませんので**事後届出は不要**です。

④業務の種類・方法の変更の例として、手形割引貸付けを証書貸付けに変更する場合があります。

⑤貸金業の他に新たに小売業を始めた時も届出が必要となります。

× 他に事業を行っているときは、その事業の種類の変更に該当するので、2週間以内に届出が必要となる。

②役員の氏名や③政令で定める使用人の氏名はP12 ～ 14の役員や政令で定める使用人が該当しますので、例えば貸付けに関する業務に従事する使用人の数が**50 人以上**である従たる営業所等において、支店次長、副支店長、副所長その他いかなる名称を有する者であるかを問わず、当該営業所等の**業務を統括する者を代行し得る地位にある者**を変更したときは、その日から**2週間以内**に、その旨を登録行政庁に届け出なければなりません。

過去問CHECK！

貸金業者は、その従たる営業所等（貸付けに関する業務に従事する使用人の数が50 人以上であるものとする。）において、支店次長、副支店長、副所長その他いかなる名称を有する者であるかを問わず、当該営業所等の業務を統括する者を代行し得る地位にある者を変更したときは、その日から2週間以内に、その旨を登録行政庁に届け出なければならない。

○ 本肢の業務を統括する者を代行し得る地位にある者は政令で定める使用人に該当するので、変更したときは、2週間以内に届出が必要である。

また、以下の添付書類が必要となります。

変更事項	添付書類
商号・名称	・登記事項証明書

役員・政令で定める使用人	・登録拒否要件に該当しない旨を誓約する書面 ・運転免許証、旅券等の写し、住民票抄本等
貸金業務取扱主任者	・登録拒否要件に該当しない旨を誓約する書面 ・登録通知書の写し、住民票の抄本等
未成年者の法定代理人	・法定代理人が登録拒否要件に該当しない旨を誓約する書面 ・法定代理人の運転免許証、旅券等の写し、住民票抄本等
営業所の所在地	・新たな営業所の所在地を証する書面
代理店	・代理店契約書等

変更の届出を行わなかったり、虚偽の届出や、添付書類に虚偽の記載をした者は、50万円以下の罰金の対象となります。

2 廃業等の届出

貸金業者が死亡したり、廃業した場合には、それぞれ法律で決められた者が、その日（貸金業者が死亡した場合には、死亡の事実を**知った時**）**から30日以内**①に登録をした行政庁（内閣総理大臣・都道府県知事）に届出を行う必要があります。

廃業等の原因	届出義務者		届出期間
死亡	相続人		死亡を**知ったとき**から30日以内
法人の合併による消滅	**消滅した法人**の代表者②		原因が発生した日から30日以内
破産手続開始決定	破産管財人③		
法人の合併・破産手続開始以外の解散	清算人		
貸金業の廃止	個人	貸金業者であった者	
	法人	代表役員	

①変更の届出が事前または2週間以内であったのと対比しましょう。

②存続する法人の代表者が届け出るのではありません。また届出をするのは"代表者"です。代表者でなかった役員が届け出るのではありません。

講師より

③**貸金業務取扱主任者**が破産手続開始決定を受けたときは"**本人**"が届出をします。また、破産手続が対象であり、再生手続（民事再生）は対象となっていません。

金融サービス仲介業の登録①・変更登録を受けた	登録・変更登録を受けた者	

KEYWORD

①金融サービス仲介業の登録
金融サービスの提供に関する法律の登録を受けた者を金融サービス仲介業者といい、金融サービス仲介業者は、1つの登録さえあれば、銀行・証券・保険や貸金すべての分野での仲介業務が実施可能となります。

過去問CHECK！

株式会社である貸金業者が合併により消滅した場合、合併による存続会社又は新設会社を代表する役員は、その日から30日以内に、その旨を登録行政庁に届け出なければならない。

× 届け出るのは、消滅した法人の代表役員だった者である。

また、以下の添付書類の提出が必要となります。

届出事由	添付書類
死亡	印鑑証明書（3ヵ月以内のもの） 戸籍謄本 除籍謄本
法人の合併等による消滅	消滅した法人の登記事項証明書 合併契約書等の写し
破産手続開始決定	破産管財人資格証明書
法人の合併等以外の理由による解散	清算人に係る登記事項証明書
貸金業の廃止	印鑑証明書（3ヵ月以内のもの）

廃業等の届出をしなかったり、虚偽の届出をした者は、50万円以下の罰金の対象となります。

3 業務の継続

（1）登録の効力を失った場合

貸金業者がその登録の効力を失った場合、本来は貸金業者としての業務は一切できないはずです。しかし、まだ途中の業務（例えば未回収の債権の回収等）も残っている可能性があります。

そこで、元貸金業者やその**一般承継人**①は、貸付けの契約に基づく**取引を結了する目的の範囲内**に限り貸金業者とみなされます。つまり未回収の債権の回収はできますが、新規に貸付けはできないのです。

（2）個人業者の死亡

個人事業者が死亡した場合は、異なる取扱いとなり、相続人は被相続人（亡くなった方）の死亡後**60日以内**（登録が拒否された時はその日まで）②は、引き続き貸金業を営めるのです。

また、相続人が被相続人の死亡後**60日以内**②に、新規に貸金業の登録の申請をすれば、登録または登録拒否の処分があるまでは、60日を過ぎても貸金業を営むことができます。

KEYWORD

①**一般承継人**
相続人や合併会社等、権利義務の一切を承継する者のこと。

講師より

②廃業等の届出と違い、こちらは死亡時から60日以内であり、死亡を知った時からではありません！

ゴロ合わせ

そ　ろ　そろ　東　京は
相続　60日以内　登録または登録の拒否処分まで

6時を　過ぎても　営業中
60日を経過　貸金業が営める

過去問CHECK！

貸金業者である個人が死亡した。この場合において、その相続人（唯一の相続人であるものとする）は、被相続人の死亡後60日間（当該期間内に登録の拒否の処分があったときは、その日までの間）は、引き続き貸金業を営むことができる。

○　相続人は、被相続人の死亡後60日間は、引き続き貸金業を営むことができる。

4 登録換え

貸金業の登録は、営業所が１つの都道府県内だけなら都道府県知事、複数の都道府県に設置される場合は内閣総理大臣に行うことは勉強しました。

では、業務を拡大・縮小することになり、１つの都道府県から複数の都道府県に事務所が増加したり、あるいは減少して、１つの都道府県内にのみ営業所を有することになったらどうなるのでしょう。この場合、今までの登録では法律の規定に沿わないわけですから、変更しなければなりません。これを**登録換え**といいます。具体的には以下のようになります。

営業所等の設置	新規登録先
複数の都道府県 ⇒　１つの都道府県	都道府県知事宛 （内閣総理大臣（財務（支）局長）を経由①）
１つの都道府県 ⇒　別の１つの都道府県 例　A県のみ　⇒　B県のみ	新都道府県知事（B県知事）宛（従前の都道府県知事（A県知事）を経由①）
１つの都道府県 ⇒　複数の都道府県	内閣総理大臣（財務（支）局長）宛（従前の都道府県知事を経由①）

この登録換えを申請する場合には、従前の登録がなされた行政庁を経由して手続を行わなければなりません。なお、登録換えが行われると、**従前の登録は効力を失う**②ことになります。

また、登録換えの事由があるのに登録換えの手続をせずに営業をしていると、その**登録は取り消されてしまいます**。

5 登録の有効期間と更新

登録の**有効期間は３年**です。貸金業を更新しようとする場合、３年の**期間満了の２ヵ月前**までに更新の申請をしなければなり

①新しい登録申請先に直接申請するのではなく、従前の登録先を"経由"する点に注意しましょう。

②登録換えにより、従前の登録は失効します。そのまま継続するわけではありません。登録換えから３年の有効期間となります。

ません。なお、更新手数料は15万円です。

ヒント

監督指針によれば、監督当局は、貸金業者が登録の有効期間満了の日の2ヵ月前までに当該登録の更新の申請をしなかった場合、所定の様式による残貸付債権の状況等に係る報告を求めるものとされています。

6 事業の開始・休業・再開の届出

貸金業者は、貸金業を開始、休業、再開をしたときは、その日から**2週間以内**に登録をした行政庁に届出をしなければなりません。

この届出を怠ったときは、50万円以下の罰金の対象となります。

過去問CHECK！

貸金業者は、貸金業（貸金業の業務に関してする広告もしくは勧誘又は貸付けの契約に基づく債権の取立てに係る業務を含む。）を休止した後に貸金業を再開した場合、再開した日から2週間以内に、その旨を登録行政庁に届け出なければならない。

○ 再開したときから**2週間以内**に届け出なければならない。

第4章　■重要度 ★★★

貸金業務取扱主任者

講師より

①法令等遵守（コンプライアンス）態勢等の着眼点として、「主任者の機能や主任者の機能の発揮状況についてその評価およびフォローアップが行われているか」があります（P43参照）。

②合格者キ貸金業務取扱主任者ということに気をつけましょう。

1 貸金業務取扱主任者とは？

貸金業務取扱主任者とは、貸金業務取扱主任者資格試験に合格し、内閣総理大臣の**登録**を受けた者をいいます。貸金業務取扱主任者は国家資格になりますので、貸金業務に対するコンプライアンスの遵守①を担うことが期待されます。

2 貸金業務取扱主任者になるには？

貸金業務取扱主任者になるには、まず貸金業務取扱主任者資格試験に合格しなければなりません。ただ、受かればそれで貸金業務取扱主任者になれるというわけではありません。登録を受けないと貸金業務取扱主任者にはなれないのです②。そして、登録の申請をするためには、**申請前6ヵ月以内**に行われる登録講習機関の講習を受講・修了する必要があるのです。ただし、この講習は、**合格の日から1年以内**に登録をする場合は免除されます。

試験に合格 ▶ 講習の受講※ ▶ 登録

※合格の日から
1年以内に登録する場合不要

3 どこに何人必要なのか？

1つの営業所等において貸金業の業務に従事する者③**50名につき1名以上**の割合で設置が必要となります。この場合端数は切上げとなりますので、従業員50名までは貸金業務取扱主任者が最低1名必要となります。

＜ケーススタディ＞

A営業所において、貸金業に従事する者40名、それ以外の業務（人事や経理等）に従事する者20名がいた場合

↓

A営業所には従業員が合計60名いるが、そのうち貸金業務取扱主任者の設置数の算定の基礎となるのは、貸金業に従事する者である。

↓

貸金業に従事する者は40名であり、端数切上げとなるので、1名の貸金業務取扱主任者の設置が義務付けとなる。

この営業所等ごとに置かれる貸金業務取扱主任者は、当該営業所において**常時勤務**する者④でないといけません。また、他の営業所の貸金業務取扱主任者を兼務することはできません。ただし、**自動契約受付機・現金自動設備のみ**の営業所等または**代理店**（貸金業者の場合のみ）の場合、その必要はありません。

この設置義務に違反した場合、100万円以下の罰金の対象となります。

③貸金業務取扱主任者設置人数の算定には貸金業の業務に従事しない者は含みません。

④「常時勤務する者」とは、営業時間内に営業所等に常時**駐在する必要はありません**が、単に所属する営業所等が1つに決まっていることだけでは足りず、社会通念に照らし、**常時勤務していると認められるだけの実態**を必要とします。

過去問CHECK！

貸金業者向けの総合的な監督指針によれば、「常時勤務する者」とは、営業時間内に営業所等に常時駐在する必要はなく、２つの営業所等が同じ建物内にあり、貸金業務取扱主任者が常時往来できると認められる実態があれば、２つの営業所等を兼務する貸金業務取扱主任者を置くことができるとされている。

× 2つの営業所を兼務することはできない。

（1）氏名の明示

貸金業者は、貸金業務を行うにあたり資金需要者等からの請求があったときは、当該業務を行う営業所または事務所の**貸金業務取扱主任者の氏名**を明らかにしなければなりません。

この規定に違反すると、100万円以下の罰金の対象となります。

（2）氏名の掲示

貸金業者は営業所等ごとに、顧客の見やすい場所に、**貸付条件等**の１つとして営業所等に置かれる貸金業務取扱主任者の氏名を掲示しなければなりません。

この規定に違反すると、100万円以下の罰金の対象となります。

（3）貸金業務取扱主任者が足りなくなったら？

貸金業務取扱主任者を適切に設置できない場合、貸金業者は、業務改善命令や業務停止命令、登録取消処分の対象となります。ただし、**予見しがたい事由**①で、貸金業務取扱主任者が欠けた

ココが出る！

①2週間の猶予期が認められるケースには急な失踪や死亡が該当します。定年退職は予見できるので、2週間の猶予期間は認められません。

場合には、2週間の猶予期間が認められています。

過去問CHECK！

貸金業者は、営業所等における唯一の貸金業務取扱主任者が定年退職により当該営業所等に常時勤務する者でなくなった場合において、その後も当該営業所等で貸金業の業務を継続するときは、当該貸金業務取扱主任者が常時勤務する者でなくなった日から2週間以内に、新たに貸金業務取扱主任者を当該営業所等に置かなければならない。

× 定年退職のような予見可能なケースは、貸金業務取扱主任者が常時勤務する者でなくなった日から2週間以内に設置することは認められていない。

(4) 貸金業務取扱主任者の機能は？

貸金業務取扱主任者は、設置された営業所等で、貸金業の業務に従事する使用人その他の従業者に対する助言・指導で、これらの者が貸金業に関する法令の規定を遵守して、貸金業の業務を適切に実施する上で必要なものを行わなければなりません。

また、貸金業者は貸金業務取扱主任者が助言または指導に係る職務を適切に遂行できるよう、必要な配慮をしなければならず、使用人等は貸金業務取扱主任者の助言を尊重し、指導に従わなければなりません②。

講師より

②例えば、資金需要者等から苦情の申出があった場合、申出内容を確認の上、当該苦情等に関係する使用人その他の従業者を指導するなど、貸金業務取扱主任者が適切に助言・指導を行うことができる態勢が整備されているか等があります。

また、貸金業者向けの総合的な監督指針（以下、監督指針）では、貸金業務取扱主任者に関する貸金業者の監督に当たっては、以下の点に留意する必要があるとされています。

①法令等を踏まえた社内規則等の整備	ア）法令及び協会の自主規制規則等を踏まえ、貸金業務取扱主任者を適正に設置するための社内規則等が整備されているか。 イ）法令及び協会の自主規制規則等を踏まえ、貸金業務取扱主任者の果たすべき役割、その権限などを規定した社内規則等が整備されているか。
②主任者の役割等に関する実施態勢の構築	ア）社内規則等に基づき、貸金業務取扱主任者の適正な設置及び貸金業務取扱主任者が適切に助言・指導を行うことができるよう、社内研修等により周知徹底を図っているか。 イ）貸金業務取扱主任者を、法令及び社内規則等に則って営業所等ごとに適正に設置するための態勢が整備されているか。 ウ）社内規則等に則り、貸金業務取扱主任者の役割等を適正に確保するための態勢が整備されているか。
③内部管理部門等における実効性確保のための措置	貸金業務取扱主任者の設置や貸金業務取扱主任者の果たすべき役割、その権限に関して、内部管理部門における定期的な点検や内部監査を通じ、その状況を把握・検証しているか。また、当該検証等の結果に基づき、態勢の見直しを行うなど、貸金業務取扱主任者の適正な設置や貸金業務取扱主任者の果たすべき役割、その権限について実効性が確保されているか。

4 貸金業務取扱主任者の登録

貸金業務取扱主任者となるには登録が必要となります。この登録の申請先は**内閣総理大臣**①です。内閣総理大臣は登録の拒否要件に該当しないときは、遅滞なく貸金業務取扱主任者の登録をしなければなりません。

①都道府県知事ではなく内閣総理大臣です。

（1）登録拒否要件

貸金業者の登録でも出てきましたが、悪質な者を貸金業に関わらせるわけにはいきません。そこで貸金業務取扱主任者の登録においても登録拒否要件が存在します。ほとんどが貸金業者の登録拒否要件と同じです。

＜登録拒否要件＞

①心身の故障のため貸金業務取扱主任者の職務を適正に執行できない者・破産開始決定を受けて復権を得ない者
②貸金業者の登録取消処分※を受けた日から**5年**を経過しない者 ※正当な理由がないのに登録を受けた日から6ヵ月以内に貸金業を開始しないまたは、引き続き6ヵ月以上貸金業を休止したことで登録を取り消されたときは除かれる
③上記②に法人が該当する場合、その取消しに係る聴聞の期日および場所の公示日の前**60日**以内②に役員であった者で、その取消しの日から**5年**を経過しない者
④**禁錮以上の刑**に処せられ、その執行を終わりまたは執行を受けることがなくなった日から**5年**を経過しない者
⑤ア）貸金業法・出資法・旧貸金業者の自主規制の助長に関する法律・暴力団員による不当な行為の防止等に関する法律の規定に違反した イ）貸付けの契約の結果もしくは当該契約に基づく債権の取立てにあたり、物価統制令の抱き合わせ、負担付契約の禁止に違反した ウ）刑法もしくは暴力行為等処罰に関する法律の罪を犯した 上記により罰金の刑に処せられ、その刑の執行を終わり、または刑の執行を受けることがなくなった日から**5年**を経過しない者
⑥暴力団員等
⑦登録取消処分について聴聞の通知があった日から実際に処分される日か、処分されないことが決定する日までの間に、解散・貸金業の廃止の届出をした者で、その届出の日から5年を経過しない者 ※解散・廃止に相当の理由のある者を除く
⑧上記⑦の期間内に合併による消滅・解散・廃止をした法人の当時の役員で、聴聞通知日前30日から合併等による消滅日まで役員であった者でその届出の日から5年を経過しない者
⑨監督上の処分の対象事項に該当したため、内閣総理大臣または都道府県知事により解任を命ぜられた役員で、その処分を受けた日から5年を経過しない者
⑩監督上の処分の対象事項に該当するとして役員の解任を命ずる処分に係る聴聞の通知があった日から当該処分をする日または処分をしないことの決定をする日までの間に退任した当該命令により解任されるべきとされた者で、退任の日から5年を経過しない者 ※退任に相当な理由がある者を除く
⑪貸金業務取扱主任者登録の取消しの処分を受け、その処分の日から5年を経過しない者

②貸金業者では「30日以内に役員だった者」が（P15参照）、貸金業務取扱主任者では「60日以内」になっています。

①内閣総理大臣は、貸金業務取扱主任者登録をしたとき、貸金業務取扱主任者登録を拒否したときは、書面により、その旨を登録申請者に通知しなければなりません。

(2) 貸金業務取扱主任者登録簿

貸金業務取扱主任者の登録①は、貸金業務取扱主任者登録簿に以下の事項を記載して行います。

①氏名
②生年月日
③住所
④本籍
⑤性別
⑥資格試験の合格年月日および合格証書番号
⑦貸金業者の業務に従事する場合は貸金業者の登録番号・商号・名称・氏名
⑧貸金業務取扱主任者登録番号および登録年月日

②貸金業者の変更の届出は事前または**2週間以内**でしたが（P22参照）、貸金業務取扱主任者の登録変更は「**遅滞なく**」となっています。

(3) 貸金業務取扱主任者の登録の変更

貸金業務取扱主任者は、貸金業務取扱主任者登録簿の記載事項に変更があったときは、**遅滞なく**②、主任者登録の登録変更申請をしなければなりません。

(4) 貸金業務取扱主任者登録の更新

貸金業務取扱主任者登録の**有効期間は3年**です。貸金業務取扱主任者の業務を続けるには、更新をしなければなりません。更新をする際には、登録申請時と同様、申請前**6ヵ月以内**に行われる登録講習機関の講習の受講③・修了が必要です。

(5) 死亡等の届出

以下の事由に該当した場合、一定の者は死亡等の届出をしなければなりません。

原因	届出義務者	届出期間
死亡	相続人	死亡を知った日から30日以内
心身の故障のため貸金業務取扱主任者の業務を適正に行えなくなった	本人·法定代理人·同居の親族	原因が発生した日から30日以内
·破産手続開始決定がなされた ·貸金業者の登録を取り消された（法人の場合、取消しに係る聴聞の期日・公示日前60日以内で役員だった者含む） ·禁錮以上の刑に処せられた ·貸金業法等や刑法に違反し、罰金刑に処せられた ·暴力団員等になった	本人	

③更新の申請＋講習の受講が必要であって講習を受ければ更新が省略できるわけではありません。

（6）登録の取消し

内閣総理大臣は、貸金業務取扱主任者が以下の事項に該当する場合は、登録を取り消すことができます。

①貸金業務取扱主任者の登録拒否要件（（1）⑪を除く）に該当した
②不正の手段により主任者登録を受けた
③資格試験の合格の決定を取り消された
④その職務に関し貸金業に関する法令の規定に違反したとき、または著しく不適当な行為を行った

（7）登録の抹消

内閣総理大臣は、①本人から主任者登録の抹消の申請があったとき、②主任者登録が失効したとき[④]、③死亡等の届出があったとき、④死亡した場合において相続人がないとき、⑤貸金業務取扱主任者登録を取り消したときは、登録を抹消しなければなりません。

講師より

④主任者登録が失効したときとは、例えば更新の申請をせず、有効期間が満了した場合が該当します。

第5章　経営管理等

■重要度 ★★★

1 経営管理等

貸金業法では、貸金業者は、その貸金業の業務に関して取得した資金需要者等に関する情報の適正な取扱い、その貸金業の業務を第三者に委託する場合における当該業務の的確な遂行その他の貸金業の業務の適切な運営を確保するための措置を講じなければならないとしています。そこで、監督指針では、経営管理等に関して、以下のような点に留意するとしています。

(1) 内部管理態勢

経営陣は、業務推進や利益拡大といった業績面のみならず、法令等遵守や適正な業務運営を確保するため、**内部管理部門**および**内部監査部門**の機能強化など、内部管理態勢の確立・整備に関する事項を経営上の最重要課題の1つとして位置付け、その実践のための具体的な方針の策定および周知徹底について、誠実かつ率先して取組んでいるかに留意するとされています。

注意!!

①内部監査部門の方は、営業部門から独立している点に気を付けましょう。

内部管理部門	法令および社内規則等を遵守した業務運営を確保するための内部事務管理部署、法務部署等
内部監査部門	営業部門から**独立**した①検査部署、監査部署等をいい、内部管理の一環として被監査部門等が実施する検査等を含まない

また、監督指針では、貸金業者の経営陣は、利益相反が生じる可能性のある業務に係る**内部牽制**や**営業店長の権限に応じた監視**などについて、**内部管理部門**②が顧客対応を行う部署に対

し、適切な業務運営を確保するためのモニタリング・検証及び改善策の策定等を行う態勢を整備しているか、などを着眼点としています。

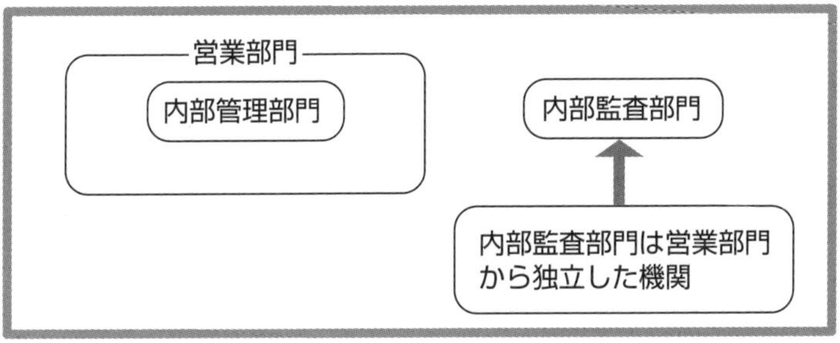

過去問CHECK！

監督指針によれば、内部管理部門とは、営業部門から独立した検査部署、監査部署等をいうとされており、当該部門が営業部門から独立した実効性のある内部管理が実施できる態勢となっているか、などを着眼点としている。

× 内部監査部門の説明である。

（2）内部管理部門

内部管理部門において、業務運営全般に関し、法令および社内規則等に則った適正な業務を遂行するための適切なモニタリング・検証が行われているか、また、重大な問題等を確認した場合、経営陣に対し適切に報告が行われているかを着眼点にしています。

（3）内部監査部門

内部監査部門②は、被監査部門に対して十分な牽制機能が働くよう、被監査部門から**独立した**実効性のある内部監査が実施

ココが出る！

②本試験では内部監査部門と内部管理部門を入れ替えてくるので注意しましょう。

できる態勢となっているかを着眼点にしています。

(4) 外部監査

原則として内部監査部門の態勢整備を行うことが必要ですが、貸金業者の規模等を踏まえ、外部監査を導入する方が監査の実効性があると考えられる場合には、**内部監査に代え外部監査を利用しても差し支えありません**①。この場合においては、外部監査人に対して、監査目的を明確に指示し、監査結果を業務改善に活用するための態勢を整備しているかを着眼点にしています。

①外部監査の利用が一切禁止されているわけではありません。

(5) 個人事業者等

他に貸金業の業務に従事する者がいない個人の貸金業者、または貸金業の業務に従事する者が1名でかつ当該者が常務に従事する唯一の役員として代表者となっている法人形態の貸金業者においては、これらの者が貸金業務取扱主任者であることをかんがみ、**内部監査に代わる措置**を利用する場合には、次のような態勢を整備②しているかを着眼点にしています。

②外部監査、協会が協会員に行う監査、自己検証のすべてを採用する必要はありません。

①外部監査を利用する場合は、外部監査人に対して、監査目的を明確に指示し、監査結果を業務改善に活用するための態勢を整備しているか

②協会が協会員に対して行う監査を利用する場合には、監査結果を業務改善に活用するための態勢を整備しているか

③自己の行う貸金業に関する業務の検証(自己検証)を行う場合には、以下の点を踏まえ、業務の適切性を確保するために十分な態勢を整備しているか

a. 自己検証を実施するために十分な時間が確保され

ているか

b．自己検証を実施するに際し、別添自己検証リストに基づき自社の社内規則等を参考に自己検証項目を設定しているか

c．自己検証を実施する頻度が少なくとも月１回以上となっているか

d．実施した自己検証を記録し、少なくとも３年間保存することとされているか

過去問CHECK！

他に貸金業の業務に従事する者がいない個人の貸金業者は、自己の行う貸金業に関する業務の検証を行う場合には、自己検証を実施する頻度が少なくとも年１回以上となっているか等の点を踏まえ、業務の適切性を確保するために十分な態勢を整備しているか、などを着眼点としている。

×　月１回以上である。

2 法令等遵守（コンプライアンス）態勢等

貸金業者が貸金市場の担い手としての自らの役割を十分に認識して、法令および社内規則等を厳格に遵守し、健全かつ適切な業務運営に努めることは、貸金業者に対する資金需要者等からの信頼を確立することとなり、ひいては貸金市場の健全性を確保する上で極めて重要です。

また、貸金業者は、適正な業務運営を確保する観点から、以

下の行為が必要とされています。

①業務に関して適切な社内規則等を定め、不断の見直しを行う
②役員および貸金業の業務に従事する使用人その他の従業者（役職員）に対して社内教育を行う
③遵守状況を検証する

なお、社内規則等については、貸金業者のそれぞれの規模・特性に応じて、創意・工夫を生かし、法令および法の趣旨を踏まえ自主的に策定する必要がありますが、その内容については協会の策定する自主規制規則に則った内容が求められます。

ヒント

本監督指針の各着眼点に記述されている字義どおりの対応が貸金業者においてなされていない場合であっても、当該貸金業者の規模や特性などからみて、資金需要者等の利益の保護の観点から、特段の問題がないと認められれば、不適切とするものではありません。

貸金業者の監督にあたっては、例えば、次の点に留意するものとされています。

①コンプライアンスに係る基本的な方針、具体的な実践計画（コンプライアンス・プログラム）や行動規範（倫理規程、コンプライアンス・マニュアル）等が策定され、定期的または必要に応じ、見直しが行われているか。特に、業績評価や人事考課等において収益目標（ノルマ）に偏重することなく①、コンプライアンスを重視してい

ココが出る!

①収益目標（ノルマ）を重視するものとはされていません。

るか。また、これらの方針等は役職員に対して周知徹底が図られ、十分に理解されるとともに、日常の業務運営において実践されているか

②社内規則等は、協会の自主規制規則に則った内容②となっているか

③法令および社内規則等に則った適切な業務運営が行われているか、不適切な取扱いについて速やかに改善しているか

④主任者の機能や主任者の機能の発揮状況について、その評価およびフォローアップが行われているか

ココが出る!

②非協会員の貸金業者も協会の自主規制に則った内容である必要があります。

過去問CHECK！

監督指針によれば、社内規則等については、貸金業者のそれぞれの規模・特性にかかわらず、法令及び法の趣旨を踏まえ策定する必要があるが、特に、業績評価や人事考課等において収益目標（ノルマ）を重視しているか、また、これらの方針等は役職員に対して周知徹底が図られ、十分に理解されるとともに、日常の業務運営において実践されているか、などを着眼点としている。

× 収益目標（ノルマ）に偏重しないとされている。

第6章

■重要度 ★★★

顧客等に関する情報管理態勢

1 顧客等に関する情報管理態勢

貸金業者は、その取り扱う個人である資金需要者等に関する情報の安全管理、従業者の監督および当該情報の取扱いを委託する場合には、その委託先の監督について、当該**情報の漏えい、滅失またはき損の防止**を図るために必要かつ適切な措置を講じなければなりません。

また、貸金業者は、その取り扱う個人である資金需要者等に関する情報①その他の特別の非公開情報②（その業務上知り得た公表されていない情報をいう）を、適切な業務の運営の確保その他**必要と認められる目的以外の目的**のために利用しないことを確保するための措置を講じなければなりません。

そこで、監督指針では以下の点に留意するものとします。

過去問CHECK！

貸金業者は、その取り扱う個人である資金需要者等に関する人種、信条、門地、本籍地、保健医療又は犯罪経歴についての情報その他の特別の非公開情報（その業務上知り得た公開されていない情報をいう。）を、社内で一切利用しないための措置を講じなければならない。

× 適切な業務運営の確保のためには利用可能。

注意!!

①具体的には、人種、信条、門地、本籍地、保健医療または犯罪経歴についての情報をいいます。

講師より

②その他特別の非公開情報とは、以下のものが該当します。

ア）労働組合への加盟に関する情報。

イ）民族に関する情報。

ウ）性生活に関する情報。

エ）本人を被疑者又は被告人として、逮捕等の刑事事件に関する手

(1) 社内規則の整備・周知・徹底

社内規則等において、法令および協会の自主規制規則等を踏まえ、**適切な顧客等に関する情報管理のための方法**および**組織体制の確立**（部門間における適切なけん制の確保を含む）等を具体的に定めているか。特に、情報の当該貸金業者以外の者への伝達については、法律、保護法ガイドライン、金融分野ガイドラインおよび実務指針の規定に従い手続が行われるよう十分な検討を行った上で取扱基準を定めているかに留意します。

また、役職員が社内規則等に基づき、適切に顧客等に関する情報の管理を行うよう、**社内研修等により周知徹底を図っているか**に留意します。

(2) 顧客等に関する情報管理態勢

①顧客等に関する情報へのアクセス管理の徹底（アクセス権限を付与された本人以外の使用の防止等）、内部関係者による顧客等に関する情報の持出しの防止に係る対策、外部からの不正アクセスからの防御等情報管理システムの堅牢化、営業所等の統廃合等を行う際の顧客等に関する情報の漏えい等の防止などの対策を含め、顧客等に関する情報の管理状況を**適時・適切に検証できる態勢**となっているかに留意します。

また、特定役職員に集中する権限等の分散や、幅広い権限等を有する役職員への管理・けん制の強化を図る等、顧客等に関する情報を利用した不正行為を防止するための適切な措置を図っているかに留意します。

②顧客等に関する情報の漏えい等が発生した場合に、適切に責任部署へ報告され、二次被害等の発生防止の観点から、対象となった資金需要者等への説明、**当局への報告**③**および必要**

続が行われたこと。

オ）本人を少年法による少年として、調査等の少年の保護事件に関する手続が行われたこと。

カ）犯罪により害を被った事実に関する情報。

キ）社会的身分に関する情報。

ココが出る!

③指定信用情報機関や消費者委員会に報告するのではありません。

に応じた公表が迅速かつ適切に行われる体制が整備されているかに留意します。

また、情報漏えい等が発生した原因を分析し、再発防止に向けた対策が講じられているか。更には、他社における漏えい事故等を踏まえ、類似事例の再発防止のために必要な措置の検討を行っているかに留意します。

（3）個人情報保護に関する着眼点

①個人である資金需要者等に関する情報については、その安全管理および役職員の監督について、当該情報の漏えい、滅失またはき損の防止を図るために必要かつ適切な措置として一定の措置が講じられているかに留意します。

②貸金業者は、信用情報に関する機関（資金需要者等の借入金返済能力に関する情報の収集および貸金業者に対する当該情報の提供を行うものをいう）から提供を受けた情報であって個人である資金需要者等の借入金返済能力に関するものを、資金需要者等の返済能力の調査以外の目的のために利用しないことを確保するための措置を講じなければなりません。

③個人の資金需要者等の人種、信条、門地、本籍地、保健医療または犯罪経歴についての情報その他の特別の非公開情報を、金融分野ガイドラインに列挙する場合を除き、利用しないことを確保するための措置が講じられているかに留意します。

（4）内部管理部門等による実効性確保のための措置

顧客等に関する情報管理について、**内部管理部門**における定期的な点検や内部監査を通じ、その実施状況を把握・検証しているか。また、当該検証等の結果に基づき、態勢の見直しを行

うなど、顧客等に関する情報管理の実効性が確保されているかに留意します。

過去問CHECK!

顧客等に関する情報の漏えい等が発生した場合に、適切に責任部署へ報告され、二次被害等の発生防止の観点から、対象となった資金需要者等への説明、指定信用情報機関及び消費者委員会への報告並びに必要に応じた公表が迅速かつ適切に行われる体制が整備されているかに留意するものとされている。

× 指定信用情報機関及び消費者委員会ではなく、当局へ報告する。

(5) クレジットカード情報の取扱い

①クレジットカード情報等について、利用目的その他の事情を勘案した適切な保存期間を設定し、保存場所を限定し、保存期間経過後適切かつ速やかに廃棄しているか①
②業務上必要とする場合を除き、クレジットカード情報等をコンピューター画面に表示する際には、カード番号をすべて表示させない等の適切な措置を講じているか
③独立した内部監査部門において、クレジットカード情報等を保護するためのルールおよびシステムが有効に機能しているかについて、定期的または随時に内部監査を行っているか

①保存期間経過後まで保管する必要はありません。

過去問CHECK！

クレジットカード情報について、その利用目的その他の事情を勘案した適切な保存期間を設定し、保存場所を限定し、また、保存期間経過後も廃棄することなく引き続き厳重に保管しているかに留意するものとされている。

× 保存期間経過後は適切かつ速やかに破棄することとされている。

(6) インサイダー取引等

①役職員のインサイダー取引等の不公正な取引防止に向け、職業倫理の強化、関係法令や社内規則の周知徹底等、法令等遵守意識の強化に向けた取組みを行っているか

②法人関係情報を入手し得る立場にある役職員が当該法人関係情報に関連する有価証券の売買その他の取引等を行った際には報告を義務付ける等、不公正な取引を防止するための適切な措置を講じているか

過去問CHECK！

役職員によるインサイダー取引等の不公正な取引の防止に向け、職業倫理の強化、関係法令や社内規則の周知徹底等、法令等遵守意識の強化に向けた取り組みを行っているか。法人関係情報を入手し得る立場にある役職員が当該法人関係情報に関連する有価証券の売買その他の取引等を行った際には報告を義務付ける等、不公正な取引を防止するための適切な措置を講じているかに留意するものとされている。

○ インサイダー取引等の対応として適切である。

第7章　■重要度 ★★★

外部委託・社内規則等

ココが出る!

①外部委託自体が禁止されているわけではありません。

ココが出る!

②必ずしも委託した貸金業者自身が業務を引き継ぐ必要はありません。

1 外部委託

貸金業者は、貸金業の業務を第三者に委託する場合①には、当該業務の内容に応じ、次に掲げる措置を講じなければならないとされています。

①当該業務を的確、公正かつ効率的に遂行することができる能力を有する者に委託するための措置
②当該業務の委託を受けた者（受託者）における当該業務の実施状況を、定期的にまたは必要に応じて確認すること等により、受託者が当該業務を的確に遂行しているかを検証し、必要に応じ改善させる等、受託者に対する必要かつ適切な監督等を行うための措置
③受託者が行う当該業務に係る**資金需要者等からの苦情を適切かつ迅速に処理する**ために必要な措置
④受託者が当該業務を適切に行うことができない事態が生じた場合には、**他の適切な第三者に当該業務を速やかに委託する**②等、当該業務に係る資金需要者等の保護に支障が生じること等を防止するための措置
⑤貸金業者の業務の健全かつ適切な運営を確保し、当該業務に係る資金需要者等の保護を図るため必要がある場合には、当該業務の委託に係る契約の変更または解除をする等の必要な措置を講ずるための措置

そして、監督指針では、外部委託に伴う様々なリスクを的確に管理し、業務の適切な運営を確保する必要があることから、以下の着眼点が挙げられています。

①委託先の選定基準や外部委託リスクが顕在化したときの対応などを規定した社内規則等を定め、役職員が社内規則等に基づき適切な取扱いを行うよう、社内研修等により周知徹底を図っているか

②委託先における法令等遵守態勢の整備について、必要な指示を行うなど、適切な措置が確保されているか。また、外部委託を行うことによって、検査や報告命令、記録の提出など**監督当局に対する義務の履行等を妨げないような措置**が講じられているか

③委託契約によっても当該貸金業者と資金需要者等との間の権利義務関係に**変更がなく**③、資金需要者等に対しては、当該貸金業者自身が業務を行ったものと**同様の権利**③が確保されていることが明らかとなっているか

④委託業務に関して契約どおりサービスの提供が受けられない場合、貸金業者は顧客利便に支障が生じることを**未然に防止するための態勢**④を整備しているか

⑤委託先における目的外使用の禁止も含めて顧客等に関する情報管理が整備されており、**委託先に守秘義務**が課せられているか

⑥個人である資金需要者等に関する情報の取扱いを委託する場合には、当該委託先の監督について、当該情報の漏えい、滅失またはき損の防止を図るために必要かつ適切な措置として、金融分野ガイドライン第10条の規定に基づく措置および実務指針III の規定に基づく措置が講じられているか

⑦外部委託先の管理について、責任部署を明確化し、外部委託先における業務の実施状況を定期的または必要に応じてモニタリングする等、外部委託先において顧客等に関する情報管理が適切に行われていることを確認しているか

⑧外部委託先において漏えい事故等が発生した場合に、適切な対応がなされ、**速やかに委託元に報告される体制**になっていることを確認しているか

⑨外部委託先による顧客等に関する情報へのアクセス権限について、委託業務の内容に応じて**必要な範囲内に制限**しているか。その上で、外部委託先においてアクセス権限が付与される役職員およびその権限の範囲が特定されていることを確認しているか。さらに、アクセス権限を付与された本人以外が当該権限を使用すること等を防止するため、外部委託先において定期的または随時に、**利用状況の確認**（権限が付与された本人と実際の利用者との突合を含む）が行われている等、アクセス管理の徹底が図られていることを確認しているか

⑩二段階以上の委託が行われた場合には、**外部委託先が再委託先等の事業者に対して十分な監督を行っているか**⑤について確認しているか。また、必要に応じ、再委託先等の事業者に対して**貸金業者自身による直接の監督**を行っているか

⑪委託業務に関する苦情等について、資金需要者等から委託元である貸金業者への**直接の連絡体制**を設けるなど適切な苦情相談態勢が整備されているか

③変更が生じ、異なる権利が生じることを明らかにするのではありあせん。

④未然に防止するための態勢が求められており、顧客利便に支障が生じた際に直ちに委託先を変更する態勢ではありません。

⑤貸金業者自身が再委託先事業者を監督するだけでなく、外部委託先も再委託先事業者を監督している必要があります。外部委託先に再委託先事業者を監督させないのではありません。

過去問CHECK！

二段階以上の委託が行われた場合であっても、再委託先等の事業者に対して貸金業者自身による直接の監督を行い、外部委託先に対して再委託先等の事業者への監督を行わせないような措置が講じられているかに留意するものとされている。

× 外部委託先が再委託先等の事業者に対して十分な監督を行っているか確認する

ヒント

なお、外部委託には、形式上、外部委託契約が結ばれていなくともその**実態において外部委託と同視しうる場合**や当該外部委託された業務等が<u>海外で行われる場合</u>①も含みます

ココが出る!

①国内だけではなく、海外で委託業務が行われる場合も含まれています。“海外で行われる場合を除き”という誤りの肢が過去に出題されているので注意です。

過去問CHECK！

外部委託するに際しては、貸金業法施行規則第10条の5（委託業務の的確な遂行を確保するための措置）の規定に基づく措置を構築する必要があるが、この外部委託には、形式上、外部委託契約が結ばれていなくともその実態において外部委託と同視し得る場合は含まれるが、当該外部委託された業務等が海外で行われる場合は含まれない。

× 海外で行われる場合も含まれる。

また、監督手法・対応として以下が定められています。

検査の指摘事項に対するフォローアップや、苦情等に係る報告徴収等により、貸金業者の貸金業務の外部委託に係る内部管理態勢、貸金業者の外部委託先の業務運営態勢もしくは業務運営の適切性に問題があると認められる場合には、貸金業者や外部委託先に対する深度あるヒアリングを実施し、必要に応じて報告書を徴収することにより、貸金業者における**自主的**な業務改善状況を把握する
資金需要者等の利益の保護の観点から**重大な問題**があると認められるときには、貸金業者に対して、**業務改善命令**を発出する
重大・悪質な法令違反行為が認められるときには、**業務停止命令**等の発出を検討する

ヒアリングは、委託者である貸金業者を通じて事実関係等を把握することを基本としますが、事案の緊急性や重大性等を踏まえ、必要に応じ、外部委託先からのヒアリングを並行して行うことを検討します。

また、外部委託先に対してヒアリングを実施するに際しては、必要に応じ、委託者である貸金業者の同席を求めるものとします。

2 社内規則等

貸金業者は、その営む業務の内容および方法に応じ、次の義務が課せられています。

①社内規則等の制定 ・資金需要者等の知識、経験および財産の状況を踏まえた重要な事項の資金需要者等に対する説明② ・その他の健全かつ適切な業務の運営を確保するための措置（書面の交付その他の適切な方法による商品または取引の内容の説明並びに犯罪を防止するための措置を含む）	に関する社内規則等を定める
②従業者に対する研修その他の当該社内規則等に基づいて業務が運営されるための十分な体制を整備しなければならない	

ココが出る!

②重要な事項の資金需要者等に対する説明の措置も、社内規則等で定めなければなりません。

第8章　■重要度 ★★★

反社会的勢力による被害の防止・不祥事件

1 反社会的勢力による被害の防止

監督指針では、反社会的勢力による被害の防止について、以下の定めを置いています。

なお、反社会的勢力のとらえ方としては、暴力、威力と詐欺的手法を駆使して経済的利益を追求する集団または個人である「**反社会的勢力**」をとらえるに際しては、暴力団、暴力団関係企業、総会屋、社会運動標榜ゴロ、政治活動標榜ゴロ、特殊知能暴力集団等といった**属性要件**に着目するとともに、暴力的な要求行為、法的な責任を超えた不当な要求といった**行為要件**にも着目することが重要です。

（1）反社会的勢力対応部署

反社会的勢力による不当要求が発生した場合の対応を総括する部署（**反社会的勢力対応部署**）を整備し、反社会的勢力による被害を防止するための**一元的な管理態勢**が構築され、機能しているかに留意します。特に、一元的な管理態勢の構築にあたっては、以下の点に十分留意することとされています。

①反社会的勢力による不当要求がなされた場合等に、当該情報を反社会的勢力対応部署へ報告・相談する体制となっているか。また、反社会的勢力対応部署において実際に反社会的勢力に対応する担当者の安全を確保し担当

部署を支援する体制となっているか

②反社会的勢力対応部署において反社会的勢力に関する情報が一元的に管理・蓄積され、当該情報を集約したデータベースを構築する等の方法により、取引先の審査や当該貸金業者における株主の属性判断等を行う際に活用する体制となっているか

③反社会的勢力対応部署において対応マニュアルの整備や継続的な研修活動、警察・暴力追放運動推進センター・弁護士等の外部専門機関と平素から緊密な連携体制の構築が行われるなど、反社会的勢力との関係を遮断するための取組みの実効性を確保する体制となっているか。特に、平素より警察とのパイプを強化し、組織的な連絡体制と問題発生時の協力体制を構築することにより、脅迫・暴力行為の危険性が高く緊急を要する場合には直ちに警察に通報する体制となっているか

過去問CHECK！

「反社会的勢力対応部署による一元的な管理態勢の構築」に係る事項の１つとして、「反社会的勢力対応部署を整備し、反社会的勢力による被害を防止するための一元的な管理態勢が構築され、機能しているか」がある。

○ 反社会的勢力による被害を防止するための一元的な管理態勢が構築され、機能しているかに留意する必要がある。

（2）適切な事前審査の実施

反社会的勢力との取引を未然に防止するために適正な事前審査の実施が求められています。

> ①反社会的勢力との取引を未然に防止するため、反社会的勢力に関する情報等を活用した適切な事前審査を実施するとともに、契約書や取引約款への暴力団排除条項の導入を徹底するなど、反社会的勢力が取引先となることを防止しているかに留意すること
>
> ②提携ローン（4者型）[①]については、暴力団排除条項の導入を徹底の上、貸金業者が自ら事前審査を実施する体制を整備し、かつ、提携先の信販会社における暴力団排除条項の導入状況や反社会的勢力に関するデータベースの整備状況等を検証する態勢となっているかに留意すること

KEYWORD

①提携ローン（4者型）とは、加盟店を通じて顧客からの申込みを受けた信販会社が審査・承諾し、信販会社による保証を条件に貸金業者が当該顧客に対して資金を貸し付けるローンをいいます。

（3）適切な事後検証の実施

反社会的勢力との関係遮断を徹底する観点から、既存の債権や契約の適切な事後検証を行うための態勢が整備されているかに留意することとされています。

（4）反社会的勢力との取引解消に向けた取組み

反社会的勢力であると知らずに関係を有してしまった場合は、相手方が反社会的勢力であると判明した時点で可能な限り速やかに関係を解消する必要があります。

> ①反社会的勢力との取引が判明した旨の情報が反社会的勢力対応部署を経由して迅速かつ適切に経営陣に報告さ

れ、経営陣の適切な指示・関与のもと対応を行うこととしているかに留意すること

②平素から警察・暴力追放運動推進センター・弁護士等の外部専門機関と緊密に連携しつつ、株式会社整理回収機構のサービサー機能を活用する等して、反社会的勢力との取引の解消を推進しているかに留意すること

③事後検証の実施等により、取引開始後に取引の相手方が反社会的勢力であると判明した場合には、可能な限り回収を図るなど、反社会的勢力への利益供与にならないよう配慮しているかに留意すること

④<u>いかなる理由であれ</u>②、反社会的勢力であることが判明した場合には、資金提供や不適切・異例な取引を行わない態勢を整備しているかに留意すること

②正当な理由がある場合でも、資金提供等をしてはいけません。

(5) 反社会的勢力による不当要求への対処

反社会的勢力による不当要求への対応として、次の点に留意することとされています。

①反社会的勢力により不当要求がなされた旨の情報が反社会的勢力対応部署を経由して迅速かつ適切に経営陣に報告され、経営陣の適切な指示・関与のもと対応を行うこととしているかに留意すること

②反社会的勢力からの不当要求があった場合には積極的に警察・暴力追放運動推進センター・弁護士等の外部専門機関に相談するとともに、暴力追放運動推進センター等が示している不当要求対応要領等を踏まえた対応を行う

ととしているか。特に、脅迫・暴力行為の危険性が高く緊急を要する場合には直ちに警察に通報を行うこととしているかに留意すること

③反社会的勢力からの不当要求に対しては、あらゆる民事上の法的対抗手段を講ずるとともに、積極的に被害届を提出するなど、刑事事件化も躊躇しない①対応を行うこととしているかに留意すること

④反社会的勢力からの不当要求が、事業活動上の不祥事や役職員の不祥事を理由とする場合には、反社会的勢力対応部署の要請を受けて、不祥事案を担当する部署が速やかに事実関係を調査することとしているかに留意すること

ココが出る!

①民事上の対応だけでなく刑事事件化もすることとされています。

過去問CHECK!

「反社会的勢力による不当要求への対処」に係る事項の1つとして、「反社会的勢力からの不当要求に対しては、あらゆる民事上の法的対抗手段を講ずる必要があるが、刑事事件化は極力回避する対応としているか」がある。

× 刑事事件化も躊躇しない対応を行うこととされている。

(6) 株主情報の管理

定期的に自社株の取引状況や株主の属性情報等を確認するなど、株主情報の管理を適切に行っているかに留意することとされています。

2 不祥事件に対する監督上の対応

不祥事件とは、以下の行為が該当します。

①貸金業の業務に関し法令に違反する行為
②貸金業の業務に関し、資金需要者等の利益を損なうおそれのある詐欺、横領、背任等
③貸金業の業務に関し、資金需要者等から告訴、告発されまたは検挙された行為②
④その他貸金業の業務の適正な運営に支障をきたす行為またはそのおそれのある行為であって、上記に掲げる行為に準ずるもの

②法令違反だけでなく、資金需要者等から告訴された行為も対象となっています。また、検挙されていなくても、告訴・告発された行為も対象となっています。

過去問CHECK!

不祥事件とは、貸金業の業務に関し、法令に違反する行為のほか、検挙された行為をいい、資金需要者等から告訴又は告発されただけで検挙されていない行為は、不祥事件に該当しないものとされている。

× 資金需要者等から告訴または告発された場合も不祥事件に該当する。

監督指針では、不祥事件について以下の規定を置いています。

(1) 不祥事件の確認

貸金業者において不祥事件が発覚し、当該貸金業者から第一報があった場合は、以下の点を確認します。なお、貸金業者から第一報がなく届出書の提出があった場合にも、同様の取扱い

とします。

①社内規則等に則った内部管理部門への迅速な報告および経営陣への報告
②刑罰法令に抵触しているおそれのある事実については、警察等関係機関等への通報
③独立した部署（内部監査部門等）での不祥事件の調査・解明の実施

過去問CHECK！

監督当局は、貸金業者において不祥事件が発覚し、当該貸金業者から第一報があった場合において、刑罰法令に抵触しているおそれのある事実があるときは、直ちに、当該貸金業者の営業所等への立入検査を実施し、内部管理部門への報告、警察等関係機関等への通報を行うか否かを判断するための内部管理部門による不祥事件の調査・解明が実施されていることを確認するものとされている。

× 直ちに立入検査をするものとはされていない。

（2）不祥事件の検証

不祥事件と貸金業者の業務の適切性の関係については、以下の着眼点に基づき検証を行うこととされています。

①不祥事件の発覚後の対応は適切か
②不祥事件への経営陣の関与・組織的な関与はないか
③不祥事件の内容が資金需要者等に与える影響はどうか

④内部牽制機能が適切に発揮されているか
⑤再発防止のための改善策の策定や自浄機能は十分か、関係者の責任の追及は明確に行われているか
⑥資金需要者等に対する説明や問合せへの対応等は適切か

(3) 監督手法・対応

不祥事件の届出があった場合には、事実関係（当該行為が発生した営業所等、当該行為者の氏名・職名・職歴（貸金業務取扱主任者である場合にはその旨）、当該行為の概要、発覚年月日、発生期間、発覚の端緒）、発生原因分析、改善・対応策等について深度あるヒアリングを実施し、**必要に応じて報告書を徴収する**①ことにより、貸金業者の**自主的な業務改善状況**を把握することとします。更に、資金需要者等の利益の保護の観点から**重大な問題があると認められるとき**②には、貸金業者に対して、**業務改善命令を発出する**こととします。また、**重大・悪質な法令違反行為**が認められるときには、**業務停止命令等**の発出を検討するものとされています。

①直ちに立入検査を実施するわけではありません。
②業務改善命令が発出されるのは、重大な問題があると認められるときです。

過去問CHECK！

監督指針によれば、監督当局は、不祥事件の届出があった場合には、資金需要者等の利益の保護の観点から重大な問題があると認められるか否かにかかわらず、貸金業者に対して、速やかに、貸金業法第24条の6の3の規定に基づく業務改善命令を発出することとされている。

× 業務改善命令等は、重大な問題があると認められる場合に発出される。

第9章

■重要度 ★★☆

システムリスク管理態勢

1 システムリスクとは

システムリスクとは、コンピュータシステムのダウンまたは誤作動等、システムの不備若しくはコンピュータが不正に使用されることにより、資金需要者等又は貸金業者が損失を被るリスクをいいます。

ココが出る!

①データセンター建屋への不正侵入のようなサイバー空間を経由しないものは、サイバーセキュリティ事案には含まれません。

2 サイバーセキュリティ管理

サイバーセキュリティ事案とは、情報通信ネットワークや情報システム等の悪用により、**サイバー空間を経由して**①行われる不正侵入、情報の窃取、改ざんや破壊、情報システムの作動停止や誤作動、不正プログラムの実行やDDoS攻撃等の、いわゆる「**サイバー攻撃**」により、サイバーセキュリティが脅かされる事案をいいます。

貸金業者は、以下の点に留意して、検証する必要があります。

①サイバーセキュリティについて、経営陣はサイバー攻撃が高度化･巧妙化していることを踏まえ、サイバーセキュリティの重要性を認識し必要な態勢を整備しているか

②サイバーセキュリティについて、組織体制の整備、社内規程の策定のほか、サイバー攻撃に対する監視体制、サイバー攻撃を受けた際の報告及び広報体制、組

織 内 CSIRT（Computer Security Incident Response Team）等の緊急時対応及び早期警戒のための体制、情報共有機関等を通じた情報収集・共有体制等のサイバーセキュリティ管理態勢の整備を図っているか

③サイバー攻撃に備え、入口対策、内部対策、出口対策②といった多段階のサイバーセキュリティ対策を組み合わせた多層防御を講じているか

④サイバー攻撃を受けた場合に被害拡大防止のために、攻撃元 IP の特定・遮断等一定の措置を講じているか

⑤システムの脆弱性について、OS の最新化やセキュリティパッチの適用など必要な対策を適時に講じているか

⑥サイバーセキュリティについて、ネットワークへの侵入検査や脆弱性診断等を活用するなど、セキュリティ水準の定期的な評価を実施し、セキュリティ対策の向上を図っているか

⑦インターネット等の通信手段を利用した非対面の取引を行う場合には、一定取引のリスクに見合った適切な認証方式を導入しているか

⑧インターネット等の通信手段を利用した非対面の取引を行う場合には、一定の業務に応じた不正防止策を講じているか

⑨サイバー攻撃を想定したコンティンジェンシープランを策定し、訓練や見直しを実施しているか。また、必要に応じて、業界横断的な演習に参加しているか

⑩サイバーセキュリティに係る人材について、育成、拡充

ココが出る!

②**入口対策の例**：ファイアウォールの設置、抗ウイルスソフトの導入、不正侵入検知システム・不正侵入防止システムの導入

内部対策の例：特権 ID・パスワードの適切な管理、不要な ID の削除、特定コマンドの実行監視

出口対策の例：通信ログ・イベントログ等の取得と分析、不適切な通信の検知・遮断

するための計画を策定し、実施しているか

過去問CHECK！

「サイバーセキュリティ事案」とは、情報通信ネットワークや情報システム等の悪用により、サイバー空間を経由して行われる不正侵入、情報の窃取、改ざんや破壊、情報システムの作動停止や誤作動等のサイバー攻撃のほか、データセンター建屋への不正侵入といったサイバー空間を経由せずに行われる行為等のセキュリティが脅かされる事案をいう。

× サイバー空間を経由せずに行われる行為は含まれない。

3 システム監査

貸金業者は、以下の点に留意して、検証する必要があります。

①システム部門から独立した内部監査部門において、システムに精通した監査要員による定期的なシステム監査が行われているか
②監査の対象はシステムリスクに関する業務全体をカバーしているか
③システム監査の結果は適切に経営陣に報告されているか

4 外部委託管理

貸金業者は、以下の点に留意して、検証する必要があります。

①外部委託先（システム子会社を含む。）の選定に当たり、選定基準に基づき評価、検討のうえ、選定しているか

②外部委託契約において、外部委託先との役割分担・責任、監査権限、再委託手続、提供されるサービス水準等を定めているか。また、外部委託先の役職員が遵守すべきルールやセキュリティ要件を外部委託先へ提示し、契約書等に明記しているか

③システムに係る外部委託業務（二段階以上の委託を含む。）について、リスク管理が適切に行われているか

特に外部委託先が複数の場合、管理業務が複雑化することから、より高度なリスク管理が求められる①ことを十分認識した体制となっているか。システム関連事務を外部委託する場合についても、システムに係る外部委託に準じて、適切なリスク管理を行っているか

④外部委託した業務(二段階以上の委託を含む。)について、委託元として委託業務が適切に行われていることを定期的にモニタリングしているか。また、外部委託先任せにならないように、例えば委託元として要員を配置するなどの必要な措置を講じているか。さらに、外部委託先における資金需要者等に係るデータの運用状況を、委託元が監視、追跡できる態勢となっているか

⑤重要な外部委託先②に対して、内部監査部門又はシステム監査人等による監査を実施しているか

⑥受払等業務委託先についても、システムに係る外部委託先に準じて、適切な管理を行っているか

①複数の外部委託が禁止されているわけではありません。

②すべての外部委託先ではなく、重要な外部委託先に限定されています。

特に、受払等業務委託先がシステムの更改を行う場合について、当該受払等業務委託先と自社の双方において、適切なシステム上の対応がなされているかを十分に評価・確認し、必要に応じて、当該受払等業務委託先に対して適切な対応を求めるなどの対応がなされているか

5 コンティンジェンシープラン

貸金業者は、以下の点に留意して、検証する必要があります。

①コンティンジェンシープラン①が策定され、緊急時体制が構築されているか

②コンティンジェンシープランは、自社の貸金業務の実態やシステム環境等に応じて常時見直され、実効性が維持される態勢となっているか

③コンティンジェンシープランの策定に当たっては、その内容について客観的な水準が判断できるもの（例えば「金融機関等におけるコンティンジェンシープラン（緊急時対応計画）策定のための手引書」（公益財団法人金融情報システムセンター編））を根拠としているか

④コンティンジェンシープランの策定に当たっては、災害による緊急事態を想定するだけではなく、貸金業者の内部又は外部に起因するシステム障害等も想定しているか。また、バッチ処理が大幅に遅延した場合など、十分なリスクシナリオを想定しているか

KEYWORD

①コンティンジェンシープランとは、予期せぬ事態に備え策定しておく緊急時対応計画です。

⑤コンティンジェンシープランは、他の貸金業者におけるシステム障害等の事例や中央防災会議等の検討結果を踏まえる②等、想定シナリオの見直しを適宜行っているか

⑥コンティンジェンシープランに基づく訓練を定期的に実施しているか。なお、コンティンジェンシープランに基づく訓練は、全社レベルで行い、外部委託先等と合同で実施することが望ましい

⑦貸金業務への影響が大きい重要なシステムについては、オフサイトバックアップシステム等を事前に準備し、災害、システム障害等が発生した場合に、速やかに業務を継続できる態勢を整備しているか

ココが出る!

②他の貸金業者の事例も考慮する必要があります。

6 障害発生時等の対応

貸金業者は、以下の点に留意して、検証する必要があります。

①システム障害等が発生した場合に、資金需要者等に無用の混乱を生じさせないための適切な措置を講じているか

また、システム障害等の発生に備え、最悪のシナリオを想定した上で、必要な対応を行う態勢となっているか

②システム障害等の発生に備え、外部委託先を含めた報告態勢、指揮・命令系統が明確になっているか

③貸金業務に重大な影響を及ぼすシステム障害等が発生した場合に、速やかに経営陣に報告するとともに、報告に当たっては、最悪のシナリオの下で生じうる最大リスク等を報告する態勢③となっているか。また、必要に応じて、

講師より

③例えば、資金需要者等に重大な影響を及ぼす可能性がある場合、報告者の判断で過小報告することなく、最大の可能性を速やかに報告すること等が該当します。

対策本部を立ち上げ、経営陣自らが適切な指示・命令を行い、速やかに問題の解決を図る態勢となっているか

④システム障害等の発生に備え、ノウハウ・経験を有する人材をシステム部門内、部門外及び外部委託先等から速やかに招集するために事前登録するなど、応援体制が明確になっているか

⑤システム障害等が発生した場合、障害の内容・発生原因、復旧見込等について公表するとともに、資金需要者等からの問い合わせに的確に対応するため、必要に応じ、コールセンターや相談窓口を設置するなどの措置を迅速に行っているか

　また、システム障害等の発生に備え、関係業務部門への情報提供方法、内容が明確になっているか

⑥システム障害等の発生原因の究明、復旧までの影響調査、改善措置、再発防止策等を的確に講じているか

　また、システム障害等の原因等の定期的な傾向分析を行い、それに応じた対応策をとっているか

⑦システム障害等が発生した場合に、書面交付義務違反や指定信用情報機関への個人信用情報提供義務違反等の法令違反が発生していないかを検証する態勢となっているか。また、法令違反が認められるときには、真正な書面の再交付や指定信用情報機関に提供した個人信用情報の訂正など、速やかに問題が解消される態勢となっているか

⑧システム障害等の影響を極小化するためのシステム的な仕組みを整備しているか

ココが出る!

①システム障害が発生した場合でも、直ちに業務改善命令や業務停止命令が出されるわけではありません。

システム障害が発生した場合、必要に応じて業務の報告を求め、資金需要者等の利益の保護の観点から**重大な問題があると**認められるとき①には、**業務改善命令**を発出する等の対応を行うものとします。更に、**重大・悪質な法令違反行為**①が認められる等のときには、**業務停止命令**等の発出も含め、必要な対応を検討します。

7 現金自動設備に係るシステムのセキュリティ対策

現金自動設備に係るシステムは、簡単・迅速に金銭の交付及び債権の回収（弁済の受領）を可能にするものであり、資金需要者等にとって利便性が高く､広く活用されています。一方で、現金自動設備に係るシステムを通じた取引は、非対面で行われるため、異常な取引態様を確認できないなどの特有のリスクを抱えています。したがって､資金需要者等の利便を確保しつつ、資金需要者等の保護の徹底を図る観点から、貸金業者には現金自動設備に係るシステムのセキュリティ対策②を十分に講じることが要請されます。

また、他の貸金業者等と現金自動設備の利用提携をしている場合において、セキュリティ対策が脆弱な現金自動設備に係るシステムを放置している貸金業者が存在したときは、他の貸金業者等に影響が及ぶことにも留意する必要があります。

ココが出る!

②現金自動設備に係るシステムのセキュリティ対策のうち、資金需要者等への対応として、スキミングの可能性、暗証番号の盗取の可能性、類推されやすい暗証番号の使用の危険性等、現金自動設備の利用に伴う様々なリスクについて、資金需要者等に対する十分な説明態勢が整備されているかに留意して検証することとされています。

第10章　■重要度 ★★★

紛争解決等業務に関する規則・指定紛争処理機関

1 紛争解決等業務に関する規則

日本貸金業協会は、貸金業務関連苦情および貸金業務関連紛争につき、専門性を活かしつつ公正な立場から柔軟、迅速かつ適切な処理解決を図り、かつ相談の申し出に対して迅速かつ適切に対応し、資金需要者その他の貸金業の顧客等の利益の保護を図るとともに、貸金業務に対する信頼を確保して貸金業の健全な発展を確保するとしています。

（1）用語の定義

①貸金業務等関連苦情	貸金業務等①に関し、その契約者等②による当該貸金業務等を行った者に対する不満足の表明をいう
②貸金業務関連紛争	貸金業務等関連苦情のうち、当該苦情の相手方である貸金業者と当該苦情に係る契約者等の**自主的な交渉では解決ができないもの**であって、当事者が**和解をすることができるもの**をいう
③協力の要請	協会員等以外の貸金業を営む者に対する貸金業務等関連苦情に関し、その処理のために協会に対して助言その他の支援を求めることをいう
④相談	以下のいずれかに該当するものをいう ア）貸金業を営む者が遂行した具体的な貸金業務等に関連し、協会に助言を求めるものであって、上記①～③に該当しないもの イ）債務者が、貸付けの契約により負担した金銭債務を主たる理由として経済的窮状または返済困難な状況に陥っている場合に、協会に対し、当該状況の改善のための助言等を求めるもの
⑤紛争解決業務	紛争解決等業務に関する規則に定める**苦情処理手続**、**紛争解決手続**、**協力の要請**および**相談申出**への対応の係る業務並びにこれに**付随する業務**をいう

KEYWORD

①貸金業務等
貸金業務または貸金業者以外の貸金業を営む者による貸金業の業務をいいます。

KEYWORD

②契約者等
顧客・債務者・債務者等であった者・一般承継人をいいます。

(2) 協会等の責務

協会は、紛争解決等業務を中立公正に実施しなければならず、紛争解決等業務において、その専門性を活かしつつ迅速かつ適切な苦情の処理または紛争の解決を図り、かつ相談の申出に対し迅速かつ適切に対応することができるよう必要な体制整備を行わなければなりません。

手続実施基本契約③により加入貸金業者が負担する義務の不履行が生じたため、相談・紛争解決委員会が、当該加入貸金業者の意見を聴いた結果、当該加入貸金業者が負担する義務の不履行につき正当な理由がないと認めるときは、相談・紛争解決委員会は、遅滞なく、当該加入貸金業者の商号、名称又は氏名及び当該不履行の事実を公表するとともに、その登録を受けた財務局もしくは財務支局の長又は都道府県知事に報告しなければなりません。

(3) 協会員の責務

協会員(貸金業協会に加入している貸金業者)は、法令等および紛争解決等業務に関する規則に定めるところに従い、協会との間で**手続実施基本契約**を締結しなければなりません。また、協会員は、資金需要者等から相談の申出を受けた際に、健全な返済計画を策定すること等が適切と判断したときには、貸金業相談・紛争解決センターによる相談対応を説明し、または、相談・紛争解決委員会が指定する団体(弁護士会等)を紹介しなければなりません。

協会員等は、貸金業相談・紛争解決センターによる紛争解決等業務を周知するため、その内容および手続の概要、受付窓口などに関し、協会員等のウェブサイトに掲示しまたは店頭に掲

③手続実施基本契約
紛争解決等業務の実施に関し、**指定紛争解決機関と貸金業者**との間で締結される契約をいいます。債務者は契約に関与しません。

示するなど適切な方法で公表しなければなりません。

2 苦情処理

　貸金業相談・紛争解決センターは、苦情処理手続を実施するにあたっては、当事者が主体的・自主的に事案の解決を図ることができるように努めなければなりません。この苦情処理手続は**非公開**で行われます。

①申立人

　協会員等との間で貸金業務等関連苦情を有する契約者等である以下の者が該当します。

ア）個人
イ）法人
ウ）権利能力なき社団等（法人でない社団で代表者等の定めがあるもの）

　また、**弁護士**や**認定司法書士**等①の**代理人**を選任することもできます。申立人又は相手方に苦情処理手続において代理人によることが必要と認められる事情がある場合であって、細則で定めるところに従い代理人によることの許可を申請した場合には、苦情受付課は、上記の代理人（法定代理人、弁護士、認定司法書士）に該当しない者を苦情処理手続における代理人として許可することもできます。

ヒント

なお、協会員からの苦情処理申請はできません。

KEYWORD

①認定司法書士
法務大臣の認定を受けた司法書士をいい、簡易裁判所において取り扱うことができる民事事件（訴訟の目的となる物の価額が140万円を超えない請求事件）等について、代理業務を行うことができます。

ココが出る!

①行政書士は含まれていません。

過去問CHECK！

苦情処理手続において、申立人に代理人によることが必要と認められる事情がある場合、その法定代理人又は弁護士に限り、代理人となることができる。

× 認定司法書士等も代理人になれる。

②申立て

申立ては受付窓口に対し、一定の事項を記載した申立書を3通提出して行います。

申立てを受けた受付窓口は、申請人に対し、申立てを受理した場合にはその旨を、受理しないこととした場合には、その旨・その理由・不服申立てができる旨およびその手続を**書面で通知**②しなければなりません。

ただし、口頭で申立てがなされた場合で、申立書の提出があったとみなされるときは、直ちに受理または不受理の決定を行い、かつその旨を申立人や代理人に告知するとともに、申立記録書に記載した場合は書面による通知は不要となります。

③申立てを受理した場合の対応

受付窓口は、申立てを受理した場合③には、遅滞なく当該申立てにつき、申立書または申立記録書を、関連する資料とともに苦情受付課に送付しなければなりません。ただし、苦情の内容が簡易でありその処理に高度な専門的知識を必要としないことが明らかな場合には、受付窓口が処理することができます。なお、申立人は受付窓口による処理を拒否することができます。

②原則は書面で通知しなければなりません。

講師より

③貸金業相談・紛争解決センターは、申立てを受理してから**3ヵ月**以内に苦情処理手続を完了するよう努めなければなりません。

④苦情の解決

苦情受付課は、申立人および相手方その他の関係者から事情を聴取しまたは資料の提示もしくは提出を求めるなどして事実関係を把握するとともに、当事者である協会員等に対し苦情の迅速かつ適切な処理を求め、申立人および相手方に対し説明若しくは助言を行いまたは申立人と相手方等との意見等の取り次ぎを行うなどの方法により、苦情の解決の促進を図ります。

3 紛争解決

貸金業相談・紛争解決センターは、紛争解決手続を実施するにあたっては、必要に応じて法令等および条理を参酌しつつ、当事者による主体的･自主的な紛争解決を促進することにより、実情に即した適切な紛争の解決を図らなければなりません。

①申立人

契約者等（個人・法人・**権利能力なき社団**）、**加入貸金業者**等の貸金業務関連紛争の当事者である者は、貸金業相談・紛争解決センターに対し紛争解決手続開始の申立てをすることができます。契約者等からの申立てに対して、**加入貸金業者は、原則として紛争解決手続に応じなければなりませんが**、加入貸金業者から申し立てた場合、**契約者等は、これに応じる義務はありません。**

過去問CHECK！

契約者等による紛争解決手続開始の申立てが受理され、相手方に対してその旨の通知がなされた場合、当該通知を受けた協会員等は、正当な理由がある場合を除き、紛争解決手続に応じなければならない。

○　協会員（協会に加入している貸金業者）には紛争解決手続に応じる義務がある。

②申立て

申立て①は紛争受付課に対し、一定事項を記載した書面を5通提出して行います。

③苦情処理手続からの移行申立て

苦情処理手続の当事者は、苦情処理手続時から**30日以内**に、細則で定める書面を提出することで、苦情処理手続の対象となっている苦情解決のため、紛争解決手続へ移行を申し立てることができます。

④紛争解決委員の選任

紛争受付課は、紛争解決手続の申立てを受理したときは、委員長に対し**紛争解決委員**②を選任するよう求めます。

紛争解決委員は、人格が高潔で識見の高い者であって、一定の要件（弁護士であってその職務に従事した期間が通算5年以上等）のうちから選任されるものとします。

⑤紛争の解決手続

紛争解決手続③が開始された場合、紛争解決委員は、紛争解決のため、申立人と相手方の交渉を仲介するとともに、委員の

講師より

①貸金業相談・紛争解決センターは、申立てを受理してから**6ヵ月以内**に紛争解決手続を完了するよう努めなければなりません。

講師より

②紛争解決委員は、当事者もしくは参考人から意見を聴取し、文書・口頭による報告を求め、又は当事者から参考となるべき帳簿書類その他の物件の提出もしくは提示を求めることができます。

講師より

③紛争解決手続において、当事者は、紛争について説明し意見を述べる十分な機会が保証されなければなりません。

ココが出る!

①当事者双方が紛争解決委員の**和解案を受諾**したときには、**その時点**で当該和解案の内容で和解が成立したものとされます。この場合、紛争解決委員は、細則に定めるところに従い和解書を作成し、当事者に交付しまたは送達します。

専門的知識、経験等に基づき助言することにより、当事者間における紛争の円満な解決に努めるものとします。なお、紛争解決手続は非公開で行われます。

ア）和解案の作成および受諾の勧告

紛争解決委員は、申立てに係る紛争の解決に必要な**和解案**を作成し、当事者に対し提示①して、その受諾を勧告することができます。

イ）特別調停案

紛争解決委員は、和解案の受諾の勧告によっては当事者間に**和解が成立する見込みがない場合**において、事案の性質、当事者の意向、当事者の手続追行の状況その他の事情に照らして相当であると認めるときは、貸金業務関連紛争の解決のために必要な**特別調停案**を作成し、理由を付して当事者に提示することができます。

⑥紛争解決手続が終了する場合

以下の場合は、紛争解決手続が終了します。

ア）当事者双方に和解（和解案・特別調停案）が成立したとき

イ）紛争解決と同一請求で、判決が確定、調停の成立、裁判上または裁判外での和解が成立したとき

ウ）紛争解決手続に応じるか否かの回答を求めた通知から30日が経過しても、契約者等から紛争解決手続実施同意が得られないとき

エ）協会員等が正当な理由に基づき紛争解決手続に応じることを拒んだとき

＜紛争解決手続まとめ＞

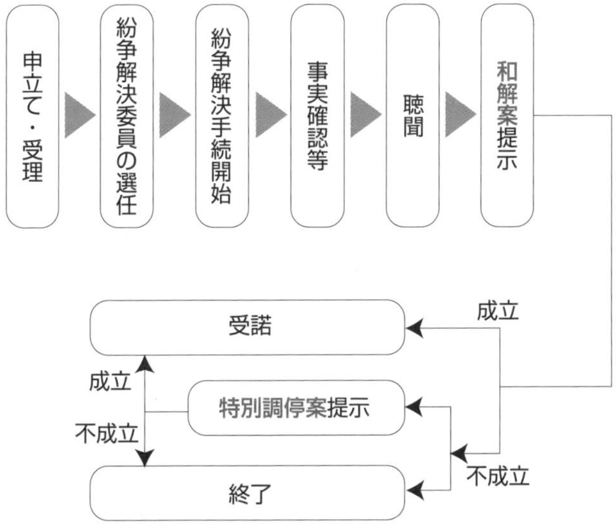

4 協力の要請

協会員以外の貸金業を営む者に対し貸金業務関連苦情を有する契約者等は、貸金業相談・紛争解決センターに対し、**協力の要請**をすることができます。

そして、受付窓口または苦情受付課は、協力の要請②を受けたときは、遅滞なく、要請の内容および事実関係を確認するとともに、要請者に対し、必要な助言または説明を行い、かつ、必要かつ適切な範囲で、相手方たる貸金業者または貸金業を営む者に対し勧告その他の措置を講ずるものとします。

講師より

②協力の要請に係る貸金業務等関連苦情の内容が法令違反する内容を含むと思料するときは、遅滞なく当該貸金業者を所管する行政庁または捜査機関に対して通報し、対応を要請するものとします。

5 相談

①相談の種類

相談には以下の種類があります。

種類	申請者
一般相談① （貸金業を営む者が遂行した具体的な貸金業務等に関連し、協会に助言を求めるもので、苦情・紛争・協力に該当しないもの）	①契約者等 ②契約者等の配偶者・2親等以内の親族 ③契約者の同居の親族 ④上記のほか、当該貸金等業務に関し貸金業相談・紛争解決センターに助言を求める正当な利害関係を有する者
債務相談② （債務者が、貸付けの契約により負担した金銭債務を主たる理由として経済的窮状または返済困難な状況に陥っている場合に、協会に対し、当該状況の改善のための助言等を求めるもの）	①協会員等に対し貸付けの契約により債務を負担する者 ②上記①に掲げる者の配偶者・2親等内の親族・同居の親族 ③上記①に掲げる者と生計を一つにする者 ④上記①～③に掲げる者のほか、債務相談を求める正当な利害関係を有する者

KEYWORD

①**一般相談**
一般相談の具体例として、「登録業者かどうかの確認」「契約内容の不明点」「ヤミ金業者対処」等があります。

KEYWORD

②**債務相談**
債務相談の具体例として、「借金の整理方法」や「依存症の克服」等があります。

②相談受付課における対応

相談受付課は、受付窓口から相談の申し出の送付を受けたときは、遅滞なく、相談対応の手続を説明し、相談内容と事実関係を確認して、相談者に対する回答や助言を行います。

6 貸付自粛制度

（1）貸付自粛制度とは

貸付自粛制度とは、資金需要者が、自らに浪費の習癖があることその他の理由により、自らを自粛対象者とする旨又は親族のうち一定の範囲の者が、金銭貸付による債務者を自粛対象者とする旨を日本貸金業協会に対して申告することで、日本貸金業協会が、これに対応する情報を個人信用情報機関に登録し、

一定期間、当該個人信用情報機関の会員に提供する制度です。

（2）貸付自粛情報の登録内容

登録内容は以下のとおりです。

> **氏名・性別・生年月日・住所・自宅電話番号（または携帯電話番号）・勤務先名・勤務先電話番号**

（3）申込者の範囲

貸付け自粛制度は以下のものが申告することができます。

> **①本人**
> **②法定代理人・保佐人・補助人**
> （①②）**いつでも申告できる**
> **③自粛対象者の配偶者・自粛対象者の二親等内の親族**[③]
> **※本人が所在不明で、その原因が金銭債務の負担を原因としている可能性があり、生命財産保護のために必要がある場合に申告可能**
> **④自粛対象者の三親等内の親族・同居の親族**
> **※配偶者又は二親等内の親族が申告することができる場合で、その者が申告をすることが著しく困難なとき申告可能**

③配偶者・二親等内の親族は、いつでも申告できるわけではありません。

過去問CHECK！

自粛対象者本人、自粛対象者の親権者、後見人、保佐人もしくは補助人または自粛対象者の配偶者もしくは二親等内の親族は、いつでも、協会に対し、貸付自粛の申告をすることができる。

×　配偶者または二親等以内の親族は、本人が所在不明等の要件を満たさないと申告できない。

第11章　■重要度 ★★★

営業所等への設置義務

1 営業所等に掲示しなければならないもの

（1）標識の掲示

貸金業者は、営業所または事務所ごとに、公衆の見やすい場所に**標識を掲示**①しなければなりません。

講師より

①掲示事項は次のとおり。
ア）「貸金業者登録票」という頭書
イ）登録番号
ウ）貸金業者の商号、名称または氏名
エ）登録有効期間

30cm 以上（ATM 等では 6 cm 以上）

25cm 以上（ATM 等では 5cm 以上）

貸　金　業　者　登　録　票

登録番号　財務（支）局長（　）第○○号
（都道府県知事）
登録有効期間　○年○月○日～○年○月○日
貸金業者の商号、名称または氏名

標識掲示義務違反は、業務改善命令・停止命令の対象となるほか、100万円以下の罰金（両罰規定）となります。

（2）貸付条件等の掲示

貸金業者は、営業所または事務所ごとに、顧客の見やすい場所（カウンター脇や ATM の横など）に、所定の**貸付条件等**②を掲示しなければなりません。そして、この掲示は、営業所等で行う**貸付けの種類ごと**に見やすい方法で行われなければなりません。

②信用情報提供契約を締結した指定信用情報機関・手続実施基本契約を締結した指定紛争情報機関の名称は含まれていません。

例外として、営業所等が**現金自動設備**で、あらかじめ定めた条件に継続して貸付けを行う契約（**包括契約**）に基づく金銭の

交付または回収のみを行うものであるときは**掲示を行う必要はありません。**

> 貸付条件掲示義務違反の場合、業務改善命令・業務停止命令の対象となります。また、100万円以下の罰金（両罰規定）にも処せられます。

過去問CHECK！

貸金業者が、貸付条件等の掲示をしなければならない営業所等には、あらかじめ定める条件により継続して貸付けを行う契約に基づく金銭の交付又は回収のみを行う現金自動設備が含まれる。

× 包括契約に基づく金銭の交付・回収のみを行う現金自動設備には掲示不要。

なお、金銭の貸付けと金銭の貸借の媒介とで掲示事項が一部異なりますので注意しましょう。

<金銭の貸付け・貸借の媒介の掲示事項>

<table>
<tr><th colspan="2">共通事項</th></tr>
<tr><td colspan="2">①貸付けの利率（実質年利（百分率）を少なくとも小数点以下1位まで）
②返済の方式（ex. 元利均等方式）
③返済期間および返済回数（ex. 返済期間1年、10回払）
④営業所等に置かれる貸金業務取扱主任者の氏名（役職や登録番号は不要）</td></tr>
<tr><th>金銭の貸付け</th><th>金銭の貸借の媒介</th></tr>
<tr><td>⑤賠償額の予定（違約金を含む）に関する定めをする場合における元本に対する率
⑥担保を供する必要がある場合の担保に関する事項
⑦主な返済の例（ex. 実質金利○%貸付金額○万円、月○万円定額払い○カ月／○回、合計金額○万円）</td><td>⑤媒介手数料の計算方法（媒介手数料の割合を含む）</td></tr>
</table>

ヒント

指定信用情報機関の商号又は名称や指定紛争解決機関の商号又は名称は貸付条件等**掲示事項ではありません**が、ポスターやホームページ等で“公表”をする必要があります。

2 従業者に関する規制

（1）従業者証明書の携帯

貸金業者は、貸金業の業務に従事する使用人その他の従業者[①②]に、従業者であることを証するため、一定の事項を記載し、写真を添付した**従業者証明書**を携帯させなければなりません。

また、資金需要者から**証明書の提示を求められたとき**は、従業員はそれに応じなければなりません。

この規定に違反すると100万円以下の罰金の対象となります。

（2）従業者名簿の備付け

貸金業者は、営業所等ごとに以下の事項を記載した従業者名簿を備え、**最終記載日**から**10年間**保存しなければなりません[③]。

①氏名・住所・従業者証明書番号
②生年月日
③主たる職務内容
④貸金業務取扱主任者であるか否かの別
⑤貸金業務取扱主任者であるときは、その登録番号
⑥当該営業所等の従業者となった年月日
⑦当該営業所等の従業者でなくなったときは、その年月日
⑧貸付けの業務に１年以上従事した者（常勤の役員または使用人である者に限る）に該当するか否かの別

ココが出る!

①証明書の携帯が必要なのは、「貸金業の業務」に従事する従業員です。「広告のみの業務」や「営業所において資金需要者と対面することなく行う業務」に従事する従業員は携帯不要です。

講師より

②その他の従業者には、業務委託先や代理店に属する者、派遣労働者等が該当します。

注意!!

③従業者名簿を備え付けなかったときは、50万円以下の罰金に処されます。

過去問CHECK！

貸金業者は、貸金業法第 12 条の4（証明書の携帯等）第2項に規定する従業者名簿を、最終の記載をした日から**5年間**保存しなければならない。

× 10 年間保存しなければならない。

（3）暴力団員等の使用の禁止

貸金業者は、暴力団員等をその業務に従事させ、またはその業務の補助者として使用させてはなりません。

> 暴力団員等を使用した場合、貸金業者の登録は取り消されます。また、1年以下の懲役もしくは300万円以下の罰金（両罰規定）に処されます。

3 業務帳簿書類の備付け・閲覧

（1）業務帳簿の備付け・保存義務

貸金業者は、営業所または事務所ごとに、その業務に関する帳簿を備え、債務者ごとに貸付けの契約について一定の事項を記載し、これを保存しなければなりません。

＜業務帳簿の主な記載事項＞

①契約年月日
②貸付けの金額・受領金額
③貸付けに係る契約における契約締結時書面記載事項④
④極度方式基本契約における契約締結時書面記載事項④
⑤保証契約における契約締結時書面記載事項④

ココが出る！

④記載事項の③～⑤について、契約締結時の書面の写しやマンスリーステートメントの写しを保存することで記載に代えることができます。また、**返済の方法・返済を受ける場所は記載不要**です。

①債権を譲渡しても帳簿の作成・保存が不要になるわけではありません。

⑥貸付けの契約に基づく債権の全部又は一部について弁済を受けたときは、各回の弁済に係る受領金額およびその利息・賠償額又は元本への充当額、受領年月日、当該弁済後の残存債務の額

⑦貸付けの契約に基づく債権の全部又は一部が弁済以外の事由により消滅したときは、その事由及び年月日並びに残存債権の額

⑧貸付けの契約に基づく債権を他人に譲渡したとき①は、その者の商号、名称又は氏名および住所、譲渡年月日並びに当該債権の額

※譲渡契約書の書面の写しを保存することで、記載に代えることができる

⑨貸付けの契約に基づく債権に関する債務者等その他の者との交渉の経過の記録

⑩返済金を貸付けの相手方の営業所又は住所において貸金業者が自ら取り立てるため訪問した年月日（日賦金業者）

保存期間は、貸付けの契約ごとに、**最終の返済期日**（債権が消滅したときは消滅日）から少なくとも**10年間**となります。

ただし、極度方式基本契約とこれに基づく極度方式貸付けに係る契約については、次のうち**いずれか遅い日**から少なくとも**10年間保存する**とされています。

①極度方式基本契約の解除の日

②これらの契約に定められた最終の返済期日のうち最後のもの（債権のすべてが消滅したときは消滅日）

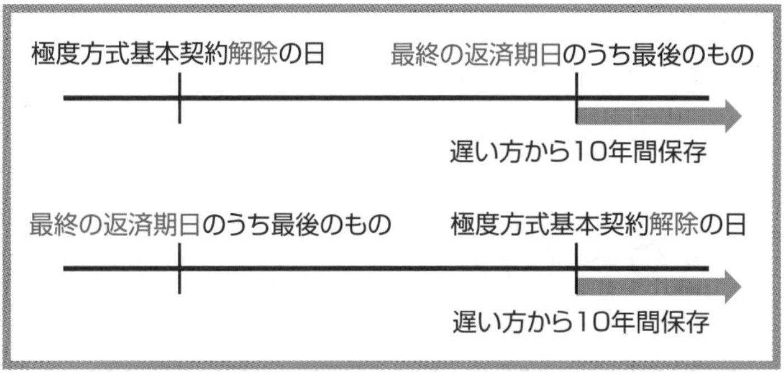

過去問CHECK！

貸金業者は、極度方式基本契約を締結した場合には、帳簿を、当該極度方式基本契約及び当該極度方式基本契約に基づくすべての極度方式貸付けに係る契約について、当該極度方式基本契約の解除の日又はこれらの契約に定められた最終の返済期日のうち最後のもの（これらの契約に基づく債権のすべてが弁済その他の事由により消滅したときにあっては、その消滅した日）のうちいずれか遅い日から少なくとも10年間保存しなければならない。

○　遅い日から10年間の保存が必要である。

（2）業務帳簿に代わる書面等

貸金業者は、業務帳簿を保存すべき営業所または事務所ごとに、貸付契約書面の写し、保証契約の書面の写し、債権の譲渡

契約の書面の写しを保存することで、業務帳簿の記載事項の一部に代えることができます。

> この帳簿を備え付けなかった者、必要的記載事項を記載しなかった者、虚偽記載をした者、帳簿を保存しなかった者は、100万円以下の罰金の対象となります。

（3）業務帳簿備付けの免除

貸金業者は、その営業所等が**現金自動設備**（ATM 等）であるときは、**業務帳簿の備付けが免除されます。**

ゴロ合わせ

営業所の	取扱先は、	式
営業所に備え付けるもの	**貸金業務取扱主任者**	**標識**

場近くの	10	丁	目
貸付条件	**10 年間保存**	**帳簿**	**名簿**

過去問 CHECK！

貸金業者は、帳簿を、営業所又は事務所が現金自動設備であるときを含めて、その営業所又は事務所ごとに、備え付けなければならない。

× 現金自動設備には帳簿の備付が不要。

（4）業務帳簿の閲覧・謄写等

債務者等または債務者等であった者その他内閣府令で定める者は、貸金業者に対して帳簿が備え付けられている営業所等での帳簿の閲覧①（**利害関係がある部分に限ります**）または謄写を請求することができます。この場合、貸金業者は、原則とし

講師より

①閲覧請求に応じる時間は、当該備付店舗の営業時間内となります。

て閲覧・謄写を拒むことができませんが②、閲覧または謄写の請求が**請求者の権利行使に関する調査を目的とするものでないことが明らかであるときは**、当該請求を拒むことができます。

帳簿の閲覧・謄写請求を拒むと100万円以下の罰金（両罰規定）に処せられます。

過去問CHECK！

貸金業者は、債務者から帳簿の謄写の請求を受け、当該債務者に帳簿の謄写をさせた。その後、当該債務者から、当該帳簿の閲覧の請求があった場合において、当該貸金業者は、当該請求が当該債務者の権利の行使に関する調査を目的とするものでないことが明らかであるときは、当該請求を拒むことができる

○　債務者の権利の行使に関する調査を目的とするものでないことが明らかであるときは、閲覧請求を拒める。

なお、監督指針によれば、帳簿の閲覧又は謄写に関する貸金業者の監督に当たっては、無人契約機やインターネットなど、対面以外の方法で契約の締結等を行う貸金業者については、帳簿の閲覧等の請求者が遠隔地に居住するなど来店が困難である場合に際して、**帳簿の複写請求**や**複写物の郵送請求**③に配慮しているかに留意する必要があるとされています。

（5）請求権者

閲覧または謄写の請求をできる者は、以下のようになります。

②謄写を営業時間終了後に請求された場合、これを翌日以降に再請求するよう拒むことができます。

③複写等の費用について、請求者に対し、適切な費用を請求することができます。

①債務者等または債務者等であった者
②債務者等または債務者等であった者の法定代理人・後見監督人・保佐人・保佐監督人・補助人・補助監督人
③債務者等または債務者等であった者の相続人
④債務者等または債務者等であった者のためにまたはそれらの者に代わって弁済した者（代位弁済者）
⑤上記①～④に該当する者から代理権を付与された者

①勧誘を開始した時や契約締結前の書面交付時、契約締結時の書面交付時以降ではありません。

（6）交渉の記録

交渉の経過の記録とは、債権の回収に関する記録、貸付けの契約（保証契約を含む）の条件の変更（当該条件の変更に至らなかったものを除く）に関する記録等、**貸付けの契約の締結以降**①における貸付けの契約に基づく債権に関する交渉の経過の記録であり、以下の事項が該当します。

①交渉の相手方（債務者、保証人等の別）
②交渉日時、場所及び手法（電話、訪問、電子メール及び書面発送等の別）
③交渉担当者（同席者等を含む）
④交渉内容（催告書等の書面の内容を含む）
⑤極度方式基本契約に基づく新たな極度方式貸付けの停止に係る措置を講じている場合、当該措置を講じた旨、年月日及びその理由

過去問CHECK！

貸金業者は、帳簿に、貸付けの契約に基づく債権に関する債務者等その他の者との交渉の経過の記録を記載しなければならないが、貸金業者向けの総合的な監督指針によれば、ここでいう「交渉の経過の記録」とは、貸金業法第16条の2に規定する書面（契約締結前の書面）の交付以降における債務者等その他の者との交渉の経過の記録の一切であるとされている。

× 貸付けの**契約締結以降**の記録である。

4 e文書法と従業者名簿・業務帳簿

e文書法とは、正式には「民間事業者等が行う書面の保存等における情報通信の技術の利用に関する法律」といい、貸金業法や民法、商法等の法令において、民間企業が作成・保存することを義務付けられている文書・帳票類の電磁化（電子的・磁気的）を、一部の例外を除いて一括して認める法律をいいます。

これにより、貸金業者の**従業者名簿**や**業務帳簿**も電磁化②することが認められています。

講師より

②電磁的記録を備付店舗に設置された電子計算機の画面へ表示することまたは書面に出力することで、帳簿の閲覧・謄写請求に応じることができます。

第12章　■重要度 ★★★

貸金業者の義務・禁止される行為

1 虚偽告知・重要事項不告知

資金需要者等に対し、虚偽のことを告げる行為（**虚偽告知**）①、貸付けの契約に関する重要な事項を告げないこと（**重要事項不告知**）は**禁止**されています。この場合の告知・不告知は、書面や電磁的記録の場合だけでなく**口頭の場合も含まれます**。

> **虚偽告知**については、1年以下の懲役もしくは300万円以下の罰金（両罰規定）またはこれらの併科に処せられます。

<重要な事項に該当する行為>

①貸付けの利率の引上げ②

②返済の方式の変更

③賠償額の予定の引上げ②

④債務者が負担すべき手数料等（貸付けの契約に基づいて負担する債務の元本額および利息を除く）の引上げ

⑤銀行振込みによる支払方法その他の返済の方法および返済を受けるべき営業者その他の返済を受けるべき場所の変更

⑥繰上げ返済の可否およびその条件の変更

⑦期限の利益の喪失の定めがあるときはその旨およびその内容の変更

また、監督指針や自主規制基本規則では、以下のようなケー

注意!!

①告知のケース
ア）ポスター等の営業所内への掲示
イ）自動契約受付機、現金自動設備等の画面における表示
ウ）協会員のホームページを利用したインターネット上における表示
エ）新聞、雑誌、テレビその他各種広告媒体における表示
オ）資金需要者等の住所に対して通知を送付することによる告知

スが不告知になるとしています。

<不告知の例>

①資金需要者等から契約の内容について問合せがあったにもかかわらず、当該内容について回答をせず、資金需要者等に不利益を与えること
②資金需要者等が契約の内容について誤解していることまたはその蓋然性③が高いことを認識しつつ正確な内容を告げず、資金需要者等の適正な判断を妨げること

2 断定的判断の提供の禁止

資金需要者等に対し、不確実な事項について**断定的判断を提供**し、または確実であると誤認させるおそれのあることを告げる行為をしてはなりません。

なお、この規定に違反しても罰則の適用はありません。

不確実な事項とは？ ▶	変動が予想され将来における帰趨④を見通すことが困難な事項のこと
断定的判断とは？ ▶	不確実な事項について将来における帰趨が確定している旨を表示すること
確実であると誤認させるおそれとは？ ▶	確実であると表示してなくても、将来における帰趨が確定していると誤解するに足りる表示をすること

ココが出る!
②利率や賠償額の予定の"引下げ"は重要な事項に該当しません。

KEYWORD
③蓋然性（がいぜんせい）
ある事象が起こる確実性の度合いのこと。

KEYWORD
④帰趨(きすう)
物事の終着のこと。

過去問CHECK！

貸金業者は、資金需要者等に対し、不確実な事項について断定的判断を提供し、又は確実であると誤認させるおそれのあることを告げる行為をした場合、貸金業法上、刑事罰の対象となるだけでなく、その登録をした内閣総理大臣又は都道府県知事から、その登録を取り消され、又はその業務の全部もしくは一部の停止を命じられることがある。

× 断定的判断の提供に罰則の適用はない。

3 主債務者の弁済の確実性に関する誤認表示の禁止

貸金業者は、保証人になろうとする者に対し、主債務者の**弁済が確実である**と誤認させるおそれのあることを告げてはなりません①。安易に保証契約を締結することを防ぐためです。

なお、この規定に違反しても罰則の適用はありません。

4 偽り・不正・著しく不当な行為の禁止

貸金業者は、上記の1～3以外であっても、偽る行為、**不正**（違法）行為、**不当**（妥当性を欠く・適当でない）行為をしてはなりません。

なお、この規定に違反しても罰則の適用はありません。

監督指針・自主規制基本規則では、偽りその他不正または著

ココが出る!

①1のうち虚偽告知には罰則がありましたが、1の重要事項不告知、2断定的判断の提供の禁止、3主債務者の弁済の確実性に関する誤認表示の禁止、4偽り·不正·著しく不当な行為の禁止違反については罰則はありません。

しく不当な行為に該当するものとして、以下の行為が該当する可能性が高いとしています。

①契約の締結または変更に際して、次に掲げる行為をすること ア）**白紙委任状**およびこれに類する書面を徴求すること イ）**白地手形**および白地小切手を徴求すること ウ）印鑑、通帳、証書、キャッシュカード、運転免許証等の社会生活上必要な証明書等を徴求すること エ）貸付金額に比し、合理的理由がないのに、**過大な担保や保証人**を徴求すること オ）クレジットカードを担保として徴求すること カ）資金需要者等に対し、借入申込書等に年収、資金使途、家計状況等の重要な事項について虚偽の内容を記入するなど**虚偽申告**を勧めること
②人の金融機関等の口座に無断で金銭を振り込み、当該金銭の返済に加えて、当該金銭に係る利息その他の一切の金銭の支払を要求すること（手数料・割引料などの名目を問わない）
③顧客の債務整理に際して、帳簿に記載されている内容と**異なった**貸付けの金額や貸付日等を基に残存債務の額を**水増し**し、和解契約を締結すること
④貸金業者が、**架空名義**もしくは**借名**で金融機関等に口座を開設し、または金融機関等の口座を譲り受け、債務の弁済に際して当該口座に振込みを行うよう要求すること
⑤資金需要者等が身体的・精神的な障害等により契約の内容が**理解困難**なことを認識しながら、契約を締結すること②
⑥**資金逼迫状況**にある資金需要者等の弱みにつけ込み、次の行為を行うこと ア）資金需要者等に一方的に不利となる契約の締結を強要すること イ）今後の貸付けに関して不利な取扱いをする旨を示唆すること等により、株式、出資又は社債の引受けを強要すること ウ）貸付けの契約の締結と併せて自己又は関連会社等の商品又はサービスの購入を強制すること
⑦確定判決において消費者契約法の規定に該当し**無効**であると評価され、当該判決確定の事実が消費者庁、独立行政法人国民生活センター又は同法に規定する適格消費者団体によって公表されている条項と、内容が同一である条項を含む貸付けに係る契約（消費者契約に限る）を締結すること
⑧取立てにあたり、債務者等以外の者に保証人となるよう強要すること
⑨資金需要者等からの貸付けの契約申込みにあたり、例えば「信用をつけるため」等の虚偽の事実を伝え、手数料を要求すること
⑩生命保険、損害保険等の保険金により貸付金の弁済を要求すること

②そもそも契約の締結・勧誘が禁止されているので、十分理解できるような説明をしても契約をしてはなりません。

⑪資金需要者等が障害者である場合であって、その家族や介助者等のコミュニケーションを支援する者が存在する場合に、当該支援者を通じて資金需要者等に契約内容を理解してもらう等の努力をすることなく、**単に障害があること**を理由として契約締結を拒否すること

過去問CHECK！

貸金業法第12条の6第4号に定める「偽りその他不正又は著しく不当な行為」にいう「不正な」行為とは、違法な行為には該当しないが、客観的に見て、実質的に妥当性を欠く又は適当でない行為、「不当な」行為とは、不正な程度にまで達していない行為をいう。

× 不正な行為は**違法**な行為をいい、不当な行為は妥当性を欠く行為等をいう。

5 カウンセリング機関の紹介

貸金業者は、資金需要者等の利益の保護のために必要と認められる場合には、資金需要者等に対して、借入れまたは返済に関する相談または助言その他の支援を適正かつ確実に実施することができると認められる団体（カウンセリング機関）を紹介するよう努めなければなりません。

この規定は努力義務なので、違反しても罰則の規定はありません。

①広告にはテレビ、ラジオ、インターネット、新聞、雑誌、看板等があります。

6 誇大広告・その他不適切な表示等の禁止

貸金業者は、その貸金業の業務に関して広告①または勧誘をするときは、**貸付けの利率**その他の貸付けの条件について、著

しく**事実に相違**する表示もしくは説明をし、または実際のものよりも**著しく有利**であると人を誤認させるような表示もしくは説明をしてはなりません。

> これに違反すると、1年以下の懲役または300万円以下の罰金（これらの併科）に処せられます。

また、貸金業者は、その貸金業の業務に関して広告または勧誘をするときは、次に掲げる表示または説明をしてはなりません。こちらは**罰則はありません**。

①資金需要者等を誘引することを目的とした特定の商品を当該貸金業者の**中心的な商品**であると誤解させるような表示または説明
②他の貸金業者の利用者または**返済能力がない者**を対象として勧誘する旨の表示または説明
③借入れが容易であることを**過度に強調**すること②により、資金需要者等の借入意欲をそそるような表示または説明
④公的な**年金**、**手当**等の受給者の借入意欲をそそるような表示または説明
⑤貸付けの利率以外の利率を**貸付けの利率と誤解させる**ような表示または説明
⑥上記に掲げるもののほか、資金需要者等の利益の保護に欠けるおそれがある表示または説明として内閣府令で定めるもの

7 適合性原則

貸金業者は、資金需要者等の知識、経験、財産の状況および貸付けの契約の締結の目的に照らして不適当と認められる勧誘を行って資金需要者等の利益の保護に欠け、または欠けることとなるおそれがないように、貸金業の業務を行わなければなりません。

> なお、罰則の規定はありません③。

ココが出る!

②借入れが容易であることを過度に強調する表示の例：
ア)貸付審査がまったく行われずに貸付けが実行されるかのような表現
イ)債務整理を行った者や破産免責を受けた者にも容易に貸し付けるような表現
ウ)他社借入件数、借入額について考慮しない貸付けを行う旨の表現

注意!!

③行政処分の対象とはなります。

講師より

①協会員は、②～④の方法により承諾を受けた場合には、当該承諾の事実を事後に確認できるよう記録・保存しなければなりません。

8 勧誘の規制

（1）貸付けの契約に係る勧誘の承諾

協会員である貸金業者は、債務者等に対して貸付けの契約に係る勧誘を行うに際しては、当該債務者等から当該勧誘を行うことについての**承諾を得なければなりません**①。当該承諾の取得方法としては、例えば次に掲げる方法が考えられます。

①店頭窓口において口頭での承諾の事実を確認し、当該承諾に係る記録を作成および保管する方法
②協会員のホームページを用いて承諾を取得する方法
③自動契約機又は現金自動設備などのタッチパネル上において承諾を取得する方法
④電話通信の方法により承諾を取得する方法
⑤書面により承諾を取得する方法

過去問CHECK！

協会員は、債務者等に対して貸付けの契約に係る勧誘を行うに際しては、例えば、店頭窓口において口頭での承諾の事実を確認し、当該承諾に係る記録を作成及び保管する方法により、当該債務者等から当該勧誘を行うことについての承諾を得なければならない。

○　勧誘を行うことについての**承諾**を得なければならない。

（2）禁止される勧誘

以下のような勧誘は禁止されています。

> **①資金需要者等の知識、経験、財産の状況および貸付けの契約の締結の目的に照らして不適当と認められる貸付けの契約の勧誘を行ってはなりません**
>
> **②協会員は、資金需要者等が身体的・精神的な障害等により契約の内容が理解困難なことを認識した場合には、貸付けの契約の締結に係る勧誘を行ってはなりません②**

（3）勧誘リストに関する制限

協会員は、勧誘リスト等を作成するにあたっては、当該勧誘リストに個人信用情報の**記載等をすることがないよう**③留意しなければなりません。

②勧誘をそもそも行ってはならず、平易に理解できる書面等を用いて十分に契約の内容の説明を行わなければならないわけではありません。

9 再勧誘の制限

貸金業者は、貸付けの契約の締結を勧誘した場合において、当該勧誘を受けた資金需要者等から当該貸付けの契約を**締結しない旨の意思**（当該勧誘を引き続き受けることを希望しない旨の意思を含みます）が表示されたときは、当該勧誘を引き続き行ってはなりません。

そして監督当局は、資金需要者等から再勧誘を希望しない意思表示があった場合は、再勧誘を希望しない期間や商品の範囲について資金需要者等に確認し、適切に記録しているかに留意するとしています。

③個人信用情報は記載してはならない点に注意です。

> なお、罰則の規定はありません。ただし、登録取消や業務停止等の行政処分の対象となります。

また、自主規制基本規則では、再勧誘について以下の規制があります。

資金需要者等の意思の表示	対応
資金需要者等が、協会員からの勧誘を**一切拒否する旨の強い意思表示**を行った場合（例えば、資金需要者等から協会員に対して「今後一切の連絡を断る」旨の意思の表示が明示的にあった場合等）	意思の表示のあった日から**最低１年**間は一切の勧誘を見合わせるものとし、当該期間経過後も架電、ファックス、電子メール若しくはダイレクトメール等の送信又は訪問等、当該資金需要者等の私生活や業務に与える影響が大きい方法による勧誘は行わない
資金需要者等が、協会員が**勧誘を行った取引に係る勧誘を引き続き受けることを希望しない旨の明確な意思の表示**を行った場合（例えば、当該勧誘対象者から協会員に対して、勧誘に係る取引について「今はいらない。」「当面は不要である。」等の一定の期間当該取引に係る勧誘を拒否する 旨の意思を明示的に表示した場合等）	意思表示のあった日から**最低６ヵ月**間は当該勧誘に係る取引及びこれと類似する取引の勧誘を見合わせる
勧誘対象者が勧誘に係る取引についての**契約を締結しない旨の意思を表**示した場合	意思表示のあった日から**最低３ヵ月**間は当該勧誘に係る取引及びこれと類似する取引の勧誘を見合わせる

なお、監督指針では、契約に係る説明態勢に関する貸金業者の監督に当たっては、資金需要者等の知識、経験及び財産の状況を踏まえた説明態勢に関し、具体的かつ客観的な基準を定めた社内規則等を整備し、役職員が**社内規則等**に基づき適正な貸付けの契約に係る説明を行うよう、**社内研修等**により周知徹底を図っているか、また、貸付けの契約に係る説明を行った際の状況に係る記録の方法を定めるなど、**事後検証が可能となる措置**が講じられているかに留意するものとされています。

過去問CHECK！

貸金業の業務運営に関する自主規制基本規則によれば、資金需要者等が、協会員）が勧誘を行った取引に係る勧誘を引き続き受けることを希望しない旨の明確な意思の表示を行った場合、当該協会員は、当該意思表示のあった日から最低１年間は、架電、ファックス、電子メールもしくはダイレクトメール等の送信又は訪問等、当該資金需要者等の私生活や業務に与える影響が大きい方法による勧誘は行わないこととされている。

× 勧誘を引き続き受けることを希望しない旨の明確な意思の表示を行った場合の勧誘を見合わせる期間は、６ヵ月間である。

10 過剰広告・勧誘についての努力義務

貸金業者は、その貸金業の業務に関して広告または勧誘をするときは、資金需要者等の返済能力を超える貸付けの防止に配慮するとともに、その広告または勧誘が過度にわたることがないように努めなければなりません①。

①これも努力義務です。

11 広告に関する貸金業協会の自主規制基本規則

個人向け貸付けの契約に係る広告表現については、以下に掲げる事項に十分に留意しなければなりません。

①安易な借入れを誘引する設定および表現を避けること

②児童および青少年への配慮をすること

③貸付条件を明示すること

④啓発的な要素を十分に取り入れたものにすること

また広告媒体において貸付条件等の表示方法が定められています。

媒体	規制の内容
テレビCM①	①貸付利率　大きさ 32 級以上　2.8 秒以上 ※小数点以下については大きさ20級以上 ②遅延損害金　(利率)大きさ 12 級以上　2.8 秒以上 ③年齢制限　大きさ 12 級以上　2.8 秒以上 ④その他の事項　大きさ 8 級以上　秒数に関しては特に制限なし ・協会考査承認番号 ・協会員であることを示す、会員番号および協会マーク （以上を表示する） **⑤啓発文言** ア）**契約内容の確認**（文言例「契約内容をご確認ください」） イ）**使い過ぎ借り過ぎへの注意喚起**（文言例「収入と支出のバランスを大切に」） ウ）**計画性のある借入れ**（文言例「無理のない返済計画を」） 啓発文言を表示する際、とりきり表示とし、露出秒数を 15 秒広告の場合は、1.5 秒以上とし、30 秒広告の場合は 2.0 秒以上とする 啓発文言表示は、ゴシック体にて 18 級以上とし、社名表示はＣＩ文字を使用せず 15 級以下とする。また、その他付随する文言を表示する場合は、8 級とする ⑥以下の事項に留意する ・安易な借入れを助長する表現、またはその疑いのある表現を排除すること ・ホームページアドレスを表示する場合、当該ホームページには、定められた啓発文言の表示があること。また、返済シミュレーションを備えること ・15 秒ＣＭの２段積み放送は行わないこと ⑦放送時間帯の制限 ・午前７時から午前９時まで、午後５時から午後 10 時までは原則として放送を行わない ・青少年に見てもらいたい番組での放送は行わない ・ギャンブルを主体とした番組への提供は行わない

ココが出る!

①テレビCM·新聞等による広告·電話帳広告については、個人向け貸付けの契約に係る広告を出稿するにあたり審査機関の承認が必要です。

新聞等による広告①	①貸付条件等 ②貸金業協会考査承認番号 ③協会員番号 ④貸金業協会マーク ⑤協会で指定する商品の内容、契約、債務の返済等を含めた貸金業務全般の**相談および苦情窓口**（掲載の際は罫線で囲むこと） ・文字級数を９級以上とすること ・貸金業協会マークを表示するに際しては、視認性が確保される程度の大きさ②とすること ・**啓発文言を入れなければならない** ⑥安易な借入れを助長する表現、またはその疑いのある表現を排除すること **⑦比較広告を行わないこと** ⑧ホームページアドレスを表示する場合、当該ホームページに前条に規定する啓発文言の表示があること。また、当該ホームページに返済シミュレーションを備えること ・ギャンブル専門紙およびギャンブル専門誌③ ・風俗専門紙および風俗専門誌 ｝**掲載できない**
ホームページ	①啓発文言 ②貸金業登録簿に登録された商号、名称または氏名 ③貸金業登録番号 ④協会員番号 ⑤登録簿に記載された電話番号 ⑥返済シミュレーション（クリックにより、返済シミュレーションの専用ページに誘導するハイパーリンクまたは画像の表示を含む） ・明瞭に判読できる大きさの文字級数で表示するよう留意しなければならない ・協会員は、風俗・ギャンブル関係ホームページへ融資に係る広告を出稿してはならない
ラジオCM	①啓発文言 安易に借入れを助長する表現またはその疑いのある表現を用いてはならない ②表現方法に関する留意点 ・安易な借入れを助長する表現またはその疑いのある表現を排除すること ・ホームページアドレスを告知する場合、当該ホームページに定められる啓発文言の表示があること。また、返済シミュレーションを備えること ・電話番号を告知する際、「**申込み**」という**表現をとらないこと** ③放送時間の制限 午後10時から午前3時までの時間帯の放送を行わない

ココが出る!

②協会マークは視認性が確保される程度の大きさでかまいません。

③ギャンブル専門紙誌等には、掲載自体が禁止されています。

過去問CHECK！

協会員は、ギャンブル専門紙及びギャンブル専門誌へ個人向け貸付けの契約に係る広告を出稿するにあたっては、安易な借入れを助長する表現、又はその疑いのある表現を排除することに留意しなければならない。

× ギャンブル専門紙等には出稿してはならない。

12 貸付条件の広告等

貸金業者は、貸付けの条件について**広告をするとき**、または貸付けの契約の締結について**勧誘をする場合**において貸付けの条件を表示し、もしくは説明するときは、次に掲げる事項を表示し、または説明しなければなりません①。

<table>
<tr><th colspan="2">金銭の貸付け、金銭の貸借の媒介の共通事項</th></tr>
<tr><td colspan="2">①貸金業者の商号、名称または氏名および登録番号
②貸付けの利率
③貸金業者登録簿に登録されたホームページアドレスまたは電子メールアドレスを表示し、または説明するときは、貸金業者登録簿に登録された電話番号②</td></tr>
<tr><th>金銭の貸付け
（手形割引・売渡担保は除く）</th><th>金銭の貸借の媒介</th></tr>
<tr><td>④返済の方式ならびに返済期間および返済回数
⑤賠償額の予定（違約金を含む）に関する定めをする場合における当該賠償額の元本に対する割合
※その年率を、百分率で少なくとも小数点以下1位まで表示したものに限る
⑥担保を供することが必要な場合における当該担保に関する事項</td><td>④媒介手数料の計算の方法
※百分率で少なくとも小数点以下1位まで表示したものに限る</td></tr>
</table>

注意!!

①貸付条件の表示・説明義務違反については、1年以下の懲役もしくは300万円以下の罰金またはこれらの併科に処されます（両罰規定）。

講師より

②つまり、ホームページアドレス等を表示・説明するときは、電話番号についても併記・説明が必要となるのです。

> この表示・説明義務に違反した者は、1年以下の懲役もしくは300万円以下の罰金（これらの併科）に処せられます。

期限の利益の喪失の定めがあるときは、その旨及びその内容や**利息の計算の方法、債務者が負担すべき元本及び利息以外の金銭に関する事項**は、広告等の際に表示や説明する事項ではありません。なお、貸付条件の広告については、貸金業法だけでなく、景品表示法等の適用もあります。

○・・・掲示・表示事項に該当する　　×・・・該当しない

	貸付け条件の掲示	貸付け条件の広告等
貸付けの利率	○	○
返済の方式	○	○
返済期間・返済回数	○	○
貸金業務取扱主任者の氏名	○	×
賠償額の予定	○	○
担保に関する事項	○	○
主な返済の例	○	×
媒介手数料の計算方法	○	○
貸金業者の商号等	×	○
ホームページアドレス等を表示・説明する際の電話番号	×	○
期限の利益の喪失の定め	×	×
利息の計算方法	×	×
債務者が負担すべき元本及び利息以外の金銭に関する事項	×	×

過去問CHECK！

期限の利益の喪失の定めがあるときは、その旨及びその内容は、貸金業者が、金銭の貸付け（手形の割引及び売渡担保を除く。）に係る貸付けの条件について広告をする場合に、貸金業法第 15 条（貸付条件の広告等）の規定に従い表示しなければならない事項である。

× 表示は不要である。

13 所定の連絡先以外の表示の禁止

貸金業者は、広告（多数の者に対してダイレクトメール等を送付して勧誘する行為等含みます）をし、または書面もしくはこれに代わる電磁的記録を送付して勧誘をするときは、電話番号その他の連絡先（ホームページアドレス・メールアドレス）等については、これに**貸金業者登録簿に登録されたもの以外**のものを表示し、または記録してはなりません。

所定の連絡先以外の表示の禁止違反の場合、1 年以下の懲役もしくは300万円以下の罰金またはこれらの併科に処されます（両罰規定の対象）。

14 指定紛争解決機関との契約締結義務等

貸金業者は、次の区分に応じ、一定の措置を講じなければなりません。

指定紛争解決機関が存在する場合	一の指定紛争解決機関との間で手続実施基本契約を締結する措置
指定紛争解決機関が存在しない場合	貸金業務に関する苦情処理措置①および紛争解決措置

注意!!

①資金需要者等（債務者等であった者を含む）からの苦情の処理の業務に従事する使用人その他の従業者に対する助言・指導を行わせる措置等をいいます。

貸金業者は、手続実施基本契約を締結する措置を講じた場合には、当該手続実施基本契約の相手方である指定紛争解決機関の商号または名称を公表しなければなりません。

15 生命保険に関する規制

(1) 生命保険契約等の締結に係る制限

貸金業者は、貸付けの契約（**住宅資金貸付契約を除く**）の相手方又は相手方となろうとする者の死亡によって保険金の支払を受けることとなる保険契約を締結しようとする場合には、当該保険契約において、**自殺による死亡**を保険事故としてはなりません。

(2) 生命保険契約等に係る同意前の書面の交付

貸金業者が、貸付けの契約の相手方又は相手方となろうとする者の死亡によって保険金の支払を受けることとなる保険契約を締結しようとする場合において、これらの者から同意を得ようとするときは、あらかじめ、以下の事項を記載した書面をこれらの者に交付しなければならない。

①当該保険契約が、これらの者が死亡した場合に貸金業者に対し保険金の支払をすべきことを定めるものである旨ー　貸金業者に支払われる保険金が貸付けの契約の相手方の債務の弁済に充てられるときは、その旨
②死亡以外の保険金の支払事由
③保険金が支払われない事由
④貸金業者に支払われる保険金額に関する事項
⑤保障が継続する期間に関する事項

貸金業者は、貸付けの契約の相手方又は相手方となろうとする者の承諾を得て、生命保険契約等に係る同意前の書面に代えて電磁的方法により提供することができます。

16 公的給付に係る預金通帳等の保管等の制限

年金等を債務者が受け取る前に、貸金業者が債務者の預貯金口座から引き出せてしまうと、債務者の生活が困難となります。

KEYWORD

①公的給付とは、法令の規定に基づき国又は地方公共団体がその給付に要する費用又はその給付の事業に関する事務に要する費用の全部又は一部を負担し、又は補助することとされている給付（給与その他対価の性質を有するものを除く）であって、法令の規定により**譲り渡し、担保に供し、**又は**差し押さえることができないこととされているもの**をいいます。

貸金業を営む者は、貸付けの契約について、年金等の**公的給付**①がその受給権者である債務者等又は債務者等の親族その他の者（特定受給権者）の預金又は貯金の口座に払い込まれた場合に当該預金又は貯金の口座に係る資金から当該貸付けの契約に基づく債権の弁済を受けることを目的として、次に掲げる行為をしてはなりません。

> **①特定受給権者の預金通帳等（預金・貯金の口座に係る通帳・引出用のカード・預金・貯金の引出し・払込みに必要な情報その他当該預金若しくは貯金の引出し・払込みに必要なものとして政令で定めるもの・年金証書その他特定受給権者が公的給付を受給することができることを証する書面その他のもの）の引渡しや提供を求め、又はこれらを保管する行為（預貯金通帳等の保管）**
>
> **②特定受給権者に当該預金・貯金の払出しとその払い出した金銭による当該債権の弁済をその預金・貯金の口座のある金融機関に委託して行うことを求める行為（自動振込を求める行為）**

過去問CHECK！

貸金業を営む者は、貸付けの契約について、公的給付がその受給権者である債務者等又は債務者等の親族その他の者の預金又は貯金の口座に払い込まれた場合に当該預金又は貯金の口座に係る資金から当該貸付けの契約に基づく債権の弁済を受けることを目的として、預金通帳等の引渡しもしくは提供を求めてはならない。

○ 貸金業を営む者は、弁済を受けるために公的給付が払い込まれる預貯金口座の印鑑等を引渡し等の請求等ができない。

第13章

■重要度 ★★★

契約締結前の書面の交付義務

1 契約締結前の書面の交付義務

（1）貸付契約・極度方式基本契約の相手方に対する交付義務

貸金業者は、貸付けに係る契約・極度方式基本契約①を締結しようとする場合には、当該**契約を締結するまで**に、内閣府令で定めるところにより、次に掲げる事項を明らかにし②、当該契約の内容を説明する書面（相手方の書面または電磁的方法による**承諾**を得たうえで、**電磁的方法による交付**も可能）を当該契約の相手方となろうとする者に交付しなければなりません。

契約締結前の書面の交付義務等に違反して書面を交付しなかったり、記載事項が記載されていなかったり、虚偽記載をした書面を交付した者は、1年以下の懲役もしくは300万円以下の罰金（これらの併科）に処されます。

共通事項
①**貸金業者の商号**、名称または氏名および**住所**（※**省略不可**）
②貸付けの利率
③返済の方式（ex. 元利均等返済方式）
④賠償額の予定に関する定めがあるときは、その内容
⑤**貸金業者の登録番号**③
⑥債務者が負担すべき元本および利息以外の金銭に関する事項
⑦契約の相手方の借入金返済能力に関する情報を信用情報に関する機関に登録するときは、その旨およびその内容
⑧利息の計算の方法
⑨返済の方法および返済を受ける場所（ex. 店頭持参・ATM）

講師より

①**極度方式貸付けに係る契約を締結する場合は、契約締結前の書面交付は不要**です。

注意!!

②日本工業規格に規定する8pt以上の大きさの文字・数字を用いないといけません（1pt＝0.315㎜）。

ココが出る!

③契約番号を記載しても省略できません。

<table>
<tr><td colspan="2">⑩各回の返済期日（ex.毎月１回、毎月末日限り）および返済金額の設定の方式（ex.10回払い・毎月１万円限り）</td></tr>
<tr><td colspan="2">⑪契約上、返済期日前の返済ができるか否かおよび返済ができるときは、その内容</td></tr>
<tr><td colspan="2">⑫期限の利益の喪失の定め④があるときは、その旨およびその内容</td></tr>
<tr><td colspan="2">⑬手続実施基本契約を締結する措置を講ずる当該手続実施基本契約の相手方である指定紛争解決機関の商号または名称</td></tr>
<tr><th>金銭の貸付けに係る契約のみ
（極度方式基本契約・極度方式貸付けを除く）</th><th>極度方式基本契約のみ</th></tr>
<tr><td>⑭貸付けの金額
⑮返済期間および返済回数（ex.契約日より３年（36回））
⑯将来支払う返済金額の合計額</td><td>⑭極度額
⑮貸金業者が、極度方式基本契約に定める極度額を１回貸し付けることその他の必要な仮定を置き、当該仮定に基づいた将来支払う返済金額の合計額、返済期間および返済回数ならびに当該仮定</td></tr>
</table>

なお、〝**貸付けに関し貸金業者が受け取る書面の内容**〟は、**記載事項ではありません**。

KEYWORD

④期限の利益の喪失の定めとは、例えば「元本または利息の支払を怠った場合は期限の利益が失われます（支払日前でも請求できます）」という定めをいいます（P241参照）。

過去問CHECK！

貸金業者が、個人顧客との間で貸付けに係る契約（極度方式基本契約及び極度方式貸付けに係る契約を除く。）を締結しようとする場合に、当該個人顧客に交付すべき契約締結前の書面の記載事項には、「契約に関し貸金業者が受け取る書面の内容」が含まれる。

× 契約に関し貸金業者が受け取る書面の内容は含まれない。

2 保証人に対する契約締結前の書面の交付義務

貸金業者は、貸付けに係る契約について保証契約を締結しよ

ココが出る!

①契約締結前の書面交付の場面では、主たる債務の契約の内容を明らかにする書面の交付は不要です。

講師より

②例えば、「主たる債務が消滅するまで」というように定めます。

うとする場合には、当該**保証契約を締結するまで**に、内閣府令で定めるところにより、次に掲げる事項を明らかにし、当該保証契約の内容を説明する書面①（**相手方の承諾**を得たうえで**電磁的方法による交付**も可能）を当該保証契約の保証人となろうとする者に交付しなければなりません。

概・・・概要書面の記載事項　詳・・・詳細書面の記載事項

①貸金業者の商号、名称又は氏名及び住所	概	詳
②保証期間②	概	詳
③保証金額	概	詳
④保証契約の種類及び効力（極度額の説明を含む）	概	－
⑤貸付けに係る契約に基づく債務の残高の総額	**概**	－
⑥保証債務の極度額その他保証人が負担する債務の範囲	概	詳
⑦貸付けに係る契約の契約年月日	－	詳
⑧貸付けに係る契約の貸付けの金額	－	詳
⑨貸付けに係る契約の貸付けの利率	－	**詳**
⑩貸付けに係る契約に基づく債務の返済の方式	－	詳
⑪貸付けに係る契約に基づく債務の返済期間及び返済回数（極度方式保証契約にあっては、記載することを要しない）	－	詳
⑫貸付けに係る契約に賠償額の予定に関する定めがあるときは、その内容	－	詳
⑬主たる債務者が負担すべき元本及び利息以外の金銭に関する事項	－	詳
⑭貸付けに係る契約の利息の計算の方法	－	詳
⑮貸付けに係る契約に基づく債務の各回の返済期日及び返済金額（極度方式保証契約にあっては、貸付けに係る契約に基づく債務の各回の返済期日及び返済金額の設定の方式）	－	詳
⑯契約上、貸付けに係る契約に基づく債務の返済期日前の返済ができるか否か及び返済ができるときは、その内容	－	詳
⑰貸付けに係る契約に期限の利益の喪失の定めがあるときは、その旨およびその内容	－	詳
⑱貸付けに係る契約に基づく債務の残高及びその内訳（元本、利息及び当該貸付けに係る契約に基づく債務の不履行による賠償額の別をいう）	－	詳
⑲保証期間の定めがないときは、その旨	－	詳

⑳保証人が連帯保証債務を負担するときは、民法第454条の規定の趣旨	ー	詳
㉑保証契約に基づく債務の弁済の方式	ー	詳
㉒保証契約に賠償額の予定に関する定めがあるときは、その内容	ー	詳
㉓貸金業者の登録番号	概	詳
㉔主たる債務者及び保証人の商号、名称又は氏名及び住所	概	詳
㉕貸付けの契約に関し貸金業者が受け取る書面の内容	ー	詳
㉖保証人が負担すべき保証債務以外の金銭に関する事項	ー	詳
㉗保証契約に基づく債務の弁済の方法及び弁済を受ける場所	ー	詳
㉘保証契約に期限の利益の喪失の定めがあるときは、その旨及びその内容	ー	詳
㉙貸付けの契約に基づく債権につき物的担保を供させるときは、当該担保の内容	ー	詳
㉚貸付けに係る契約に基づく債権の一部が弁済その他の事由により消滅したときは、その事由、金額及び年月日	ー	詳
㉛保証契約上、保証人が保証契約を解除できるときは**解除事由、解除できないときはその旨**	ー	詳
㉜貸付けに係る契約（手形の割引の契約及び売渡担保の契約を除く）の貸付けの利率が旧利息制限法第一条第一項に規定する利率を超えるときは、超える部分について支払う義務を負わない旨	ー	詳
㉝日賦貸金業者である場合にあっては、一定の事項	概	ー
㉞指定紛争解決機関が存在する場合は、手続実施基本契約を締結する措置を講ずる指定紛争解決機関の商号又は名称	ー	詳
㉟指定紛争解決機関が存在しない場合は苦情処理措置及び紛争解決措置の内容	ー	詳

この保証人に対する事前説明書については、保証契約の概要について簡潔かつ明瞭に記載した**概要書面**と、詳細を記載した**詳細書面**の２種類を作成し、両者を**同時**に③交付する必要があります。

ココが出る!

③同時に両方の書面の交付が必要となります。どちらか一方の交付では足りません。

第14章　■重要度 ★★★

契約締結時の書面の交付義務

1 契約締結時に交付すべき書面

貸付けの契約を締結した場合、その内容を明らかにした書面が交付されないと、後から契約内容を確認したりすることができなくなり、トラブルになることがあります。

そこで、貸金業法では貸金業者に対して、契約の相手方に**契約締結後、遅滞なく**①契約内容を明らかにする書面（**相手方の承諾を得て電磁的方法による交付も可能**）を交付（以下、「契約締結時の書面」といいます）しなければならないとしています。

講師より

①事前書面の交付義務と異なり、こちらは契約締結後に交付する点に注意しましょう。

過去問 CHECK！

貸金業者であるAが、個人顧客であるBとの間で本件貸付契約を締結するまでに、「貸金業法第 16 条の2第1項に規定する書面」（契約締結前の書面）をBに交付していた場合、Aは、Bとの間で本件貸付契約を締結したときに、「貸金業法第 17 条第1項に規定する書面」（契約締結時の書面）をBに交付する必要はない。

× 契約締結前の書面と契約締結時の書面は、それぞれ交付しなければならない。

ココが出る！

②極度額は、貸金業者が相手方に貸付けの元本の残高の上限として極度額を下回る額（貸付限度額のこと）を提示する場合は、下回る額および極度額を記載します。

（1）貸付けに係る契約等の場合

<table>
<tr><th>貸付けに係る契約・極度方式貸付け</th><th>極度方式基本契約</th></tr>
<tr><td colspan="2">①貸金業者の商号、名称または氏名および住所</td></tr>
<tr><td colspan="2">②契約年月日</td></tr>
<tr><td>③貸付けの金額</td><td>③極度額②</td></tr>
<tr><td colspan="2">④貸付けの利率</td></tr>
<tr><td colspan="2">⑤返済の方式</td></tr>
<tr><td>⑥返済期間および返済回数</td><td></td></tr>
<tr><td colspan="2">⑦賠償額の予定（違約金を含む。以下同じ）に関する定めがあるときは、その内容</td></tr>
<tr><td colspan="2">⑧貸金業者の登録番号</td></tr>
<tr><td colspan="2">⑨契約の相手方の商号、名称または氏名および住所</td></tr>
<tr><td>⑩貸付けに関し貸金業者が受け取る書面の内容③</td><td>⑩極度方式基本契約に関し貸金業者が受け取る書面の内容③</td></tr>
<tr><td colspan="2">⑪債務者が負担すべき元本および利息以外の金銭に関する事項</td></tr>
<tr><td colspan="2">⑫契約の相手方の借入金返済能力に関する情報を信用情報に関する機関に登録するときは、その旨およびその内容</td></tr>
<tr><td colspan="2">⑬利息の計算の方法</td></tr>
<tr><td colspan="2">⑭返済の方法および返済を受ける場所</td></tr>
<tr><td colspan="2">⑮各回の返済期日および返済金額（極度方式基本契約では設定の方式）</td></tr>
<tr><td colspan="2">⑯契約上、返済期日前の返済ができるか否かおよび返済ができるときは、その内容</td></tr>
<tr><td colspan="2">⑰期限の利益の喪失の定めがあるときは、その旨およびその内容</td></tr>
<tr><td colspan="2">⑱当該契約に基づく債権につき物的担保を供させるときは、当該担保の内容</td></tr>
<tr><td colspan="2">⑲当該契約について保証契約を締結するときは、保証人の商号、名称または氏名および住所</td></tr>
<tr><td colspan="2">⑳電話担保金融に係る契約であるときは、その旨および当該電話担保金融に関し設定された質権の登録の受付番号</td></tr>
<tr><td>㉑従前の貸付けの契約に基づく債務の残高を貸付金額とする貸付け④に係る契約であるときは、従前の貸付けの契約に基づく債務の残高の内訳および当該貸付けの契約を特定し得る事項</td><td></td></tr>
</table>

ココが出る!

③契約締結"前"の書面では、貸金業者が受け取る書面の内容は記載事項ではありませんでした。

講師より

④例えば、追加借入を行う際に、従前の融資残高と追加借入額を合計した新たな契約を成立させることがあります。

<table>
<tr><td colspan="2">㉒貸付けに係る契約の貸付けの利率が旧利息制限法に規定する利率を超えるときは、超える部分について支払う義務を負わない旨</td></tr>
<tr><td>㉓将来支払う返済金額の合計額</td><td>㉓貸金業者が、極度方式基本契約に定める極度額を一回貸し付けることその他の必要な仮定を置き、当該仮定に基づいた将来支払う返済金額の合計額、返済期間及び返済回数並びに当該仮定</td></tr>
<tr><td></td><td>㉔交付する書面等に記載する返済期間、返済回数、返済期日または返済金額が、後の貸付等の事由により変動し得るときは、その旨</td></tr>
<tr><td colspan="2">㉕日賦貸金業者である場合にあっては、一定の事項</td></tr>
<tr><td colspan="2">㉖指定紛争解決機関が存在する場合にあっては、貸金業者が手続実施基本契約を締結する措置を講ずる当該手続実施基本契約の相手方である指定紛争解決機関の商号または名称</td></tr>
<tr><td colspan="2">㉗指定紛争解決機関が存在しない場合にあっては、貸金業者の苦情処理措置および紛争解決措置の内容</td></tr>
</table>

(2) 極度方式貸付けの場合の一部省略

極度方式貸付け①の場合、極度方式基本契約を締結する際に一度書面の交付を受けているので、単なる金銭の貸付けに係る契約に比べ、省略等ができる事項があります。

①極度方式貸付けの場合も、契約締結時に交付すべき書面を交付しなければなりません。

<省略等ができる事項>

省略できる事項	要件
⑧貸金業者の登録番号	当該契約で定める利息の額が利息の制限額を超えないものを締結するときは省略可能
⑨契約の相手方の商号・名称・氏名および住所	当該契約の**契約番号**その他で代えることができる
⑩貸付けに関し貸金業者が受け取る書面の内容	極度方式基本契約締結時に受け取った書面については除かれる

⑫契約の相手方の借入金返済能力に関する情報を信用情報に関する機関に登録するときは、その旨およびその内容	当該契約で定める利息の額が利息の制限額を超えないものを締結するときは省略可能
⑬利息の計算の方法	当該契約で定める利息の額が利息の制限額を超えないもので、**極度方式基本契約締結時に交付した書面**に記載されているときまたは記載されているものより相手方に有利なものであるときは省略可能
⑭返済の方法および返済を受ける場所	当該契約で定める利息の額が利息の制限額を超えないもので、極度方式基本契約締結時に交付した書面に記載されているときは省略可能
⑮各回の返済期日および返済金額②	当該契約で定める利息の額が利息の制限額を超えないものを締結するときは、**次回の返済期日および返済金額**に代えることができる
	極度方式貸付けに係る契約で、当該契約と同一の極度方式基本契約に基づく返済の条件が同種の他の極度方式貸付けに係る契約の債務が残存するときは、締結した極度方式貸付けに係る契約の各回の返済期日および返済金額の記載に代えて、残存する債務と合わせた債務に係る将来の各回の返済期日および返済金額を、当該契約の次回の返済期日および返済金額の記載に代えて、残存する債務と合わせた債務に係る次回の返済期日および返済金額を記載することができる
⑯契約上、返済期日前の返済ができるか否かおよび返済ができるときは、その内容	当該契約で定める利息の額が利息の制限額を超えないもので、極度方式基本契約締結時に交付した書面に記載されているときまたは記載されているものより相手方に有利なものであるときは省略可能
⑰期限の利益の喪失の定めがあるときはその旨およびその内容	
⑱当該契約に基づく債権につき物的担保を供させるときは、当該担保の内容	当該契約で定める利息の額が利息の制限額を超えないものを締結する場合には、極度方式基本契約締結時に交付した書面に記載されている物的担保については、記載を省略することができる

②各回の返済期日および返済金額を記載しても「返済の方式」を省略することはできません。

⑱当該契約に基づく債権につき物的担保を供させるときは、当該担保の内容	当該契約で定める利息の額が利息の制限額を超えるものを締結する場合には、極度方式基本契約締結時に交付した書面に記載されている物的担保については、物的担保を供させている旨をもって代えることができる
⑲当該契約について保証契約を締結するときは、保証人の商号、名称または氏名および住所	極度方式貸付けに係る契約であって当該契約で定める利息の額が利息の制限額を超えないものを締結する場合には、極度方式基本契約締結時に交付した書面に記載されている保証人については、記載を省略することができる
	当該契約で定める利息の額が利息の制限額を超えるものを締結する場合には、極度方式基本契約締結時に交付した書面に記載されている保証人については、保証人を立てている旨をもって代えることができる
⑳電話担保金融に係る契約であるときは、その旨および質権の登録の受付番号	当該契約で定める利息の額が利息の制限額を超えないものを締結するときは省略可能
㉑当該契約が、従前の貸付けの契約に基づく債務の残高を貸付金額とする貸付けに係る契約であるときは、従前の貸付けの契約に基づく債務の残高の内訳および当該貸付けの契約を特定し得る事項	当該契約で定める利息の額が利息の制限額を超えないものを締結する場合に、当該契約と同一の極度方式基本契約に基づいた従前の極度方式貸付けに係る契約に基づく債務の残高を貸付金額とする貸付けに係る契約であるときは、記載を省略することができる
	当該契約で定める利息の額が利息の制限額を超えるものを締結する場合において、当該契約と同一の極度方式基本契約に基づいた従前の極度方式貸付けに係る契約に基づく債務の残高を貸付金額とする貸付けに係る契約であるときは、その旨またはその旨を示す文字をもって代えることができる
㉒将来支払う返済金額の合計額（貸付けに係る契約を締結した時点において将来支払う返済金額が定まらないときは、各回の返済期日に最低返済金額を支払うことその他の必要な仮定を置き、当該仮定に基づいた合計額および当該仮定）	極度方式貸付けに係る契約であって当該契約と同一の極度方式基本契約に基づく返済の条件が同種の他の極度方式貸付けに係る契約の債務が残存するときは、締結した極度方式貸付けに係る契約の将来支払う返済金額の合計額の記載に代えて、残存する債務と合わせた債務の将来支払う返済金額の合計額を記載することができる

「債務者が負担すべき元本及び利息以外の金銭に関する事項」、「賠償額の予定に関する定めがあるときは、その内容」、「返済の方式」等については、基本契約に記載があっても**省略できません**。

過去問CHECK！

貸金業者は、個別契約に係る書面の記載事項のうち「契約の相手方の商号、名称又は氏名及び住所」については、個別契約の契約番号その他をもって代えることができる。

○　契約番号等で代えられる（省略できる）。

（3）保証人に対する契約締結時の書面交付

貸金業者は、貸付けに係る契約について保証契約を締結したときは、遅滞なく、第13章 **2**「保証人に対する契約締結**前**の書面の交付義務」の記載事項と**保証契約の年月日**を記載した書面（相手方の**承諾**を得たうえで、**電磁的方法**による交付も可能①）を保証人に交付しなければなりません（保証の対象となる貸付けに係る契約が2以上あるときは**契約ごと**）。保証契約の内容は、契約締結前の書面で確認済みなので、追加されるのは**保証契約の年月日**だけです。

また、保証人には、**主たる債務の契約の内容を明らかにする書面の交付**（相手方の**承諾**を得たうえで、**電磁的方法**による交付も可能①）も必要となります。これは前記（1）の契約時の書面の内容（P113）と同じになります。

極度方式保証契約を締結したときも同じで、遅滞なく、極度方式保証契約に係る**極度方式基本契約の内容を明らかにした書**

①書面に代えて電磁的方法で交付する場合は保証人の書面または電磁的方法による承諾が必要となります。

面を保証人に交付しなければなりません①（相手方の承諾を得たうえで、電磁的方法による交付も可能）。

さらに、極度方式基本契約に基づいて極度方式貸付け（個別の貸付けのこと）がなされた場合には、その**極度方式貸付け契約の内容を明らかにする書面**の交付（相手方の**承諾**を得たうえで、**電磁的方法**による交付も可能）が必要となります。

ココが出る!

①契約締結**前**の書面には、極度方式基本契約の内容を明らかにする書面の交付は**不要**でした。

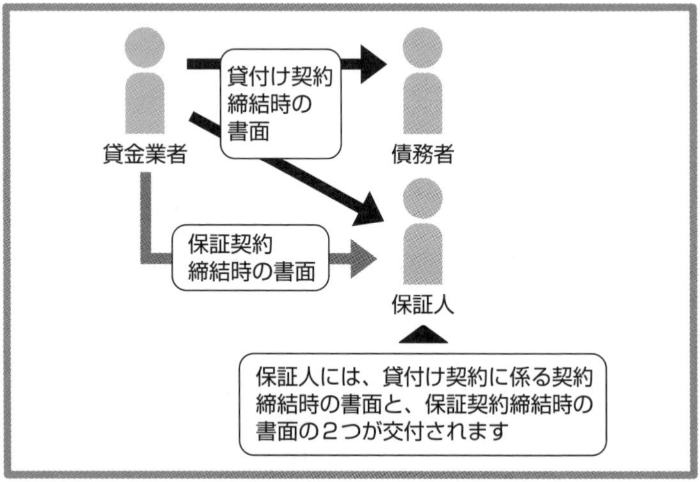

過去問CHECK！

貸金業者は、貸付けに係る契約（極度方式基本契約を除く。）について保証契約を締結したときは、遅滞なく、内閣府令で定めるところにより、貸金業法第 17 条第３項前段に規定する書面（保証契約における契約締結時の書面）に加えて、貸金業法第 17 条第１項各号に掲げる事項について当該貸付けに係る契約の内容を明らかにする書面を交付しなければならない。

○ 保証契約における契約締結時の書面に加え、貸付けに係る契約の内容を明らかにする書面の交付も必要。

2 重要事項の変更時の書面の再交付

貸金業者は、契約時の書面の記載事項のうち、次の重要事項を変更したときは、書面を再交付②（相手方の**承諾**を得て**電磁的方法**による交付も可能）しなければなりません。**保証人がいる場合は、保証人に対しても改めて書面を交付しなければなりません。**

①極度方式基本契約の極度額 ※元本残高の上限として極度額を下回る額を提示する場合は、下回る額と極度額	・引き下げたとき ・引き下げた後、元の額を上回らない額まで引き上げたとき → 再交付は不要
②返済の方式	再交付が必要（相手方の利益になるか否かに関係なく）
③各回の返済期日・返済金額	
④返済の方法、返済を受ける場所	
⑤物的担保を供させるときはその内容	
⑥保証契約を締結するときは、保証人の名称又は名前・住所 （新たに保証人を立てる場合③）	
⑦貸付けの利率	契約の相手方の利益になる場合は、再交付不要
⑧利息の計算方法	
⑨債務者が負担する元本・利息以外の金銭	
⑩賠償額の予定があるときは、その内容	
⑪期日前返済の可否・内容	
⑫期限の利益喪失の定めの有無・内容	

②相手方に不利益とならない変更時は再交付は不要です。また、消費税率引上げ分に相当するＡＴＭ利用料の変更についても、再交付は不要となります。

③再交付の際には全ての保証人の名称又は名前・住所の記載が必要となります。

過去問CHECK！

貸金業者Aは、「返済の方法及び返済を受ける場所」を変更した場合、債務者Bの利益となる変更であるときは、変更後の内容を記載した契約締結時の書面をBに再交付する必要はない。

× 相手方の利益になるか否かにかかわらず再交付する必要がある。

これに対し、「契約の相手方の商号、名称または氏名および住所」や「貸金業者が受け取る書面の内容」等の前記の表中に記載がないものに変更があっても再交付は不要です。

過去問CHECK！

貸金業者Aは、個人顧客であるBとの合意に基づき、基本契約に関し貸金業者が受け取る書面の内容を変更した場合、変更後の内容を記載した基本契約に係る書面をBに再交付する必要はない。

○ 基本契約に関し貸金業者が受け取る書面の内容の変更については再交付不要。

ヒント

なお、極度方式基本契約において変更時の書面を交付すれば、極度方式貸付けに係る契約においては、変更時の書面を交付する必要はありません。

＜保証契約の変更時の書面＞

<table>
<tr><td>①保証契約に基づく債務の弁済の方式</td><td rowspan="3">再交付が必要</td></tr>
<tr><td>②保証契約に基づく債務の弁済の方法および弁済を受けさせる場所</td></tr>
<tr><td>③保証契約に基づく債権につき物的担保を供させるときは、物的担保の内容</td></tr>
<tr><td>④保証期間</td><td rowspan="9">相手方の利益となる変更の場合は交付不要</td></tr>
<tr><td>⑤保証金額</td></tr>
<tr><td>⑥保証人が主たる債務者と連帯して債務を負担するときは、その趣旨等</td></tr>
<tr><td>⑦保証債務の極度額</td></tr>
<tr><td>⑧保証期間の定め</td></tr>
<tr><td>⑨賠償額の予定に関する定め</td></tr>
<tr><td>⑩保証人が負担すべき保証債務以外の金銭に関する事項</td></tr>
<tr><td>⑪保証契約についての期限の利益の喪失の定め</td></tr>
<tr><td>⑫保証契約上、保証人が保証契約を解除できる場合は、その解除理由、解除できないときはその旨</td></tr>
</table>

過去問CHECK！

貸金業者は、貸付けに係る契約について保証契約を締結した後、当該保証契約における保証期間を変更する場合は、当該保証人の利益となる変更か否かにかかわらず、保証契約における契約変更時の書面を当該保証人に交付しなければならない。

×　保証人の利益となる変更の場合は再交付不要。

第15章

■重要度 ★★★

受取証書・債権証書・特定公正証書

ココが出る!

①「一部」の弁済であっても受取証書の交付は必要です。また、交付先は「弁済者」です。第三者が弁済した場合は、債務者ではなく第三者に交付します。

1 受取証書の交付

（1）弁済受領時の書面交付

貸金業者は、貸付けの契約に基づく債権の全部または一部①について弁済を受けたときは、**その都度、直ちに**、次に掲げる事項を記載した書面（受取証書）を当該弁済をした者①に交付しなければなりません。

過去問 CHECK！

貸金業者Aは、その営業所の窓口において本件契約に基づく債権の一部について第三者Cから有効に弁済を受けた場合、遅滞なく、貸金業法第 18 条第１項に規定する書面（受取証書）を債務者Ｂ及びＣに交付しなければならない。

×　弁済したＣにのみ交付すればよい。

ヒント

受取証書がないと、後日弁済した・しないでトラブルになりかねません。そこで、民法では弁済をした者が弁済を受領した者に対して受取証書の交付を請求できるとしていますが、貸金業法ではさらに受取証書の交付を貸金業者の義務とすることによって、借主を保護することとしています。

なお、受取証書に記載すべき事項が記載された書面で**貸金業者の銀行口座への振込用紙と一体となったもの**を債務者に交付し、債務者がこの書面を利用して銀行口座に対する払い込みをしても、受取証書の交付がなされた場合には**該当しません**。

②日本工業規格に規定する8pt以上の大きさの文字・数字を用いないといけません。

＜受取証書の記載事項②＞

①貸金業者の商号、名称または氏名および住所
②契約年月日③
③貸付けの金額（保証契約にあっては保証に係る貸付けの金額）
④**受領金額**およびその利息、**賠償額の予定**に基づく賠償金または元本への充当額
⑤受領年月日③
⑥弁済を受けた旨を示す文字
⑦貸金業者の登録番号 ※**契約番号**その他で貸付契約を特定できる場合は省略可能
⑧債務者の商号、名称または氏名 ※**契約番号**その他で貸付契約を特定できる場合は省略可能
⑨債務者以外の者が債務の弁済をした場合には、その者の商号、名称または氏名 ※貸付けに係る契約について保証契約を締結したときは、主たる債務者
⑩当該弁済後の債務の残存額

③「契約年月日」と「受領年月日」の双方とも記載事項です。

貸付けの利率や**利息の計算方法**は記載事項ではありません。

ゴロ合わせ

当　番	無	視　して	省かれた
登録番号	**債務者の**	**商号・氏名・名称**	**省略可能**

過去問CHECK！

貸金業者Ａが本件契約に基づく債権の全部又は一部について有効に弁済を受けた場合に交付すべき受取証書の記載事項のうち、Ａの登録番号及び債務者Ｂの商号、名称又は氏名については、本件契約を契約番号その他により明示することをもって、当該事項の記載に代えることができる。

○　契約番号等で省略できる事項である。

（2）預貯金口座への振込みの場合

顧客から預金または貯金の**口座を利用して**弁済を受けた場合には、原則として**受取証書の交付は不要**となり、**顧客からの請求がある場合**に限り、受取証書を交付することとなります。

（3）電磁的方法による交付

貸金業者は、**弁済をした者の承諾**を得て、受取証書を書面に代えて**電磁的方法**により交付することができます。

（4）マンスリーステートメント制度

極度方式基本契約に基づく極度方式貸付けは、一般の貸付けに比べて繰り返し利用され、またATMなどが利用されることも多く、その都度受取証書を交付することは困難なケースがあります。

そこで、極度方式基本契約に基づく極度方式貸付け（個々の貸付け）時の契約締結時の書面と受取証書については、**相手方の承諾**を得て、一定期間における貸付けおよび弁済その他の取引の状況を記載した書面（**マンスリーステートメント**①）を交

ココが出る!

①マンスリーステートメントの交付は、義務ではなく任意です。

付する場合は、記載事項の一部を軽減することができるとしています。

つまり、契約するたびに法定の記載事項の全てが記載されている書面を交付するのではなく、1ヵ月単位で契約状況をまとめて、マンスリーステートメントを交付することで、個別の契約締結時や受取証書の交付時に記載事項を一部省略した簡素化書面の交付が認められているのです。

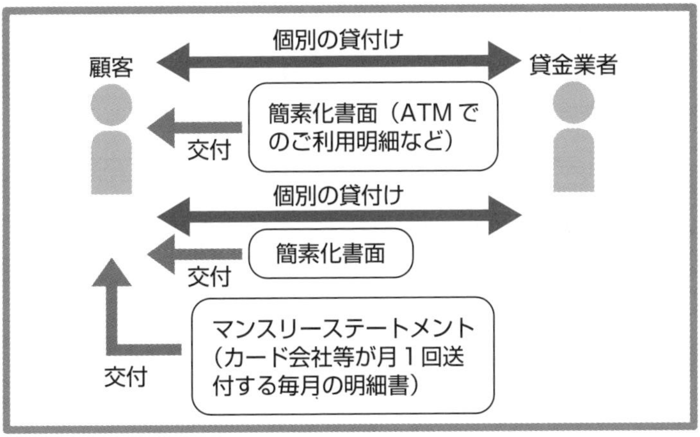

マンスリーステートメントを利用するための要件は以下のとおりです。

①利息制限法の制限金利以下での金利の貸付けであること

②相手方の承諾を得ること

※法律上承諾の方法について制限はありませんが、監督指針ではマンスリーステートメントが交付される旨および貸付けの都度交付される書面の記載が簡素化される旨を示したうえで、あらかじめ書面または電磁的方法で承諾を得ることとされています。
※相手方は承諾を自由に撤回できます。また、撤回された場合は、マンスリーステートメント以外の方法による書面交付の適用開始時期等について適切な説明が必要です。

③月次書面（マンスリーステートメント）を交付すること

<マンスリーステートメントで一部記載を省略できる書面>

①極度方式貸付けに係る契約締結時に交付すべき書面

②極度方式保証契約の相手方に交付すべき書面

③上記①②の弁済の際に交付すべき受取書面

また、あくまで記載を簡素化できるだけであって、①②では、契約締結後遅滞なく、③は弁済を受けたら**直ちに簡素化書面**を交付しなければなりません。

書面の交付自体が省略できるのではなく、あくまで記載事項の一部を簡素化した書面が交付できるという点は間違わないようにしましょう。

<簡素化書面の記載事項>

簡素化書面の種類	記載事項
①極度方式貸付けに係る契約締結時に交付すべき書面	①契約年月日 ②貸付けの金額
②極度方式保証契約の相手方に交付すべき書面	
③上記①②の弁済の際に交付すべき受取証書	①受領年月日 ②受領金額

過去問CHECK！

貸金業者は、極度方式貸付けに係る契約に基づく債権の全部について、当該契約の債務者から弁済を受けた場合において、当該債務者の承諾を得て、内閣府令で定めるところにより、貸金業法第 18 条第３項に規定する一定期間における貸付け及び弁済その他の取引の状況を記載した書面（マンスリーステートメント）を交付するときは、弁済を受けた日から１か月以内に、受領年月日及び受領金額を記載した受取証書を当該債務者に交付しなければならない。

× 弁済を受けたときに、受領年月日及び受領金額を記載した簡素化書面を交付しなければならない。

2 債権証書の返還

貸金業者は、貸付けの契約に基づく債権についてその**全部の弁済を受けた場合**①において当該債権の証書を有するときは、遅滞なく、これをその**弁済をした者**②に返還しなければなりません。

受取証書と同じく、民法上は弁済者は債権者に債権証書の返還を請求“**できる**”とされているのを、貸金業者の**義務**とすることで借主等を保護するのです。

> 債権証書の返還義務に違反した場合、10万円以下の過料となります。法人の場合には、その役員等が過料に処せられます。

①受取証書と異なり返還対象となるのは全部弁済のときだけです。

②弁済をした者は、債務者とは限りません（正当な理由のある第三者等）ので、弁済をした者に返還するとされています。

3 特定公正証書に係る制限

（1）委任状等の取得の禁止

貸金業を営む者は、貸付けの契約について、債務者等から、当該債務者等が**特定公正証書**①の作成を公証人に嘱託することを**代理人に委任することを証する書面**（委任状等）を取得してはなりません。債務者等が特定公正証書のことをよく分からないまま貸金業者に特定公正証書作成の委任状にサインしてしまい、予期せぬ強制執行をさせてしまうトラブルがあったからです。

KEYWORD

①特定公正証書とは、債務者等が貸付けの契約に基づく債務の不履行の場合に直ちに強制執行に服する旨の陳述が記載された公正証書をいいます。民事執行法では、執行証書といいます。

（2）代理人の推薦の禁止

貸金業を営む者は、貸付けの契約について、債務者等が特定公正証書の作成を公証人に嘱託することを代理人に委任する場合には、当該**代理人の選任**に関し**推薦**その他これに類する**関与をしてはなりません**。例えば、貸金業者の顧問弁護士等を推薦するのは禁止です。

（3）特定公正証書の説明義務

貸金業者は、貸付けの契約について、特定公正証書の作成を公証人に嘱託する場合には、**あらかじめ**（当該貸付けの契約に係る資金需要者等との間で特定公正証書の作成を公証人に嘱託する旨を約する契約を締結する場合にあっては、当該契約を締結するまでに）、内閣府令で定めるところにより、債務者等となるべき資金需要者等に対し、次に掲げる事項について書面を交付して説明しなければなりません。

①当該貸付けの契約に基づく債務の不履行の場合には、特定公正証書により、債務者等が直ちに強制執行に服することとなる旨

②上記①のもののほか、債務者等の法律上の利益に与える影響に関する事項として内閣府令で定めるもの

過去問CHECK！

貸金業者は、貸付けの契約について、特定公正証書の作成を公証人に嘱託した場合には、遅滞なく、内閣府令で定めるところにより、債務者等となるべき資金需要者等に対し、当該貸付けの契約に基づく債務の不履行の場合には、特定公正証書により、債務者等が直ちに強制執行に服することとなる旨及び債務者等の法律上の利益に与える影響に関する事項として内閣府令で定めるものについて書面を交付し、説明しなければならない。

× あらかじめ説明をしなければならない。

第16章　取立て行為規制

■重要度 ★★★

1 禁止される取立て行為

貸金業を営む者①または貸金業を営む者の貸付けの契約に基づく**債権の取立て**について貸金業を営む者その他の者から委託を受けた者は、貸付けの契約に基づく債権の取立てをするにあたって、**人を威迫**し、または次に掲げる言動その他の**人の私生活もしくは業務の平穏を害するような言動**をしてはなりません。

①貸金業を営む者とは、正規の貸金業者だけでなく、無登録業者も含まれます。

> 禁止される取立て行為をした場合、業務改善命令・登録取消し・業務停止処分の対象となります。また、2年以下の懲役もしくは300万円以下の罰金またはその併科となります。

①正当な理由がないのに、社会通念に照らし不適当と認められる時間帯（**午後9時から午前8時**まで）に、債務者等に電話をかけ、もしくはファクシミリ装置を用いて送信し、または債務者等の居宅を訪問すること

※正当な理由：債務者の**自発的な承諾**がある場合や債務者と**連絡を取るのに他に方法がない**場合など（監督指針・自主規制基本規則）

※親族の冠婚葬祭時や年末年始、入院時、罹災時等の不適当な時期に取立て行為を行うことは、私生活または業務の平穏を害する行為に該当するおそれが大きい（自主規制基本規則）

②債務者等が弁済し、または連絡し、もしくは連絡を受ける時期を申し出た場合において、その申出が社会通念に照らし相当であると認められないことその他の正当な理由がないのに、**午後9時から午前8時まで**の時間帯以外の時間帯に、債務者等に電話をかけ、もしくはファクシミリ装置を用いて送信し、または債務者等の居宅を訪問すること
なお、監督指針では、以下のような債務者等からの申出が「相当であると認められない事由」に該当するおそれが大きいとされている

ア）債務者等からの弁済や連絡についての具体的な期日の申出がない場合
イ）直近において債務者等から弁済や連絡に関する申出が履行されていない場合

ウ）通常の返済約定を著しく逸脱した申出がなされた場合
エ）申出にかかる返済猶予期間中に債務者等が申出内容に反して他社への弁済行為等を行った場合
オ）申出に係る返済猶予期間中に債務者等が支払停止、所在不明等となり、債務者等から弁済を受けることが困難であることが確実となった場合

また、自主規制基本規則では、以下の債務者等の申出が社会通念に照らし相当と認められる可能性が高いとされています。

ア）債務者等が申し出た弁済期日が、当該申出の日から1ヵ月を超えない範囲で弁済期日を示された場合であって、当該期日に近接して給料日その他確実な収入が見込まれる日が存在するとき
イ）直近において債務者等から弁済や連絡に関する申出が履行されている場合
ウ）通常の返済約定を著しく逸脱したとは認められない申出がなされた場合
エ）申出に係る返済猶予期間中に債務者等が申出内容に反して他社への弁済行為を行う等の事情が認められない場合
オ）申出に係る返済猶予期間中に債務者等に支払停止、破産開始等の申立て、所在不明等債務者から返済を受けることが困難であることが確実と認められる事情が生じていない場合

③正当な理由②がないのに、債務者等の**勤務先その他の居宅以外の場所**に電話をかけ、電報を送達し、もしくはファクシミリ装置を用いて送信し、または債務者等の勤務先その他の居宅以外の場所を訪問すること
※債務者等以外の者から電話連絡をしないよう求められたのにさらに電話連絡することは、人の私生活等を害する言動に該当するおそれが大きい（監督指針）

④債務者等の居宅または勤務先その他の債務者等を訪問した場所において、債務者等から当該場所から退去すべき旨の意思を示されたにもかかわらず、当該場所から退去しないこと

⑤はり紙、立て看板その他何らの方法をもってするを問わず、債務者の借入れに関する事実その他債務者等の私生活に関する事実を**債務者等以外の者に明らかにすること**
※債務者等から家族に知られないよう**要請を受けている場合以外**では、電話や郵便物により家族に明らかになっても、**直ちに違反行為になるわけではない**

⑥債務者等に対し、債務者等以外の者からの金銭の借入れその他これに類する方法により貸付けの契約に基づく債務の弁済資金を調達することを要求すること
※債務者等が自主的に他社から資金調達することは禁止されていない

②「正当な理由」があれば債務者の勤務先等に電話をかける等の行為も可能です。
例：
・債務者の自発的な承諾がある場合
・債務者等が申告した住所等連絡先を事前連絡なしに変更した場合

⑦債務者等以外の者に対し、債務者等に代わって債務を弁済することを要求すること
⑧債務者等以外の者が債務者等の居所または連絡先を知らせることその他の債権の取立てに協力することを拒否している場合において、さらに債権の取立てに協力することを要求すること ※拒否している場合に協力を要求することが禁止されるのであり、協力要請行為自体が禁止されるわけではない
⑨債務者等が、貸付けの契約に基づく債権に係る債務の処理を弁護士もしくは弁護士法人もしくは司法書士もしくは司法書士法人（弁護士等といいます）に委託し、またはその処理のため必要な裁判所における民事事件に関する手続をとり、弁護士等または裁判所から書面によりその旨の通知があった場合において、正当な理由がないのに、債務者等に対し、電話をかけ、電報を送達し、もしくはファクシミリ装置を用いて送信し、または訪問する方法により、当該債務を弁済することを要求し、これに対し債務者等から直接要求しないよう求められたにもかかわらず、さらにこれらの方法で当該債務を弁済することを要求すること
⑩債務者等に対し、上記のいずれかに掲げる言動をすることを告げること

講師より

①協会員は取立て行為を行うにあたり、法令を遵守するとともに一定の行為（右表）が「威迫」および「その他の人の私生活もしくは業務の平穏を害するような言動」に該当するおそれがあること、また「正当な理由を有しない取立ての禁止」「社会通念に照らし相当と認められないことその他正当な理由がない取立ての禁止」を留意し、必要な社内態勢整備に努めなければなりません。

過去問CHECK！

貸金業法第 21 条（取立て行為の規制）第 1 項第 1 号は、正当な理由なく、社会通念に照らし不適当な時間帯に債務者等への電話や居宅の訪問等を禁止している。この「正当な理由」には、「債務者等と連絡を取るための合理的方法が他にない場合」は該当しないが、「債務者等の自発的な承諾がある場合」は該当する可能性が高い。

× 債務者等と連絡を取るための合理的方法が他にない場合も該当する。

自主規制基本規則では、以下のような行為が「威迫①」および「その他の人の私生活もしくは業務の平穏を害するような言動」に該当するおそれがあるとしています。

①大声をあげたり、乱暴な言葉を使うなど暴力的な態度をとること
②多人数で訪問すること 例示として、3名以上が挙げられる
③不適当な時期に取立ての行為を行うこと 例示として、以下が挙げられる ア）親族の冠婚葬祭時 イ）年末年始（12月31日から1月3日） ウ）債務者等の入院時 エ）罹災時
④債務処理を代理人弁護士または司法書士に委託し、または債務処理のため必要な裁判所における民事事件に関する手続をとったことが弁護士または司法書士、裁判所から通知された場合、または債務者等からの電話その他の方法をもって判明した場合、もしくは財団法人日本クレジットカウンセリング協会から介入通知を受領した場合、その後債務者等に支払を要求すること
⑤反覆継続した取立て行為を行うこと 例示として、以下が挙げられる ア）電話を用いた債務者等への連絡を、1日に4回以上行うこと イ）電子メールや文書を用いた連絡を、前回送付または送信から3日以内に行うこと
⑥親族または第三者に対し、支払の要求をすること 例示として、以下が挙げられる ア）各態様において、あたかも返済義務があるような旨を伝えること イ）支払申出があった際、支払義務がないことを伝えないこと

過去問CHECK！

「多人数で訪問すること。例示として、3名以上が挙げられる」は、協会員が取立て行為を行うにあたり、貸金業法第21条第1項に定める「威迫」及び「その他の人の私生活もしくは業務の平穏を害するような言動」に該当するおそれがあるとされている。

○ 「多人数で訪問すること。例示として、3名以上が挙げられる」は、威迫等に該当する。

また、内部管理部門においては、交渉経過の記録等の確認や担当者からのヒアリングの実施等に加え、必要に応じ、例えば、録音テープの確認や資金需要者等と直接面談等を行うことにより、取立て・督促の実態を把握し、検証を行うことができる態勢が整備されているかに留意するものとされています。

2 催告書面等の記載事項

貸金業を営む者または貸金業を営む者の貸付けの契約に基づく債権の取立てについて貸金業を営む者その他の者から委託を受けた者は、債務者等に対し、**支払を催告するための書面**またはこれに代わる電磁的記録を送付するときは、以下の事項を記載し、または記録しなければなりません。

①貸金業を営む者の商号、名称または氏名および住所ならびに電話番号 ※当該債権を管理する部門または営業所等に係るものを記載する（監督指針）
②当該書面または電磁的記録を送付する者の氏名 ※管理部門や営業所等において**債権を管理する者の氏名**を記載する（監督指針）
③契約年月日
④貸付けの金額
⑤貸付けの利率
⑥支払の催告に係る債権の弁済期
⑦支払を催告する金額
⑧支払催告時における当該催告に係る残存債務の額
⑨支払を催告する金額の内訳（元本・利息・債務不履行の賠償額の別）
⑩保証人に送付する場合は、保証契約年月日および保証債務の極度額その他保証人が負担する債務の範囲

過去問CHECK！

貸金業者向けの総合的な監督指針（監督指針という。）によれば、監督当局は、取立て行為に関する貸金業者の監督に当たっては、貸金業法第21条（取立て行為の規制）第2項に規定する支払を催告するための書面又はこれに代わる電磁的記録につき、同項第2号に規定する「当該書面又は電磁的記録を送付する者の氏名」については、当該債権を管理する部門又は営業所等において、当該債権を管理する者の氏名を記載することに留意する必要があるとされている。

○　債権を管理する者の氏名を記載する必要がある。

なお、支払催告のため書面や電子メールを送付する場合、書面に封をしたり、本人のみが使用していることが明らかなメールアドレスに送付するといった**借入れの事実が債務者以外の者に明らかにならない方法**によらなければなりません。

催告書面等の記載事項の規定に違反した場合、業務改善命令・登録取消し・業務停止処分の対象となります。また、100万円以下の罰金になります。

3 取立てにあたり明らかにすべき事項

貸金業を営む者または貸金業を営む者の貸付けの契約に基づく債権の取立てについて貸金業を営む者その他の者から委託を受けた者①は、貸付けの契約に基づく債権の取立てをするに当たり、**相手方の請求があったとき**は、以下の事項について記載（8ポイント以上）した書面を交付または送付する方法により

①貸金業者だけでなく、その委託を受けた者も対象となっています。

ココが出る!

①証明書の提示で代用できるのは、貸金業を営む者の商号等と取立てを行う者の氏名であって、それ以外の事項は代用できません。

その相手方に明らかにしなければなりません。

①貸金業を営む者の商号、名称、氏名および取立てを行う者の氏名 **※従業者証明書の提示でも可能**①
②弁済受領権限の基礎となる事実
③取り立てる債権に係る、契約締結時の書面に掲げられた事項
④取り立てる債権が極度方式貸付けに係る契約に基づくものであるときは、当該契約の基本となる極度方式基本契約に係る、契約締結時の書面に掲げられた事項
⑤債務者等に対して取立てをするときは、以下の事項 a. 支払の催告に係る債権の弁済期および支払を催告する金額 b. 支払の催告時における当該催告に係る残存債務の額および支払を催告する金額の内訳（元本・利息・賠償金の別）
⑥保証人に対し取立てをするときは、保証人に対する契約締結時の書面に掲げられた事項

過去問CHECK！

貸金業者の従業者は、債務者宅を訪問し債権の取立てをするに当たり、相手方から、当該従業者の弁済受領権限及び取り立てる債権に係る契約の内容を明らかにするよう請求があった場合には、貸金業法第 12 条の4（証明書の携帯等）に規定する証明書の提示によることで当該請求に応じたものとみなされる。

× 弁済受領権限及び取り立てる債権に係る契約の内容は証明書の提示によることはできない。

貸金業を営む者または貸金業を営む者の貸付けの契約に基づく債権の取立てについて貸金業を営む者その他の者から委託を受けた者は、貸付の契約に基づく債権の取立てをするに当たり、相手方の請求があったときは、貸金業を営む者の商号、名称又

は氏名およびその取立てを行う者の氏名その他内閣府令で定める事項を、日本工業規格 Z8305 に規定する８ポイント以上の大きさの文字および数字を用いて明瞭かつ正確に記載した書面を交付または送付する方法により、その相手方に明らかにしなければなりません。

違反した場合、業務改善命令・登録取消し・業務停止処分の対象となります。また、100万円以下の罰金になります。

4 取立て行為の委託の制限

(1) 暴力団員等への委託の制限

貸金業者は、貸付けの契約に基づく債権の取立ての委託をしようとする場合において、その相手方が取立て制限者であることを知り、もしくは知ることができるときに取立ての委託をすることができません。

①暴力団員等
②暴力団員等がその運営を支配する法人その他の団体または当該法人その他の団体の構成員
③貸付けの契約に基づく債権の取立てにあたり、禁止されている取立て行為を行い、刑法・暴力団等処罰法の罪を犯すおそれが明らかである者

(2) 密接な関係を有する者への取立ての委託と注意義務

貸金業者は、親族や役員といった密接な関係を有する者に貸付けの契約に基づく債権の取立ての委託をしたときは、その相手方が取立て行為制限の規定に違反し、刑法・暴力行為等処罰法の罪を犯さないように、相当の注意を払わなければなりません。

第17章

■重要度 ★★★

債権譲渡等に関する規制

1 譲渡人に対する規制

講師より

①監督指針では、債権譲受人との債権譲渡契約において、債権譲受人が債務者等に対し通知を遅滞なく送付することや、債権譲受人が法令を遵守した債権管理及び回収を行うこと等債務者等の保護の確保に努めるための規定が置かれているかに留意するものとされています。

貸金業者は、貸付けに係る契約に基づく債権を他人に譲渡する①にあたっては、**譲受人**に対し、以下の貸金業法の一部の規定の適用がある旨等を、書面（譲受人の**承諾**がある場合は**電磁的方法**も可）で通知しなければなりません。

譲渡人に対する規制に違反した場合、100万円以下の罰金に処されます。また、両罰規定の対象です。

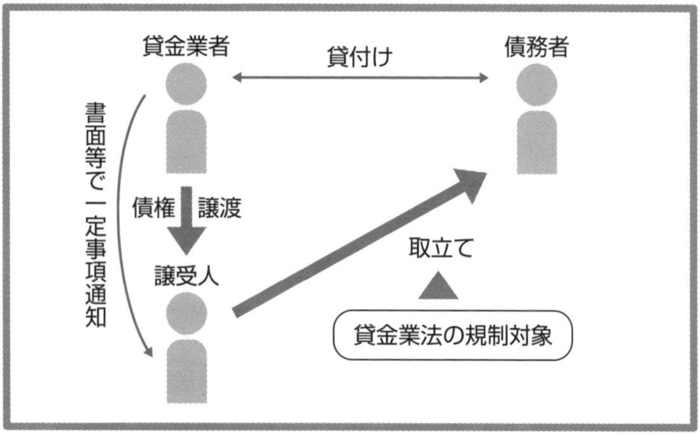

貸金業法の一部の規制は、債権を譲り受けた者にも及ぶことになりますので、規制がかかることを譲受人にも教えておく必要があるのです。

①当該債権が貸付けに係る契約に基づく債権であること

②譲受人が当該債権に関してする行為について貸金業法の規制が及ぶこと
③貸付けに係る契約締結時に交付すべき書面の記載事項[②]
④極度方式貸付けに係る契約の場合は、極度方式貸付けに係る契約締結時に交付すべき書面の記載事項[②]
⑤保証人があるときには、保証契約締結時に交付すべき書面の記載事項[②]
⑥譲渡年月日と当該債権の額

講師より

②表の中で
③については、「返済の方法及び返済を受ける場所」
④については、「契約年月日・極度額・返済の方法及び返済を受ける場所」
⑤については、「保証契約に基づく債務の弁済の方法及び弁済を受ける場所」
については、通知が不要とされています。

過去問CHECK！

貸金業者は、貸付けに係る契約に基づく債権を他人に譲渡するに当たっては、その者に対し、当該債権が貸金業者の貸付けに係る契約に基づいて発生したことその他内閣府令で定める事項並びにその者が当該債権に係る貸付けの契約に基づく債権に関してする行為について貸金業法第 24 条第 1 項に規定する条項の適用がある旨を、内閣府令で定める方法により、通知しなければならない。

○　貸金業者（譲渡人）は譲受人に貸金業法の規定の適用がある旨を通知しなければならない。

ヒント

譲渡人と譲受人との間で、当該通知を不要とする旨を債権譲渡契約で定めていても、この通知を**省略することはできません。**

2　譲受人に対する規制

民法上、債権譲渡は自由に行うことができます（P264 参照）。しかし、これを無制限に認めると、譲受人が貸金業者でなかっ

た場合、貸金業法の規定が及ばない事態になりかねません。そこで、貸金業者の貸付けに係る契約に基づく債権の譲渡があった場合、当該債権を譲り受けた者について、その者が貸金業者でなくても以下の貸金業法の規定が準用されることになっています。

なお、④については、契約自体は譲渡の時点ではもう締結済みですので、債権譲渡時に**譲受人**から**債務者への書面**（債権譲渡通知書）**の交付義務**が発生することになります。

①生命保険契約の締結に係る制限
②**保証契約についての契約締結前の書面交付義務**
③生命保険契約に係る同意前の書面の交付義務
④**契約締結時の書面の交付義務**（**譲受人**が債務者に債権譲渡時に交付する①）
⑤**受取証書の交付義務**　※譲受年月日・契約年月日を記載する
⑥**帳簿の備付け**②
⑦帳簿の閲覧・謄写
⑧特定公正証書に係る制限
⑨公的給付に係る預金通帳等の保管等の制限
⑩取立て行為に関する規制
⑪債権証書の返還
⑫債権譲渡時における譲受人に対する通知（再譲渡の場合）
⑬当局による報告徴収・立入検査

講師より

①つまり、譲“**受**”人から債務者への書面の交付義務があるのです。

講師より

②なお、譲渡人である貸金業者も、帳簿を保存する義務を負います。

過去問 CHECK！

貸金業者が、貸付けに係る契約に基づく債権を貸金業者ではない者に譲渡した場合、当該債権の譲受人は、貸金業法第24条により準用される当該債権の内容を明らかにする同法第17条（契約締結時の書面の交付）に規定する書面を、当該債権の債務者に交付する必要はない。

× 譲受人が交付する必要がある。

3 取立て制限者に対する債権譲渡の制限

債権を暴力団等に譲渡できるとなると、暴力団等の取立て制限の規定の意味がなくなってしまいます。そこで、貸金業者は、貸付けの契約に基づく債権の譲渡または取立ての委託（債権譲渡等といいます）をしようとする場合、その相手方が以下のいずれかに該当する者（**取立て制限者**といいます）であることを知り、もしくは知ることができるとき、または当該債権譲渡等の後に取立て制限者が当該債権の**債権譲渡等を受けることを知り**③、もしくは**知ることができるとき**は、当該債権譲渡等をしてはなりません。

③債務譲渡の直接の相手方が取立て制限者でなくても禁止されるケースがあることに注意しましょう。

取立て制限者に対する債権譲渡の制限に違反して、暴力団等に債権譲渡した者については、行政処分の対象となります。また、1年以下の懲役もしくは300万円以下の罰金またはこれらの併科に処せられます。また、両罰規定の対象となります。

①暴力団員等（暴力団員でなくなった日から5年を経過しない者）

②暴力団員等がその運営を支配する法人その他の団体または当該法人その他の団体の構成員
③貸付けの契約に基づく債権の取立てにあたり、取立て行為の制限の規定に違反し、または刑法もしくは暴力行為等処罰に関する法律の罪を犯すおそれが明らかである者

4 密接な関係を有する者への債権譲渡

貸金業者は、親族や法人の役員、役員等と同等の支配力を有する者等の**密接な関係を有する者**に貸付けの契約に基づく債権の債権譲渡等をしたときは、その相手方が当該債権の取立てにあたり、取立て行為の制限に関する規定に違反し、または刑法もしくは暴力行為等処罰に関する法律の罪を犯さないように、**相当の注意を払わなければなりません**①。

5 債権譲渡に準じる規定

以下の場合にも、貸金業法の規定が適用されます②。

①貸金業者が保証業者と貸付けに係る保証契約を締結するときの保証業者
⇒保証人が求償権を行使することになるから
②貸金業者が貸付けに基づく債務の弁済を他人に委託するときの受託弁済者
⇒受託弁済者が求償権を行使することになるから
③保証業者が求償権を他人に譲渡した場合の譲受人
⇒債権譲渡を受けた譲受人が求償権を行使することにな

①これに違反しても罰則の規定はありません。ただし、相当の注意を払ったことを証明できないと業務停止処分や登録の取消しの対象となります。

②これらの規定は無登録業者にも準用されます。

るから

④受託弁済者が求償権等を他人に譲渡した場合の譲受人

⇒債権譲渡を受けた譲受人が求償権を行使することになるから

求償権とは、保証人や受託弁済者が債務者の代わりに返済したことにより、債務者にその返還を求める権利をいいます。簡単に言うと立替払いしたのだから、お金を返してくれと請求することです。

そうすると、貸金業者ではない保証業者や受託弁済者に今度は返済を迫られることになりますので、これらの者にも貸金業法の適用があるとしたのです。

6 無登録業者への準用

貸金業者以外の貸金業を営む者（無登録業者）の貸付けに係る契約に基づく債権についても、債権譲渡の際に一定事項を譲受人に通知しなければならず、また、譲受人も特定公正証書に係る制限・公的給付に係る預金通帳等の保管等の制限・取立て行為の規制等の適用があります。

7 債権譲渡と帳簿

貸金業者が債権譲渡をすると、譲受人に貸金業法の帳簿の規定が適用されます。つまり、債権譲渡後は、譲受人も帳簿を作成し、閲覧や謄写請求に応じなければなりません。また、債権譲渡をした貸金業者も、帳簿の保管義務が免除されるわけではありませんので、帳簿を引き続き保管しなければなりません。

自主規制基本規則では、貸金業者である協会員が債権譲渡を行うにあたっては、債務者等からの問合わせ及び取引履歴の開示請求等①に適切に対応できるように、債権譲渡契約において譲渡人及び譲受人の双方が行う役割分担を明確にすることに留意し、債務者等に送付する債権譲渡に係る通知書に明記するよう努めるものとします。なお、協会員が廃業に伴って債権の譲渡を行った場合には、**譲渡の日から 10 年間**帳簿を保管して、債務者等からの閲覧又は謄写の請求に応じる措置を講じるよう努めるものとします。

ココが出る!

①債権譲渡をしても、帳簿の保存義務がなくなるわけではありません。

過去問 CHECK！

貸金業者であるＡは、顧客であるＢとの間で締結した貸付けに係る契約に基づく債権（本件債権という）を第三者であるＣに譲渡しようとしている。この場合に、Ａが本件債権を貸金業者ではないＣに譲渡した場合、Ａが作成し保存していた「本件債権に係る貸金業法第 19 条に規定する帳簿」はＡからＣに引き渡されるため、Ａは、本件債権をＣに譲渡した後に引き続き貸金業を営むときであっても、当該帳簿を保存する必要はない。

×　債権譲渡後も帳簿を保存する必要がある

8 届出

貸金業者は、貸付けに係る契約に基づく債権を他人に譲渡した場合②、その日から**2週間以内**に、その旨を内閣総理大臣又は都道府県知事に届け出なければなりません。

ココが出る!

②届出が必要となるのは譲渡した時だけで、譲り受けた時は届出不要です。

過去問CHECK！

貸金業者は、貸付けに係る契約に基づく債権を他人から譲り受けた場合、その日から２週間以内に、その旨を登録行政庁に届け出なければならない。

× 譲り受けた場合は届出不要である。

第18章　■重要度 ★★★

指定信用情報機関制度

1 指定信用情報機関制度の概要

講師より

①総量規制についてはP160を参照してください。

貸金業法が改正され、総量規制①が導入されたことにより、個人への貸付けは、**年収の３分の１**までに制限されることになります。また、返済能力の調査も義務となっており、これらの規定が適切に運用されるためには、債務者の借入残高が正確に把握できないといけません。でも、自社はともかくとして他社の貸付残高はわかりませんよね。

そこで、貸金業者が個々の借主の債務総額を把握できるようにするため、**指定信用情報機関制度**を設けました。

2 指定信用情報機関相互の情報交流義務

指定信用情報機関は、他の指定信用情報機関の加入貸金業者の依頼に基づき当該他の指定信用情報機関から個人信用情報の提供の依頼を受けたときは、正当な理由がある場合を除き、当該依頼に応じ、**個人信用情報を提供しなければなりません**。

これにより、貸金業者はすべての指定信用情報機関の情報を利用することができ、借主の借入残高等について知ることができるのです。

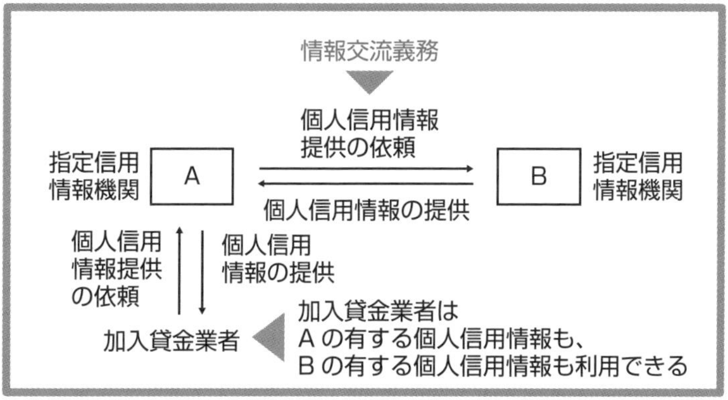

3 信用情報提供契約

（1）加入時の提供義務

加入貸金業者は、指定信用情報機関と信用情報提供契約を締結したときは、当該信用情報提供契約の締結**前**に締結した資金需要者である個人の顧客を相手方とする貸付けに係る契約（**極度方式基本契約を除く**）で当該信用情報提供契約を締結した時点において**貸付けの残高があるもの**②に係る以下に掲げる事項を、当該指定信用情報機関に提供しなければなりません。

①当該顧客の氏名および住所その他の当該顧客を識別することができる事項（生年月日・電話番号・運転免許証番号・**勤務先の商号等**③・本人確認書類の記号番号（**国民健康保険証等の番号は対象外**））
②契約年月日
③貸付けの金額
④貸付けの残高
⑤元本または利息の**支払の遅延の有無**
⑥個人過剰貸付契約から除かれる契約（除外契約）及び個人顧客の利益の保護に支障を生ずることがない契約に該当する場合にはその旨

②貸付けの残高があるものに限られています＝残高がないものは対象外です。

③勤務先の商号等に変更があったときは、変更内容を指定信用情報機関に提供しなければなりません。

過去問CHECK！

加入貸金業者は、指定信用情報機関と信用情報提供契約を締結した場合、当該信用情報提供契約の締結前に締結した資金需要者である個人の顧客を相手方とする貸付けに係る契約（貸金業法施行規則第 30 条の 12 で定めるものを除く。）で当該信用情報提供契約を締結した時点において貸付けの残高があるものに係る契約年月日、貸付けの金額等の事項を、当該指定信用情報機関に提供しなければならない。

○　信用情報提供契約の締結前に締結した個人顧客を相手方とする貸付けに係る契約で残高があるものの一定事項を提供しなければならない。

（2）加入後の提供義務

加入貸金業者は、資金需要者である個人の顧客を相手方とする貸付けに係る契約を締結したときは、**遅滞なく**、当該貸付けに係る契約に係る**個人信用情報**を**信用情報提供契約を締結した指定信用情報機関**（加入指定信用情報機関）に提供しなければなりません。

ただし、以下の契約の場合は不要とされています。

①**極度方式基本契約**
②手形（融通手形除く）の割引を内容とする契約
③金融商品取引業者が保護預かりをしている有価証券を担保として当該金融商品取引業者が行う500万円を超える貸付けに係る契約
④貸金業者を債権者とする金銭の貸借の媒介に係る契約

また、個人信用情報の提供をした加入貸金業者は、当該提供をした個人信用情報に変更があったときは、遅滞なく、その変

更内容を加入指定信用情報機関に提供しなければなりません。

過去問CHECK！

加入貸金業者は、資金需要者である個人の顧客を相手方とする極度方式基本契約を締結したときは、遅滞なく、当該極度方式基本契約に係る個人信用情報を、信用情報提供契約を締結した指定信用情報機関に提供しなければならない。

× 極度方式基本契約締結時は、個人信用情報の提供義務はない。

4 信用情報の提供に係る同意の取得

（1）提供依頼に係る同意取得

加入貸金業者は、加入指定信用情報機関に資金需要者等に係る信用情報の提供の依頼（当該資金需要者等に係る他の指定信用情報機関が保有する個人信用情報の提供の依頼を含む）をする場合には、**あらかじめ**①当該資金需要者等から書面または電磁的方法による同意を得なければなりません。

ただし、①**信用情報契約締結時より前に締結した貸付けに係る契約**と②**信用情報提供契約時より前に締結した極度方式基本契約に基づく極度方式貸付け**に係る契約に係る債権管理に必要な場合は、同意不要です。

①あらかじめ同意が必要とされており、事後同意ではいけません。

過去問CHECK！

加入貸金業者は、加入指定信用情報機関に資金需要者等に係る信用情報の提供の依頼をする場合、内閣府令で定める場合を除き、あらかじめ、当該資金需要者等から書面又は電磁的方法による同意を得なければならない。

○　あらかじめ同意を得なければならない。

（2）提供に係る同意取得

加入貸金業者は、資金需要者である個人の顧客を相手方として貸付けに係る契約を締結しようとする場合には、**あらかじめ**、以下の同意を当該顧客から書面または電磁的方法により得なければなりません。

①当該顧客に関する個人信用情報を加入指定信用情報機関に提供する旨の同意
②上記①の個人信用情報を加入指定信用情報機関が当該加入指定信用情報機関の他の加入貸金業者に提供する旨の同意
③上記①の個人信用情報を依頼に応じ、他の指定信用情報機関の加入貸金業者に提供する旨の同意

加入貸金業者は、これら同意を得た場合には、当該同意に関する記録を作成し、指定信用情報機関が保有する間保存①しなければなりません。

ただし、貸金業者が指定信用情報機関と信用情報提供契約を締結する**前**に締結した極度方式基本契約に基づく極度方式貸付

ココが出る！

①従業者名簿や帳簿のように、5年や10年といった具体的な年数は定められていません。

け（**加入前極度方式貸付契約**）については、**同意は不要**とされています。これらの者にまで同意を求めていると総量規制のスムーズな導入に支障をきたしかねないからです。

過去問CHECK！

加入貸金業者は、資金需要者である個人の顧客を相手方として加入前極度方式貸付契約を締結しようとする場合には、あらかじめ、当該顧客に関する個人信用情報を加入指定信用情報機関に提供する旨の同意を当該顧客から書面又は電磁的方法により得なければならない。

× **加入前極度方式貸付契約**については同意を得る**必要はない**。

5 加入指定信用情報機関の商号又は名称の公表

貸金業者は、加入指定信用情報機関の商号又は名称を公表しなければなりません。貸金業者向けの総合的な監督指針によれば、監督当局は、貸金業者の監督に当たっては、**加入指定信用情報機関の商号又は名称**を、例えば、自社の店頭でのポスター掲示や自社のホームページへの掲載など常時閲覧可能な状態で公表しているか等に留意するものとされています。

第19章　■重要度 ★★★

返済能力の調査義務等

注意!!

①貸付けの契約には保証契約も含まれました(P3 参照)。また、極度方式基本契約の場合も調査が必要です。

1 返済能力の調査義務

貸金業者は、**貸付けの契約**①を締結しようとする場合には、顧客等（法人・個人問わず）②の収入または収益その他の資力、信用、借入れの状況、返済計画その他の**返済能力に関する事項を調査しなければなりません。**

貸金業者は返済能力を超える貸付けが禁止されていますので、その前提として返済能力を調査しなければならないのです。

2 借入意思の確認

自主規制基本規則では、協会員である貸金業者は、資金需要者等と貸付けの契約（極度方式貸付けに係る契約を除く。）を締結する際、借入申込書に借入希望額、申込み時点での借入額および年収額等を**自ら記入させる**こと等により、その借入れの意思の確認を行わなければならないとしています。

また、監督指針では、顧客等（保証人となろうとする者含む）の返済能力調査に関する貸金業者の監督に当たっては、例えば、以下の点に留意する必要があるとしています。

①法令等を踏まえた社内規則等の整備	社内規則等において、法令および協会の自主規制規則等を踏まえ、**返済能力調査のための社内体制**や方法等を具体的に定めているか
	①役職員が社内規則等に基づき、返済能力調査を適切に行うよう、社内研修等により周知徹底を

②法令等を踏まえた返済能力調査の実施態勢の構築	図っているか ②社内規則等に則り、返済能力調査を適切に実施する態勢が整備されているか。検証に当たっては、例えば以下の点に留意する a 顧客の収入・収益、保有資産、家族構成、生活実態などの属性を十分に調査・把握しているか b 借入申込書に借入希望額、既往借入額（例えば、他の貸金業者、銀行等からの借入れの額）、年収額等の項目を**顧客自身に記入させる**こと等により、借入れの意思を確認しているか c 物的担保を徴求する場合には、主債務者の属性、事業計画、当該貸付けの返済計画の条件等にかんがみて、当該担保物件を換価しなくても返済しうるか否かを確認しているか 　また、担保権が実行され、当該担保物件を失うこととなった場合の物的担保提供者の具体的な認識を確認しているか d 保証を付した貸付けに係る契約を締結する場合には、主債務者の属性、事業計画、当該貸付けの返済計画の条件等にかんがみて、保証人からの代位弁済がなくとも返済しうるか否かを調査しているか 　また、保証人となろうとする者について、収入または収益、保有資産、家族構成、生活実態、既往借入額およびその返済状況等の調査を行い、実際に保証債務を履行せざるを得なくなった場合の**履行能力および保証人の具体的な認識**を確認しているか e 顧客等の返済能力の調査に関する記録につき、法令に則り、また、必要に応じて、顧客等ごとに、適時・適切な作成・保存がされているか
③内部管理部門等による実効性確保のための措置	返済能力調査に関して、内部管理部門における定期的な点検や内部監査を通じ、その実施状況を把握・検証しているか。また、当該検証等の結果に基づき、必要に応じて実施方法等の見直しを行うなど、返済能力調査の実効性が確保されているか

講師より

②貸金業の業務運営に関する自主規制基本規則によれば、協会員である貸金業者は、法人との間で貸付けに係る契約を締結する場合には、事前に信用情報機関等を利用して借入額等の借入れの状況を確認することに努めなければならないものとされています。こちらは、法律で定められた義務ではなく、自主規制基本規則による努力義務です。

①指定信用情報機関を利用した返済能力の調査は、個人顧客が対象であり、法人顧客は対象にはなっていません。法人は帳簿から返済能力が判断できるからです。また、貸付けの契約は貸付けだけでなく保証も含まれていることに注意しましょう。

②指定信用情報機関を利用して返済能力を調査しなかった場合、1年以下の懲役もしくは300万円以下の罰金またはこれらの併科となります。

3 指定信用情報機関を使った調査義務

貸金業者が**個人の顧客**等と**貸付けの契約**①を締結しようとする場合には、調査を行うに際し、指定信用情報機関が保有する**信用情報を使用しなければなりません**②。ただし、以下の契約は除かれています。

①**極度方式貸付け**に係る契約
②手形割引を内容とする契約
③金融商品取引業者が保護預りをしている有価証券を担保として、当該業者の行う貸付け
④他の**貸金業者を債権者**とする金銭の貸借の**媒介**に係る契約

過去問CHECK！

貸金業者Aは、個人である顧客Bとの間で、極度方式貸付けに係る契約を締結しようとする場合には、Bの返済能力の調査を行うに際し、指定信用情報機関が保有する信用情報を使用しなければならない。

×　極度方式貸付けでは信用情報を使用した調査は不要。

4 収入を証する書面の要求

貸金業者は、個人の顧客と貸付けに係る契約（極度方式貸付けを除く）③を締結しようとする場合に、次のいずれかに該当するときは、返済能力の調査を行うに際し、資金需要者である**個人**の顧客（**保証人は含みません**）から源泉徴収票等の個人顧客の収

入等を明らかにする事項を記載し、または記録した書面または電磁的記録の提出または提供を受けなければなりません。

1　当該貸金業者合算額が 50 万円を超える場合		
①当該貸付けの金額 （極度方式基本契約にあっては、極度額） ＋ ②貸付けの契約以外の貸付けに係る契約を締結しているときは、その貸付けの残高（極度方式基本契約にあっては、**極度額の合計額**）	＞	50 万円④
上記①②の合計を当該貸金業者合算額といいます		
2　個人顧客合算額が 100 万円を超える場合		
①当該貸金業者合算額 ＋ ②指定信用情報機関の信用情報により判明した他の貸金業者の貸付けの**残高の合計額**	＞	100 万円④
上記①②の合計を個人顧客合算額といいます		

過去問CHECK！

貸金業者は、個人顧客との間で、貸付けの金額が 100 万円を超える貸付けに係る契約を締結するに際し、個人である保証人となろうとする者との間で、当該契約に係る保証契約を締結しようとする場合、当該保証人となろうとする者からその資力を明らかにする書面等の提出又は提供を受けなければならない。

×　保証人からは資力を明らかにする書面等の提出等は不要。

次のものが資力を明らかにする書面に該当します。

ココが出る!

③貸付けに係る契約に限定されているので、保証契約は対象外です。

④つまり、**自社残高 50 万円超**か、自社残高と他社残高の合計が **100 万円を超える**場合のどちらかに該当すると、源泉徴収票や給与明細等を徴求しなければならないのです。

ココが出る!

①右記の源泉徴収票等は、直近のものが求められていますので、たとえば、2年前に個人顧客から源泉徴収票等の提出を受けていたときであっても、改めて、源泉徴収票等の資力を明らかにする書面等の提出または提供を受けなければなりません。

②所得証明書には根拠法令がなく、行政サービスの一環として、地方公共団体が交付する所得・課税証明書も含まれます。

書面の種類	要件
①源泉徴収票	一般的に発行される**直近の期間**[①]に係るものであること
②支払調書	
③給与の支払明細書	・**直近2ヵ月分**[①]以上のもの ・地方税額を基に合理的に算出する方法により直近の年間の給与の金額を算出する場合は**直近の期間のもの（１ヵ月分）**
④確定申告書	通常提出される**直近の期間**[①]に係るもの ※当該直近の期間を含む連続した期間における事業所得の金額を用いて基準額を算定する場合にあっては、当該直近の期間を含む連続した期間
⑤青色申告決算書	
⑥収支内訳書	
⑦納税通知書	一般的に発行される**直近の期間**[①]に係るものであること ※当該直近の期間を含む連続した期間における事業所得の金額を用いて基準額を算定する場合にあっては、当該直近の期間を含む連続した期間
⑧納税証明書	
⑨所得証明書[②]	
⑩年金証書	
⑪年金通知書	一般的に発行される**直近の期間**[①]に係るものであること
⑫個人顧客の配偶者（婚姻の届出をしていないが、事実上婚姻関係と同様の事情にある者を含む）に係る上記①～⑪に掲げるもの	上記①～⑪と同じ

ゴロ合わせ

ご　　長寿祝いに

当該貸金業者合算額が 50 万円超

桃（百）　　ちょうだい

個人顧客合算額が 100 万円　　超

過去問CHECK！

貸金業者向けの総合的な監督指針（以下、本問において「監督指針」という。）によれば、貸金業法施行規則第10条の17（資力を明らかにする事項を記載した書面等）第1項第8号に規定される「所得証明書」には、「根拠法令なく、行政サービスの一環として、地方公共団体が交付する所得・課税証明書」は含まれないとされている。

× 含まれる。

5 返済能力調査の記録の作成と保存

貸金業者は、顧客等と貸付けの契約を締結した場合には、返済能力の調査に関する記録を作成し、これを保存しなければなりません。

①貸付けの契約(極度方式基本契約と極度方式貸付けを除く)
貸付けに係る契約に定められた最終の返済期日（当該貸付けに係る契約に基づく債権が弁済その他の事由により消滅したときにあっては、当該債権の消滅した日）までの間保存

②極度方式基本契約と極度方式貸付け
ア）全ての極度方式貸付けに定められた最終の返済期日
（当該貸付けに係る契約に基づく債権が弁済その他の事由により消滅したときにあっては、当該債権の消滅した日）
イ）極度方式基本契約の解除の日

いずれか遅い日まで保存③

ココが出る！

③帳簿の保存期間と似ていますが、帳簿と違い、10年間保存とはされていませんので注意しましょう。

③保証契約の場合

ア）上記①または②に定める日
イ）保証契約に基づく債務消滅日
}どちらか早い日

過去問CHECK！

貸金業者は、顧客と貸付けに係る契約を締結した場合には、内閣府令で定めるところにより、貸金業法第13条（返済能力の調査）第1項の規定による調査に関する記録を作成し、これを当該貸付けに係る契約に定められた最終の返済期日（当該貸付けに係る契約に基づく債権が弁済その他の事由により消滅したときにあっては、当該債権の消滅した日）までの間保存しなければならない。

○　最終の返済期日までの間保存しなければならない。

6 極度額増額の場合

極度方式基本契約の**極度額**（貸金業者が極度方式基本契約の相手方に対し当該極度方式基本契約に基づく極度方式貸付けの元本の残高の上限として極度額を下回る額（**限度額**）を提示している場合にあっては、当該下回る額）を**増額**する場合は、前述**1**～**4**までの規定が準用されています。

ただし、極度方式基本契約の**相手方と連絡することができないこと**により、極度額（貸金業者が極度方式基本契約の相手方に対し当該極度方式基本契約に基づく極度方式貸付けの元本の残高の上限として極度額を下回る額を提示している場合にあっ

ては、当該下回る額）を**一時的に減額していた場合**（当該**相手方の返済能力の低下による場合は調査等が必要**①）に、当該相手方と連絡することができたことにより、極度額をその減額の前の額まで増額する場合、前述**1**～**4**までの規定は適用されません。

＜返済能力調査義務等のまとめ＞

	法人向け		個人向け			
	貸付けに係る契約	保証契約	貸付けに係る契約	極度方式基本契約	極度方式貸付けに係る契約	保証契約
返済能力調査義務	あり					
指定信用情報機関を使った調査義務	なし		あり		なし	あり
資力を証する書面の要求義務	なし		あり		なし	

①書面の再交付義務(P119)では、返済能力低下を理由とする場合でも再交付は不要とされていました。

第20章　■重要度 ★★★

過剰貸付けの禁止

1 過剰貸付け等の禁止

貸金業者は、貸付けの契約を締結しようとする場合において、返済能力の調査により、当該貸付けの契約が**個人過剰貸付契約その他顧客等**①の返済能力を超えると認められるときは、貸付けの契約を締結してはなりません。

注意!!

①個人に対する貸付けだけでなく、“その他顧客”も対象となっているので、法人や保証人も対象となります。

2 総量規制

それでは、禁止される個人過剰貸付契約とはどのようなものなのでしょうか。貸金業法では、**個人顧客**を相手方とする貸付けに係る契約で、当該貸付けに係る契約②を締結することにより、当該個人顧客に係る個人顧客合算額が当該個人顧客に係る基準額（その年間の給与およびこれに類する定期的な収入の金額を合算した額に**3分の1**を乗じて得た額）を超えることとなるものとされています。つまり年収等の3分の1までしか貸せないことになるのです。これを総量規制といいます。

定期的な収入とされるものには以下のものがあります。

①年間の年金の金額
②年間の恩給の金額
③年間の定期的に受領する不動産の賃貸収入（事業として行う場合を除く）の金額

ココが出る!

②保証契約は総量規制の対象とはなりませんので、年収などの3分の1を超える保証契約も締結できますが、過剰貸付けの禁止対象にはなっています。

④年間の事業所得の金額（過去の事業所得の状況に照らして安定的と認められるものに限る）

なお、個人顧客に係る年間の給与及びこれに類する定期的な収入の金額を、給与の支払明細書に記載されている**直近の2ヵ月分**以上の給与（賞与を除きます）の金額の1ヵ月当たりの平均金額に12を乗じて算出する方法により算出する場合、給与の支払明細書等によって過去1年以内の賞与の金額を確認したときは、当該賞与の金額を年間の給与の金額に含めることができます。

勤務先の変更等、個人顧客の資力にあった場合は、変更後の勤務先の源泉徴収票等の提出が必要となりますが、①変更後の勤務先が確認されており、②変更後の勤務先で**2ヵ月**以上の給与の支払いを受けていない場合は、以前の勤務先のものを提出すれば足ります。

ゴロ合わせ

定期的な収入とされるもの

ネ　オン　の	まばゆい賃貸ビルが	事業所です
年金・恩給	**定期的な不動産賃料**	**事業所得**

ただし、すべての貸付けが対象となるわけではありません。**極度方式貸付けに係る契約は対象外**③です。また、以下の契約は除外とされています。

ココが出る!

③極度方式貸付けについては、極度方式基本契約の際に返済能力はチェックされていますし、また1ヵ月以内ごとの調査（P170）や3ヵ月以内ごとの調査（P174）による途上与信調査が行われるから対象外です。

＜除外契約＞

①不動産の建設もしくは購入に必要な資金（借地権の取得に必要な資金を含む）または**不動産の改良**に必要な資金の貸付けに係る契約（住宅ローン）
②自らまたは他の者により上記①の契約に係る貸付けが行われるまでのつなぎとして行う貸付けに係る契約（つなぎ融資）
③自動車の購入に必要な資金の貸付けに係る契約のうち、当該自動車の**所有権を貸金業者が取得**し、または当該自動車が譲渡により**担保の目的となっているもの**（自動車担保ローン）
④個人顧客または当該個人顧客の親族で当該個人顧客と生計を一にする者の**高額療養費等**を支払うために必要な資金の貸付けに係る契約
⑤一定の有価証券を担保とする貸付けに係る契約 ・担保に供する当該有価証券の購入に必要な資金の貸付けに係る契約を含む ・貸付けの金額が当該貸付けに係る契約の締結時における当該**有価証券の時価の範囲内**であるものに限る
⑥不動産を担保とする貸付けに係る契約であって、当該個人顧客の返済能力を超えないと認められるもの ・借地権を含み、個人顧客もしくは担保を提供する者の居宅、居宅の用に供する土地もしくは借地権または当該個人顧客もしくは担保を提供する者の**生計を維持するために不可欠なものを除く** ・貸付けの金額が当該貸付けに係る契約の締結時における**当該不動産の価格の範囲内**であるものに限る
⑦売却を予定している**個人顧客の不動産**① （借地権を含む）の売却代金により弁済される貸付けに係る契約であって、当該個人顧客の返済能力を超えないと認められるもの（貸付けの金額が当該貸付けに係る契約の締結時における当該不動産の価格の範囲内であるものに限り、当該不動産を売却することにより**当該個人顧客の生活に支障をきたすと認められる場合を除く**）
⑧金融商品取引業者が顧客から保護預りをしている一定の有価証券であって、当該顧客が当該有価証券を引き続き所有するために必要なものとして当該有価証券を担保として当該金融商品取引業者が行う金銭の貸付けのうち、当該顧客に貸し付ける金額が当該貸付けのときにおける当該有価証券の時価の範囲内であるものに係る契約
⑨金融商品取引業者が顧客から保護預りをしている一定の有価証券に係る解約を請求した顧客に対し、解約に係る金銭が支払われるまでの間に当該有価証券を担保として当該金融商品取引業者が行うその解約に係る金銭の額に相当する額の金銭の貸付けに係る契約
⑩貸金業者を債権者とする金銭の貸借の媒介に係る契約
⑪手形の割引（融通手形除く）を内容とする契約

①除外契約に該当する売却予定不動産は「個人顧客」のものに限定されていますので、配偶者名義の不動産は、売却を予定していても除外契約にはなりません。

貸金業者は、除外契約を締結した場合には、除外契約に該当することを証明する書面もしくはその写しまたはこれらに記載された情報の内容を記録した電磁的記録を、P157の**返済能力調査の記録と同じ期間保存**をしなければなりません。例えば、不動産の建設または不動産の改良に必要な資金の貸付けに係る契約を締結した場合には、不動産の建設工事の請負契約書その他の締結した契約が当該規定に掲げる契約に該当することを証明する書面またはそれらの写しを、契約に定められた最終の返済期日②（当該貸付けに係る契約に基づく債権が弁済その他の事由により消滅したときにあっては、当該債権の消滅した日）までの間保存しなければなりません。

ココが出る!

②契約締結から5年間ではありません。

過去問CHECK！

個人顧客のために担保を提供する者の居宅を担保とする貸付けに係る契約であって、当該個人顧客の返済能力を超えないと認められるもの（貸付けの金額が当該貸付けに係る契約の締結時における当該居宅の価格の範囲内であるものに限る。）は、個人過剰貸付契約から除かれる契約に該当しない。

○　居宅を担保とする貸付けに係る契約は、除外契約に該当しない。

また、次の場合は、個人顧客の利益の保護に支障を生じない契約として例外的に年収等の３分の１を超えても貸し付けることができるとされています。

<個人顧客の利益の保護に支障を生じない契約（例外契約）>

例外契約	要件等
①債務を既に負担している個人顧客が当該債務を弁済するために必要な資金の貸付けに係る契約①（いわゆるおまとめローン・借換え）	①当該貸付け（借換後）に係る契約の１ヵ月の負担が当該債務（借換前）に係る１ヵ月の負担を**上回らない**こと ②当該貸付けに係る契約の将来支払う返済金額の合計額と当該貸付けに係る契約の締結に関し当該個人顧客が負担する元本および利息以外の金銭の合計額の合計額が当該債務に係る将来支払う返済金額の合計額を**上回らない**こと ③当該債務につき供されている物的担保以外の物的担保を供させないこと ④当該貸付けに係る契約に基づく債権につき物的担保を供させるときは、当該物的担保の条件が当該債務につき供されていた物的担保の条件に比して物的担保を供する者に不利にならないこと ⑤当該債務に係る保証契約の保証人以外の者を当該貸付けに係る契約の保証契約の保証人としないこと ⑥当該貸付けに係る契約について保証契約を締結するときは、当該保証契約の条件が当該債務に係る保証契約の条件に比して保証人に不利にならないこと
②債務を既に負担している個人顧客②が当該債務を弁済するために必要な資金の貸付けに係る契約（段階的に借入残高を減らす借換え）	①当該個人顧客が弁済する**債務のすべて**が、当該個人顧客が貸金業者と締結した貸付けに係る契約に基づき負担する債務であって、**貸金業者またはみなし貸金業者**を債権者とするものであること ②当該貸付けに係る契約の貸付けの利率が、当該個人顧客が弁済する債務に係る貸付けに係る契約の貸付けの利率を上回らないこと ③当該貸付けに係る契約に基づく定期の返済により、当該貸付けの残高が段階的に減少することが見込まれること
③個人顧客または当該個人顧客の親族で当該個人顧客と生計を一にする者の**緊急に必要と認められる医療費**③を支払うために必要な資金の貸付けに係る契約	①当該個人顧客の返済能力を超えないと認められるもの ②当該個人顧客が現に当該貸付けに係る契約を締結していない場合に限る

講師より

①借換後の条件が借換前よりも個人顧客に負担が大きくならない必要があると覚えましょう。

②貸金業法改正前、つまり総量規制適用前の借入れを段階的に総量規制の範囲内にするための借換えです。

③高額医療費等を支払うために必要な資金の貸付けに係る契約は除外契約に該当します。

④個人顧客が特定費用を支払うために必要な資金の貸付けに係る契約として当該個人顧客と貸金業者の間に締結される契約	①当該個人顧客の返済能力を超えない貸付けに係る契約であると認められること ②次に掲げる金額を合算した額が**10万円を超えない**こと a.当該特定緊急貸付契約に係る貸付けの金額（極度方式基本契約にあっては、極度額） ＋ b.当該個人顧客と当該特定緊急貸付契約以外の特定緊急貸付契約を締結しているときは、その貸付けの残高（極度方式基本契約にあっては、極度額）の合計額 ＋ c.指定信用情報機関から提供を受けた信用情報により判明した当該個人顧客に対する当該貸金業者以外の貸金業者の特定緊急貸付契約に係る貸付けの残高の合計額 ③返済期間（極度方式基本契約にあっては、当該極度方式基本契約に基づく極度方式貸付けの返済期間）が**3ヵ月**を超えないこと
⑤配偶者貸付けに係る契約	①個人顧客を相手方とする貸付けに係る契約であること ②当該**個人顧客に係る個人顧客合算額**と当該個人顧客の**配偶者に係る個人顧客合算額**を合算した額が、当該個人顧客に係る基準額と当該個人顧客の配偶者に係る基準額を合算した額を超えないもの ③当該貸付けに係る契約を締結することについて当該個人顧客の**配偶者の同意**がある場合に限る
⑥事業を営む個人顧客に対する貸付けに係る契約④	①実地調査、当該個人顧客の直近の確定申告書の確認その他の方法により当該**事業の実態が確認されていることかつ** ②当該個人顧客の事業計画、収支計画および資金計画（貸付けの金額が100万円を超えないときは、当該個人顧客の営む事業の状況、収支の状況および資金繰りの状況）に照らし、当該**個人顧客の返済能力を超えない**貸付けに係る契約であると認められること

④例外契約の⑥と⑦は要件を両方とも満たさなければなりません。

⑦現に事業を営んでいない個人顧客に対する新たな事業を行うために必要な資金の貸付けに係る契約	①事業計画、収支計画および資金計画の確認その他の方法により確実に当該**事業の用に供するための資金の貸付け**であると認められること**かつ** ②当該個人顧客の事業計画、収支計画および資金計画に照らし、当該**個人顧客の返済能力を超えない**貸付けに係る契約であると認められること
⑧金融機関からの貸付けが行われるまでのつなぎとして行う貸付けに係る契約[①]	①正規貸付けが行われることが確実であると認められること ②返済期間が**1ヵ月**を超えないこと ※極度方式基本契約を除く

①住宅ローンのつなぎ融資は除外契約に該当します。

過去問CHECK！

事業を営む個人顧客に対する貸付けに係る契約であって、実地調査、当該個人顧客の直近の確定申告書の確認その他の方法により当該事業の実態が確認されているか、又は当該個人顧客の事業計画、収支計画及び資金計画に照らし、当該個人顧客の返済能力を超えない貸付けに係る契約であると認められるものは、個人顧客の利益の保護に支障を生ずることがない契約に該当する。

× 事業の実態が確認されていることと個人顧客の返済能力を超えない貸付けに係る契約であることの両方の要件を満たさないといけない（又はではない）。

除外契約と例外契約はどちらも収入の3分の1を超えて貸し付けることができる点は同じですが、**除外契約**は個人顧客合算額に**含まれず**、**例外契約**は個人顧客合算額に**含まれる**点で相違があります。

個人顧客の利益の保護に支障を生じない契約も、除外契約と同様に、個人顧客の利益の保護に支障を生じない契約に該当することを証明する書面もしくはその写しまたはこれらに記載された情報の内容を記録した電磁的記録を、P157 の**返済能力調査の記録と同じ期間**保存をしなければなりません。

過去問 CHECK！

貸金業者は、貸金業法施行規則第 10 条の 21（個人過剰貸付契約から除かれる契約）第 1 項第 1 号に規定する不動産の建設又は不動産の改良に必要な資金の貸付けに係る契約を締結した場合には、不動産の建設工事の請負契約書その他の締結した契約が当該規定に掲げる契約に該当することを証明する書面又はそれらの写しを、当該貸付けに係る契約を締結した日から少なくとも５年間保存しなければならない。

× 原則として、**最終の返済日まで**保存しなければならない。

<ケーススタディ>

年収600万円のAに対して、
①第一貸付け300万円
②第二貸付け100万円の場合

■第一貸付けが除外契約の場合　■第一貸付けが例外契約の場合

↓　↓

どちらも、総量規制の対象外なので、300万円貸し付けることができる

↓　↓

■第一貸付けが除外契約の場合	■第一貸付けが例外契約の場合
第一貸付けは個人顧客合算額に含まれないので、まだ200万円（600万円の1/3）まで貸付け可能	第一貸付けは個人顧客合算額に含まれるため、すでに収入の3分の1以上貸し付けている
↓	↓
第二貸付け100万円をすることができる	第二貸付け100万円はすることができない

ココが出る!
①法人も過剰貸付けの禁止の対象でした（P160参照）。

3 過剰貸付けの防止

自主規制基本規則では、協会員は、法人事業者①の資金使途が経常的な運転資金の場合には、複数年の決算書または資金繰り表の提供または提出を受けてその事業規模、事業経験、業種等を総合的に勘案して当該法人事業者に対する貸付けの実行が返済能力を超える貸付け（過剰貸付け）となるか否かを判断し

なければならないとしています。

また、協会員は、個人事業者における資金使途が経常的な運転資金の場合には、特段の事由がない限り、過去の経営実績を踏まえて予測される当該事業年度における売上げの額を超える貸付けを行ってはなりません。

第21章　■重要度 ★★★

基準額超過極度方式基本契約に係る調査

1　1ヵ月以内ごとの調査（貸付けがあった場合の調査）

すでに勉強したように、貸金業者には返済能力の調査義務があるわけですが、極度方式基本契約による場合はどのように調査をするのでしょうか。というのも、極度方式基本契約による場合、単なる貸付けと違い、繰り返し貸し付けることが予定されています。またATM等で借りる場合、返済能力を調査することができないことが考えられます。

そこで、貸金業者は、個人顧客と極度方式基本契約を締結している場合において、極度方式貸付けに係る時期、金額その他の状況を勘案して次の要件に該当するときは、指定信用情報機関の保有する当該個人顧客に係る信用情報を使用して、当該極度方式基本契約が**基準額超過極度方式基本契約**に該当するかどうかを調査しなければならないとされています。

注意!!

①aもbも当該極度方式基本契約以外の極度方式基本契約に基づく貸付けの残高があるときはそれも含めないといけません。

ア）極度方式基本契約の契約期間を極度方式基本契約を締結した日から同日以後1ヵ月以内の一定の期日までの期間および当該一定の期日の翌日以後1ヵ月ごとの期間に区分したそれぞれの期間において

a. 期間内に行った当該極度方式基本契約に基づく極度方式貸付けの金額の合計額①が5万円超であり、

b. かつ、当該期間の末日における当該極度方式基本契

約に基づく極度方式貸付けの残高の合計額①が10万円超であること。

イ）新たな極度方式貸付けを停止する措置を解除②しようとする場合

②停止措置の解除の場合も必要な点に注意しましょう。

＜ケーススタディ＞

4月 5万円貸付け

1ヵ月以内の一定期間に5万円を超えて貸し付けていないので調査不要

5月 6万円貸付け

1ヵ月以内の一定期間に5万円を超えて貸し付けている

かつ

残高の合計が10万円を超えている（4月分5万円＋5月分6万円）

↓

調査必要

期間について、「当該極度方式基本契約を締結した日から同日以後1ヵ月以内の一定の期日までの期間および当該一定の期日の翌日以後1ヵ月ごとの期間に区分したそれぞれの期間」とわかりにくい表現がありますが、これは例えば4月10日に契約した場合、単純に1ヵ月とすると5月10日までとなってし

まい、月をまたぐことになってしまいます。それだと不便だという場合、4月10日から月末である4月30日までを最初の期間とし、その後は毎月1日から月末までとすることができるのです。

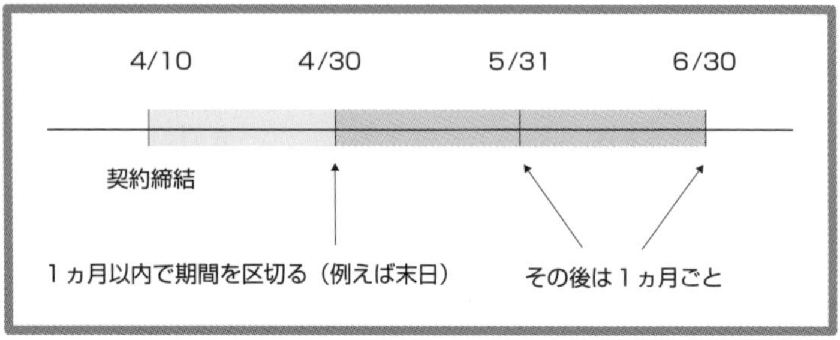

貸金業者は、この調査の期間の末日から**3週間**を経過する日までに、指定信用情報機関に個人信用情報の提供の依頼をしなければなりません。

過去問CHECK！

貸金業者Aは、本件基本契約の契約期間を本件基本契約の締結日から同日以後1か月以内の一定の期日までの期間及び当該一定の期日の翌日以後1か月ごとの期間に区分したそれぞれの期間（所定の期間）において、直近の「所定の期間」内にAが行った本件基本契約に基づく極度方式貸付けの金額の合計額が10万円で、当該「所定の期間」の末日における本件基本契約に基づく極度方式貸付けの残高の合計額が10万円であった場合、本件調査を行わなければならない。

× 残高が10万円を超えていないので調査不要。

なお、基準額超過極度方式基本契約①とは、**個人顧客**を相手方とする極度方式基本契約で、当該極度方式基本契約が締結されていることにより、当該個人顧客に係る極度方式個人顧客合算額が当該個人顧客に係る基準額（年間の給与およびこれに類する定期的な収入の合算額の**3分の1**）を超えることとなるものをいいます。

①個人顧客の利益の保護に支障を生じることがない極度方式基本契約等（一定の有価証券や不動産を担保とする極度方式基本契約）は除かれます。

＜極度方式個人顧客合算額＞

ア）当該極度方式基本契約の極度額②

＋

イ）当該個人顧客と当該極度方式基本契約以外の貸付けに係る契約を締結しているときは、その貸付けの残高の合計額（住宅資金貸付契約等に係る貸付けの残高を除く）

＋

ウ）指定信用情報機関から提供を受けた信用情報により判明した当該個人顧客に対する当該貸金業者以外の貸金業者の貸付けの残高の合計額（住宅資金貸付契約等に係る貸付けの残高を除く）

上記ア）～ウ）の合算額が極度方式個人顧客合算額！

②元本の残高を上限として極度額を下回る額を提示している場合は、下回る額が対象となります。

2 出金停止措置を解除する場合

新たな極度方式貸付けを停止する措置（出金停止措置）を解除する場合も、基準超過極度方式に該当するか**調査が必要となります**。

3 3ヵ月以内ごとの調査

前述のもののほか、貸金業者は、個人顧客と極度方式基本契約を締結している場合には、**3ヵ月以内ごと**に、指定信用情報機関が保有する当該個人顧客に係る信用情報を使用して、当該極度方式基本契約が基準額超過極度方式基本契約に該当するかどうかを調査しなければなりません。

ただし、以下の当該極度方式基本契約に基づく極度方式貸付けの残高が少額である場合等は不要となります①。

①3ヵ月以内ごとの調査が不要となる場合もあり、必ず調査しなければならないわけではありません。

<3ヵ月以内ごとの調査が不要となる場合>

ア）期間の末日における当該極度方式基本契約に基づく極度方式貸付けの残高および当該業者と他の極度方式基本契約に基づく極度方式貸付けの残高の合計額が10万円以下である場合

イ）期間の末日において当該極度方式基本契約について、総量規制に該当しないための新たな極度方式貸付けを停止する措置が講じられている場合②

ウ）当該極度方式基本契約が、金融商品取引業者が行う一定の有価証券担保ローンや貸金業者を債権者とする金銭の貸借の媒介に係る契約である場合

②極度額の減額措置を講じても、調査不要とはなりません。

この3ヵ月以内ごとの調査は、借入れがあったかどうかに関係なく行います。この場合にも、貸金業者は、この調査の期間の末日から**3週間**を経過する日までに、指定信用情報機関に個人信用情報の提供の依頼をしなければなりません。

基準額超過極度方式基本契約に係る調査についても、これに

関する記録を作成し、これを**作成後3年間**保存しなければなりません。

この規定に違反したときは、100万円以下の罰金の対象となります。

過去問CHECK！

貸金業者Aは、本件基本契約において、貸金業法施行規則第10条の24（基準額超過極度方式基本契約に係る調査の要件等）第1項第1号に該当することを理由として本件調査を行う必要がある場合　には、その該当する事由が生じた「所定の期間」の末日から3週間を経過する日までに、指定信用情報機関にBの個人信用情報の提供の依頼をしなければならない。

○　「所定の期間」の末日から3週間を経過する日までに提供依頼が必要。

4 資力を明らかにする書面の取得義務

貸金業者は、上記1～3の規定による極度方式基本契約に係る定期的な調査等において、当該個人顧客に係る極度方式個人顧客合算額が**100万円を超える**時は、当該個人顧客から資力を明らかにする書面等の提出又は提供を受けなければなりません。そして、この場合、当該個人顧客に係る極度方式個人顧客合算額が**100万円を超える**と知った日から**1ヵ月以内**に当該書面等の提出又は提供を受けなければなりません。

過去問CHECK！

貸金業者Aは、個人顧客Bが本件基本契約の他にはA及びA以外の貸金業者との間で貸付けに係る契約を一切締結していない場合において、本件基本契約の極度額が60万円であるときは、本件調査を行うに際し、Bから、源泉徴収票その他のBの収入又は収益その他の資力を明らかにする事項を記載し、又は記録した書面又は電磁的記録として内閣府令で定めるものの提出又は提供を受けなければならない。

× 他の貸金業者の残高と合計して100万円を超えていないので提出不要。

なお、資力を明らかにする書面について、過去3年以内に発行がされたもの（貸金業者が、当該書面等が発行された日から起算して2年を経過した日以後1年以内に当該個人顧客の勤務先に変更がないことを確認した場合には、過去5年以内に発行がされたものに限る）又はその写しの提供を受けている場合は、新たに資力を明らかにする書面の提出又は提供は不要です。

過去問CHECK！

貸金業者は、貸金業法第13条の3第1項に規定する、個人顧客との間で締結した極度方式基本契約が基準額超過極度方式基本契約に該当するかどうかの調査をした場合、内閣府令で定めるところにより、当該調査に関する記録を作成し、当該記録をその作成した日から少なくとも10年間保存しなければならない。

×　記録をその作成した日から少なくとも**3年間**保存しなければならない。

5 極度方式基本契約に係る返済期間の設定

自主規制基本規則では、協会員は、資金需要者等との間で極度方式基本契約を締結する場合には、当該極度方式契約に基づく極度方式貸付けの返済が**原則３年以内**（ただし、極度額が30万円を超える場合には原則5年以内）に終了するようにしなければなりません。ただし、極度額が100万円を超える場合において、返済能力その他の事情等にかんがみ、合理的理由がある場合には、この限りではありません。

6 基準額超過極度方式基本契約に係る必要な措置

貸金業者は、個人顧客と極度方式基本契約を締結している場合において、返済能力の調査により、当該極度方式基本契約が基準額超過極度方式基本契約に該当すると認められるときは、**極度額の減額や新たな極度方式貸付けの停止**①といった、当該極

ココが出る!

①3ヵ月以内ごとの調査（P174）が不要になるケースと異なり、減額も対象となります。また、指定信用情報機関への登録は不要です。

度方式基本契約に関して極度方式貸付けを抑制するために必要な措置を講じなければなりません。

過去問CHECK！

貸金業者Aは、貸金業法第13条の3第1項又は第2項の規定による調査（基準額超過極度方式基本契約に係る調査）により、個人顧客Bとの間の極度方式基本契約が基準額超過極度方式基本契約に該当すると認められるときは、当該極度方式基本契約が基準額超過極度方式基本契約に該当しないようにするため必要な当該極度方式基本契約の極度額を減額する措置、又は当該極度方式基本契約に基づく新たな極度方式貸付けを停止する措置を講じなければならない。

○　極度額の減額措置や新たな極度方式貸付けを停止する措置を講じなければならない。

＜保存期間まとめ＞

従業者名簿	最終の記載をした日から**10年間**
帳簿の保存	貸付けの契約ごとに、最終の返済期日（債権が消滅したときは消滅日）から少なくとも**10年間**
	極度方式基本契約・極度方式貸付けでは ① 極度方式基本契約の解除の日 ② これらの契約に定められた最終の返済期日のうち最後のもの どちらか**遅い日**から**10年間**
返済能力の調査の記録	ア）貸付けの契約ごとに、最終の返済期日（債権が消滅したときは消滅日）
	イ）極度方式基本契約・極度方式貸付けでは ① 極度方式基本契約の解除の日 ② これらの契約に定められた最終の返済期日のうち最後のもの どちらか**遅い日**
	ウ）保証契約の場合 ①ア）又はイ）に定める日 ②保証契約に基づく債務消滅日 どちらか**早い日**
基準額超過極度方式基本契約の調査記録	作成後**3年**保存 源泉徴収票等が発行後３年を超えて用いるときは発行後５年保存
資金需要者等の同意	指定信用情報機関が信用情報を**保有している間**保存する

第22章　■重要度 ★★★

利息・保証料の制限

ココが出る!

①利息制限法規定の利率を超える利息の請求等をしても罰則には該当しません。出資法に違反する利率(20%超)の場合は罰則の適用があります。

1 利息の制限

貸金業者は、その利息（みなし利息を含む）が**利息制限法に規定する金額を超える利息の契約を締結**してはなりません①。

また、貸金業者は、**利息制限法に規定する金額を超える利息を受領**し、またはその**支払を要求**してはなりません①。

＜利息制限法の上限利率＞

元本の額が10万円未満	年2割（20%）
元本の額が10万円以上100万円未満	年1割8分（18%）
元本の額が100万円以上	年1割5分（15%）

過去問CHECK！

貸金業者は、その利息（みなし利息を含む。）が利息制限法第１条（利息の制限）に規定する金額を超える利息の契約を締結した場合、行政処分の対象となるだけでなく、必ず刑事罰の対象となる。

×　出資法に定める年 20%を超えた時に刑事罰の対象となる。

2 みなし利息

みなし利息とは、礼金、割引金、手数料、調査料その他いかなる名義をもってするかを問わず、金銭の貸付けに関し債権者の受ける元本以外の金銭をいいます。

ただし、以下の費用は利息とはみなされません。

①金銭の貸付けおよび弁済に用いるため債務者に交付されたカードの債務者の請求による再発行の手数料②
②公租公課の支払に充てられるべきもの
③強制執行の費用、担保権の実行としての競売の手続の費用その他公の機関が行う手続に関してその機関に支払うべきもの
④債務者が金銭の受領または弁済のために利用する現金自動支払機その他の機械の利用料（1万円以下は110円、1万円超は220円まで）

3 債務履行担保措置業者への支払条件の禁止

貸金業者は、貸付けに係る契約の締結に際し、その相手方または相手方となろうとする者に対し、債務履行担保措置に係る契約（債務履行担保措置の対価の額が貸付けの利息と合算して利息制限法の上限を超えるもの）③を、**債務履行担保措置**④を業として営む者と締結することを当該貸付けに係る契約の締結の条件としてはなりません。

講師より

②「再発行」の手数料が利息とみなされないのであって、契約時に交付する際に「カード発行料」を受領した場合は、利息とみなされます。

講師より

③履行担保措置の対価として支払われる金銭の額が、当該金銭の額を利息制限法の保証料の規定を適用した場合に無効とされる部分を含むものに限られます。

KEYWORD

④**債務履行担保措置**
契約に基づく債務の履行を担保するための保証、保険等をいいます。

4 保証契約の制限

(1) 保証業者等への確認

貸金業者は、貸付けに係る契約について、業として保証を行う者（保証業者）と保証契約を締結しようとするときは、**あらかじめ**、当該**保証契約を締結するまで**に、当該保証業者への照会その他の方法により次に掲げる事項①を確認しなければなりません。

①当該保証業者と当該貸付けに係る契約の相手方または相手方となろうとする者との間における保証料に係る契約の締結の有無

②上記保証料に係る契約を締結する場合には、当該保証料の額

利息制限法・出資法では、保証業者に支払われる保証料と、貸金業者が受け取る利息とを**合算して利息制限法の上限利率を超えてはならない**とされていますので、保証料の額等を確認しておく必要があるのです。

また、保証料と利息の合計が貸付け金額の20％を超えるときは、出資法違反となり、５年以下の懲役または1,000万円以下の罰金となります。

講師より

①貸金業者は、保証業者等への確認に関する記録を作成し、これを保存しなければなりません。

過去問CHECK！

貸金業者は、貸付けに係る契約について、業として保証を行う者（保証業者という。）と保証契約を締結したときは、遅滞なく、当該保証業者への照会その他の方法により、当該保証業者と当該貸付けに係る契約の相手方との間における保証料に係る契約の締結の有無、及び保証料に係る契約を締結する場合における当該保証料の額を確認しなければならない。

× 保証契約を締結する前に確認しなければならない。

（2）保証料の額等が確定していない契約の禁止

貸金業者は、貸付けに係る契約の締結に際し、その相手方または相手方となろうとする者に対し、契約締結時において保証料の額または保証料の主たる債務の元本に対する割合が**確定していない**保証料に係る契約②を、保証業者との間で締結することを当該貸付けに係る契約の締結の条件としてはなりません。

保証料の額等が確定していないと、利息制限法の制限を超過する利息･保証料となるか判断できなくなってしまうからです。

（3）根保証契約の特例

貸金業者は、保証業者との間で根保証契約③を締結しようとする場合において、当該根保証契約が主たる債務の金額または主たる債務に係る貸付けの契約期間に照らして不適切と認められる以下の極度額または保証期間を定める根保証契約を締結してはなりません。

②利息の契約後、利息が変動しうる利率をもって定められている場合は例外とされています。

KEYWORD

③根保証契約
一定の範囲に属する不特定の貸付けに係る債務を主たる債務とする保証契約をいいます（P278参照）。

ア）現存する主たる債務の元本額及び当該根保証契約を締結した後に発生することが見込まれる貸付けに係る契約に係る債務の元本額を合算した金額を超える元本極度額

イ）**3年**を経過した日より後の日を元本確定期日として定める根保証契約

ウ）元本確定期日の定めがない根保証契約

保証が元本極度額及び元本確定期日の定めがある根保証であって、主たる債務者が個人（保証の業務に関して行政機関の監督を受ける者として政令で定める者が保証人である場合に限る）または法人であるときは、債権者が法令の規定により業として貸付けを行うことができない者である場合を除き、保証人は、次に掲げる場合に応じ、保証料の支払を受けることができます。

①保証契約の時に債権者と保証人の合意により**特約上限利率**の定めをし、かつ、債権者又は保証人が主たる債務者に当該定めを通知した場合	法定上限額から特約上限利率により計算した利息の金額を減じて得た金額
②上記以外	法定上限額の**2分の1**の金額

（4）媒介業者の制限

金銭の貸借の媒介を行った貸金業者は、当該媒介により締結された貸付けに係る契約の債務者から当該媒介の手数料①を受領した場合において、当該契約につき**更新**（媒介のための新たな役務の提供を伴わないと認められる法律行為を含む）があったときは、これに対する**新たな手数料を受領**し、またはその**支払を要求してはなりません**。

これは、特段新しい役務を借主に提供していないのに、手数料だけ受け取るという行為を禁止するためです。

講師より

①金銭の貸借の媒介を行う貸金業者がその媒介に関し受ける金銭は、礼金、調査料その他いかなる名義をもってするかを問わず、手数料とみなされます。

過去問CHECK！

金銭の貸借の媒介を行った貸金業者は、当該媒介により締結された貸付けに係る契約の債務者から当該媒介の手数料を受領した場合であっても、当該契約につき更新があったときは、これに対する新たな手数料を受領し、又はその支払を要求することができる。

× 要求できない。

（5）変動利率の特例

主たる債務について支払うべき利息が利息の契約後**変動し得る利率**（変動利率）をもって定められている場合における保証料の契約は、その保証料が次の場合に応じて定められている金額を超えるときは、その超過部分について、無効となります。

保証契約の時に債権者と保証人の合意により**特約上限利率**の定めをし、かつ、債権者又は保証人が主たる債務者に当該定めを通知した場合	法定上限額から特約上限利率により計算した利息の金額を減じて得た金額
上記以外	法定上限額の2分の1の金額

上記金額が**20%**を超えるときは、出資法違反として**5年以下の懲役**または**1,000万円以下の罰金**に処されます。

<ケーススタディ>

貸金業者Aは、顧客Bとの間で、営業的金銭消費貸借契約（元本額80万円、期間1年）を締結して80万円をBに貸し付け、BがAに支払う利息を変動利率をもって定めた。

貸金業者Aが、保証業者Cとの間で、保証契約を締結し、特約上限利率を年1割6分（16%）とする定めをし、当該定めを顧客Bに通知した。

この場合、元本80万円なので、法定上限利率は18%である。

法定上限利率（18%）－特約上限利率（16%）＝２%

したがって、保証業者Cは、顧客Bとの間で保証料の契約を締結し、顧客Bから、80万円の２%である、16,000円の範囲内で保証料の支払を受けることができる。

過去問CHECK！

貸金業者Aと顧客Bとの間の営業的金銭消費貸借契約（元本額100万円）に、Bが支払うべき利息が利息の契約時以後変動し得る利率（変動利率という。）をもって定められている場合において、当該契約に係るAと保証業者Cとの間の保証契約においてAがBから支払を受けることができる利息の利率の上限（特約上限利率という。）を年1割4分（14％）とする定めをし、A又はCがBに当該定めを通知したときは、Cが、元本額の年8分（8％）の割合の保証料をBから受領することは、利息制限法違反となるが、出資法における刑事罰の対象とはならない。

× 利息と保証料を合算して22％となるので、出資法の刑事罰の対象となる。

第23章　■重要度 ★★★

出資法

1 高金利の処罰

出資法では、高金利の利息の契約をしたり、その受領や要求をした者に対して罰則の規定を設けています。

<table>
<tr><td>金銭の貸付けを行う者</td><td rowspan="2">年109.5%(2月29日を含む1年については年109.8%とし、1日あたりについては0.3%)を超える割合による利息の契約をしたとき</td><td>5年以下の懲役
1,000万円以下の罰金またはこれの併科</td></tr>
<tr><td rowspan="2">金銭の貸付けを行う者が業として①金銭の貸付けを行う場合</td><td>10年以下の懲役
3,000万円以下の罰金またはこれの併科</td></tr>
<tr><td>年20%を超える割合による利息の契約をしたとき</td><td>5年以下の懲役
1,000万円以下の罰金またはこれの併科</td></tr>
</table>

> **講師より**
> ①業として行う場合とそうでない場合とで違いがありますので、注意しましょう。

2 高保証料の処罰

金銭の貸付け（金銭の貸付けを行う者が業として行うものに限られます）の保証（業として行うものに限られます）を行う者が、当該保証に係る貸付けの利息と合算して当該貸付けの金額の**年20%を超える**②割合となる保証料の契約をしたときは、5年以下の懲役もしくは1,000万円以下の罰金に処し、またはこれを併科します。受領・支払要求も、同様です。

> **ココが出る!**
> ② 20%を"超える"とされていますので、20%ちょうどは違反しません。

3 利息および保証料の計算方法

貸付け・保証期間が15日未満	15日として利息・保証料を計算

利息の天引きによる金銭の貸付け	交付額を元本額として利息を計算
1年分に満たない利息を元本に組み入れる契約がある場合	元利金のうち当初の元本を超える金額を利息とみなす

過去問CHECK！

出資法第5条（高金利の処罰）、同法第5条の2（高保証料の処罰）及び同法第5条の3（保証料がある場合の高金利の処罰）の規定の適用については、利息を天引きする方法による金銭の貸付けにあっては、その交付額を元本額として利息の計算をするものとされている。

○　利息の天引きでは、交付額を元本額として利息の計算をする。

4 みなし利息

金銭の貸付けを行う者がその貸付けに関し受ける金銭は、一定のものを除き、礼金、手数料、調査料その他いかなる名義をもってするかを問わず、利息とみなされます③。

5 金銭貸借等の媒介手数料の制限

金銭の貸借の媒介を行う者は、その媒介に係る貸借の金額の100分の5（5%）④に相当する金額を超える手数料の契約をし、またはこれを超える手数料を受領してはなりません。

また、金銭の貸借の保証の媒介を行う者は、その媒介に係る保証の保証料の金額の100分の5（5％）に相当する金額を超える手数料の契約手数料の受領をしてはなりません。

③公租公課の支払や強制執行の費用、現金自動支払機その他の機械の利用料、債務者の要請によるカードの再発行に係る手数料その他事務の費用は、利息とはみなされません。

④貸借の期間が1年未満であるものについては、貸借の金額に、その期間の日数に応じ、年5%の割合を乗じて計算した金額となります。

第24章　■重要度 ★★★

利息制限法

1 利息の制限

金銭を目的とする消費貸借における利息の契約は、その利息が次に掲げる場合に応じ次に定める利率により計算した金額を超えるときは、その**超過部分について**①、無効となります。

元本の額が 10 万円未満の場合	年2割
元本の額が 10 万円以上 100 万円未満の場合	年1割8分
元本の額が 100 万円以上②の場合	年1割5分

①無効になるのは、あくまで超過部分であって、契約のすべてが無効になるわけではありません。

② 100 万円以上といった場合、100 万円"ちょうど"から対象となります。

ゴロ合わせ

と	み(富)	に	遠　い	桃(百)	市場
10	**未満**	**20%**	**10 万円以上**	**100 万円未満**	**18%**

100回　以上　いこう
100 万円以上　15%

2 利息の天引き

利息の天引きをした場合において、天引額が債務者の受領額を元本として上記の利率により計算した金額を超えるときは、その超過部分は、**元本の支払に充てた**ものとみなされます。

＜具体例＞

元本10万円を年利18％で貸し付け、1年分の利息1万8,000円を天引きした場合

↓

10万円－1万8,000円＝8万2,000円が元本とみなされる。

↓

8万2,000円×20％（法定上限利率）＝1万6,400円が受領できる利息の額

↓

超過分1,600円（天引き分1万8,000円－上限額1万6,400円）は元本の支払いに充てたとみなされる

過去問CHECK！

営業的金銭消費貸借契約で利息の天引きをした場合において、天引額が債務者の受領額を元本として利息制限法第1条（利息の制限）に規定する利率により計算した金額を超えるときは、当該契約は無効とみなされる。

× 無効ではなく、元本の支払に充てたものとみなされる。

3 みなし利息

金銭を目的とする消費貸借に関し債権者の受ける元本以外の金銭は、礼金、割引金、手数料、調査料その他いかなる名義かを問わず、**利息とみなします**。ただし、債務者の要請によるカードの再発行の手数料その他の事務の費用や、公租公課の支払や強制執行の費用、現金自動支払機その他の機械の利用料③と

講師より

③1万円以下の額は110円、1万円を超える額は220円まで利息とはみなされません。

いった契約の締結および債務の弁済の費用は利息とはみなされません。

過去問CHECK！

貸金業者は、顧客との間で締結した営業的金銭消費貸借契約において、顧客が金銭の受領又は弁済のために利用する現金自動支払機その他の機械の利用料として、25,000 円の弁済を受領する際に 110 円（消費税額等相当額を含むものとする。）を当該顧客から受領した。この場合、当該利用料は、利息とみなされない。

○　1万円を超える場合は、220 円までＡＴＭ利用料は利息とみなされない。

注意!!

①民法では損害賠償の額を定めておくことも可能とされています（P260 参照）。

4 賠償額の予定の制限

金銭を目的とする消費貸借上の債務の不履行による賠償額の予定①は、その賠償額の元本に対する割合が 1「利息の制限」で定められていた利率の 1.46 倍を超えるときは、その超過部分について無効とされます。**営業的金銭消費貸借**の場合は、**年20%を上限とする別途規定（次ページ5）があります**。なお、違約金は、賠償額の予定とみなされます。

過去問CHECK！

営業的金銭消費貸借上の債務の不履行による賠償額の予定は、その賠償額の元本に対する割合が利息制限法第１条に規定する率の1.46 倍を超えるときは、その超過部分に限り無効とみなされる。

× 営業的金銭消費貸借の場合は **20%を超える部分が無効。**

5 営業的金銭消費貸借の特則

①元本額の特則

以下の場合の利息に関しては、元本のみなし規定が存在します。

	元本とみなされるもの
a. 営業的金銭消費貸借上の債務を既に負担している債務者が**同一の債権者**②から重ねて営業的金銭消費貸借による貸付けを受けた場合	既に負担している債務の残元本の額と当該貸付けを受けた元本の額との合計額
b. 債務者が同一の債権者から同時に２以上の営業的金銭消費貸借による貸付けを受けた場合	当該２以上の貸付けを受けた元本の額の合計額

営業的金銭消費貸借とは、債権者が業として行う金銭を目的とする消費貸借をいいます。この場合、返済が終わる前に繰り返し借入れをする可能性がありますので、既存の貸付残高と新規貸付額との合計額を元本とするのです。ただし、上記ａの場合にこの規定が適用されるのは、“**新規の貸付け**③”に関してだけです。

②異なる債権者から貸付けを受けても規制対象にはなりません。

③つまり、最初（１回目）の貸付けについては減額等の必要性がないのです。

<ケーススタディ>

a.のケース
例えば、1回目の貸付けが5万円で利率を20%とし、元本が返済されない状態で2回目の貸付けが6万円だった場合、5万円+6万円で11万円となり、2回目の貸付けについては、利息は年18%までしか認められません。1回目の貸付けはそのまま20%の利息を受け取れます。

b.のケース
例えば1回目の貸付けが5万円で利率を20%とし、同時に2回目の貸付けが5万円で利率を20%とした場合、5万円+5万円=10万円が元本とみなされますので、1回目の貸付け、2回目の貸付けともに利率は18%までとなります。

a.b.複合のケース
例えば1回目の貸付けが5万円で利率を20%とし、次に元本が返済されない状態で2回目の貸付け3万円と3回目の貸付け3万円を同時に貸し付けた場合、1回目の残額5万円+2回目の貸付け3万円と3回目の貸付け3万円=11万円が元本とみなされますので、2回目の貸付けと3回目の貸付けについては、利率は18%までとなります。
1回目の貸付けについては、そのまま20%受け取ることができます。

過去問CHECK！

貸金業者Aは、元本を9万円及び利息を利率年2割（20%）とする第一契約を締結し9万円をBに貸し付けた。Aは、その1か月後に、第一契約に基づく債務の元本残高が5万円の時点において、元本を5万円及び利息を利率年2割（20%）とする第二契約を締結し5万円をBに貸し付けた。この場合、第二契約における利息の約定は、年1割8分（18 %）を超過する部分に限り無効となる。

○ 第一契約の残高5万円を加えた10万円が第二契約の元本になるので、18 %を超過する部分は無効となる

②賠償額の予定の特則

営業的金銭消費貸借上の債務の不履行による賠償額の予定は、その賠償額の元本に対する割合が**年2割（20%）**を超えるときは、その**超過部分が無効**①とされます。

③高額保証料の禁止

業として行う保証がされた場合において、保証人が主たる債務者から受け取る保証料の額が主たる債務の元本に係る法定上限額から、当該主たる債務について支払うべき利息の額を減じて得た金額を超えるときは、主たる債務者が保証人に支払う保証料の契約は、その超過部分が無効となります。

注意!!

①やはり超過部分が無効とされている点に気をつけましょう。

第25章　■重要度 ★★★

貸金業者に対する監督

1 届出義務

貸金業者は、次の各号のいずれかに該当するときは、内閣府令で定めるところにより、その旨をその登録をした内閣総理大臣または都道府県知事に、その日から**2週間以内**に届け出なければなりません。

①貸金業（貸金業の業務に関してする広告もしくは勧誘または貸付けの契約に基づく債権の取立てに係る業務を含む）を開始し、休止し、または再開したとき
②指定信用情報機関と信用情報提供契約を締結したとき、または当該信用情報提供契約を終了したとき
③貸付けに係る契約に基づく債権を他人に譲渡したとき①
④貸金業協会に加入又は脱退したとき
⑤貸金業者が営業に関し成年者と同一の行為能力を有しない未成年者である場合、その法定代理人、役員又は重要な使用人が登録拒否事由に該当することとなった事実を知った場合
⑥役員又は使用人に貸金業の業務に関し法令に違反する行為又は貸金業の業務の適正な運営に支障を来す行為があったことを知った場合
⑦特定の保証業者との保証契約の締結を貸付けに係る契約

ココが出る!
①届出が必要なのは譲渡時であって譲受時ではありません。

の締結の通常の条件とすることとなった場合

⑧第三者に貸金業の業務の委託を行った場合または行わなくなった場合

⑨以下の登録拒否事由に該当する場合

ア）心身の故障で貸金業を適切に行うことができないとなったとき

イ）禁錮刑以上の刑に処されたとき

ウ）貸金業法等に違反しまたは刑法等の罪を犯し、罰金刑に処されたとき

エ）役員または政令で定める使用人が上記ア）〜ウ）のいずれかに該当することを知ったとき

オ）営業所等について貸金業務取扱主任者の設置義務の要件を欠くことになったとき

カ）純資産額が5,000万円に満たなくなったことを知ったとき

業務改善命令に違反すると、①登録の取消し、②業務停止命令、③1年以下の懲役もしくは300万円以下の罰金（これらの併科）、の対象となります。

過去問CHECK！

貸金業者は、その役員又は使用人に貸金業の業務に関し法令に違反する行為又は貸金業の業務の適正な運営に支障を来す行為があったことを知った場合、その日から30日以内に、その旨を登録行政庁に届け出なければならない。

× 2週間以内に届け出なければならない

〈届出関係まとめ〉

<table>
<tr><td rowspan="2">変更の届出</td><td>あらかじめ（事務所の名称所在地・連絡先）</td></tr>
<tr><td>上記以外は２週間以内</td></tr>
<tr><td>貸金業を開始・休止・再開したとき</td><td>２週間以内</td></tr>
<tr><td>指定信用情報機関と情報提供契約を締結または終了したとき</td><td rowspan="9">２週間以内</td></tr>
<tr><td>最低純資産額（5,000万円）を満たさなくなったとき</td></tr>
<tr><td>貸付けに係る契約に基づく債権を他人に譲渡したとき</td></tr>
<tr><td>貸金業協会に加入または脱退した場合</td></tr>
<tr><td>貸金業者が営業に関し成年者と同一の行為能力を有しない未成年者である場合、その法定代理人、役員または重要な使用人が登録拒否事由に該当することとなった事実を知った場合</td></tr>
<tr><td>役員または使用人に貸金業の業務に関し法令に違反する行為または貸金業の業務の適正な運営に支障を来す行為があったことを知った場合</td></tr>
<tr><td>特定の保証業者との保証契約の締結を貸付けに係る契約の締結の通常の条件とすることとなった場合</td></tr>
<tr><td>第三者に貸金業の業務の委託を行った場合または行わなくなった場合</td></tr>
<tr><td>一定の登録拒否事由に該当した場合</td></tr>
<tr><td>死亡の届出</td><td>相続人が死亡を知った時から30日以内</td></tr>
<tr><td>廃業等の届出</td><td>その日から30日以内</td></tr>
<tr><td>事業報告書の提出</td><td>毎事業年度経過後3ヵ月以内</td></tr>
</table>

2 業務改善命令

内閣総理大臣または都道府県知事は、その登録を受けた貸金業者の業務の運営に関し、資金需要者等の利益の保護を図るため必要があると認めるときは、当該貸金業者に対して、その必要の限度において、業務の方法の変更その他業務の運営の改善に必要な措置を命ずることができます。

3 業務停止処分・登録の取消し

内閣総理大臣または都道府県知事は、その登録を受けた貸金業者が次のいずれかに該当する場合においては、当該貸金業者に対し登録を取り消し、または**1年以内の期間**を定めて、その業務の全部もしくは一部の停止①を命ずることができます。

①以下のいずれかに該当する場合 ア）貸金業務取扱主任者の設置要件を満たさない イ）貸金業を遂行するのに必要な態勢整備がなされていない ウ）他に営む業務が公益に反する場合②
②貸金業務に関し法令に違反したり、内閣総理大臣・都道府県知事の処分に違反した場合
③取立て制限者であることを知りながら、債権譲渡をした場合
④債権譲渡をした場合に、次のア）、イ）のいずれにも該当したとき ア）債権譲渡にあたりその相手方が取立て制限者であることを知らなかった・または取立て制限者が債権譲渡を受けることを知らなかったことにつき相当の理由があることを証明できない イ）取立て制限者が取立て行為の規制・刑法・暴力団処罰法に違反した
⑤取立て制限者であることを知りながら保証契約を締結した場合
⑥保証業者と保証契約を締結した場合で、次のア）、イ）のいずれにも該当したとき ア）保証業者が取立て制限者であることを知らなかった・または取立て制限者が保証契約に係る求償権を受けることを知らなかったことにつき相当の理由があることを証明できない③ イ）取立て制限者が求償権の取立てをするにあたり、取立て行為の規制・刑法・暴力団処罰法に違反した

①一部の停止を求めることもできます。

②貸金業以外の業務が公益に反する場合も業務停止処分や取消処分の対象となっています。

③処罰の対象となるのは「知らなかったことにつき相当の理由があることを証明できない」ときであり、証明できれば処罰の対象とはなりません。

①処罰の対象となるのは「知らなかったことにつき相当の理由があることを証明できない」ときであり、証明できれば処罰の対象とはなりません。

②処罰の対象となるのは「相当の注意を払ったことを証明できなかった場合」であり、証明できれば、処罰の対象とはなりません。

⑦取立て制限者であることを知りながら債務の弁済の委託をした場合
⑧債務の弁済を他人に委託した場合で、次のア)、イ)のいずれにも該当するとき ア)弁済の委託の相手が取立て制限者であることを知らなかった・または取立て制限者が受託弁済に係る求償権等の債権譲渡を受けることを知らなかったことにつき相当の理由があることを証明できない① イ)取立て制限者が求償権の取立てをするにあたり、取立て行為の規制・刑法・暴力団処罰法に違反した
⑨貸金業者から債権譲渡等を受けた者が、当該貸金業者と密接な関係を有する場合において、当該債権譲渡等を受けた者が、当該債権の取立てをするにあたり、取立て行為の規制・刑法・暴力行為等処罰法に違反したときであって、このような行為を行わないように当該貸金業者が相当の注意を払ったことを証明できなかった②場合
⑩保証業者が、貸金業者と密接な関係を有する場合において、当該求償権の取立てをするにあたり、取立て行為の規制・刑法・暴力行為等処罰法に違反したときであって、このような行為を行わないように当該貸金業者が相当の注意を払ったことを証明できなかった②場合
⑪受託弁済者が、貸金業者と密接な関係を有する場合において、当該求償権の取立てをするにあたり、取立て行為の規制・刑法・暴力行為等処罰法に違反したときであって、このような行為を行わないように当該貸金業者が相当の注意を払ったことを証明できなかった②場合
⑫上記②に掲げる者のほか、出資法・暴力団員による不当な行為の防止法等に関する法律の規定に違反した場合

業務停止命令に違反すると、①登録の取消し、②業務停止命令、③5年以下の懲役もしくは1,000万円以下の罰金(これらの併科)、の対象となります。

4 登録の取消し

(1)必要的取消し

内閣総理大臣(財務(支)局長)・都道府県知事は貸金業者を監督する立場にあります。貸金業者としてふさわしくない事由が発生した場合、その登録を取り消す必要があります。こちらは必要的な取消しとなります。

①心身の故障で貸金業を適切に行うことができない者となった
②禁錮以上の刑に処せられた
③貸金業法等に違反して罰金刑に処せられた
④暴力団員である場合
⑤貸金業に関し不正または不誠実な行為をするおそれがあると認めるに足りる相当な理由がある場合
⑥営業に関し成年者と同一の行為能力者を有しない未成年者の法定代理人が登録拒否事由に該当した場合
⑦法人でその役員等に登録拒否要件に該当する者がいる場合
⑧暴力団員等が事業を支配する場合
⑨暴力団員等を業務に従事させている場合
⑩**登録換えの手続を怠った**場合
⑪名義貸しの禁止に違反した場合
⑫暴力団員等の使用の禁止に違反した場合

過去問CHECK！

甲県知事は、甲県知事がその登録を受けた貸金業者であるAが、甲県に設置している営業所又は事務所（営業所等）での営業に加え、内閣総理大臣の登録を受けることなく、乙県において新たに営業所等を設置し、引き続き貸金業を営んでいる場合、Aの貸金業の登録を取り消さなければならない。

○　登録換えをしていない場合は、登録を取り消さなければならない

（2）所在不明者等の登録取消し

また、登録を受けた貸金業者の所在が不明の場合、内閣総理大臣（財務（支）局長）・都道府県知事は登録を取り消すことができます。こちらは“できる”ということですから、任意的

①“公告の日”から30日経過とされている点に注意しましょう。直ちに取り消されるわけではありません。

取消しとなります（所在不明者等の登録の取消し）。

①貸金業者の営業所・事務所の所在地・当該貸金業者の所在（法人である場合においては、その**役員の所在**）を**確知できない場合**において、内閣府令で定めるところにより、その事実を公告し、その公告の日から30日を経過①しても当該貸金業者から申出がないとき
②正当な理由がないのに、当該登録を受けた日から**6ヵ月以内**に貸金業を開始しないとき・引き続き**6ヵ月以上**貸金業を休止したとき

過去問CHECK！

甲県知事は、甲県知事がその登録を受けた貸金業者であるAが、正当な理由がないのに、引き続き3か月貸金業を休止した場合、Aの貸金業の登録を取り消すことができる。

×　**6ヵ月**以上休止した場合である。

5 登録の抹消

内閣総理大臣（財務（支）局長）・都道府県知事は以下の場合、登録の抹消をしなければなりません。

②それぞれ、登録の更新（P28）、登録換え（P28）、廃業等の届出（P25）を参照してください。

①登録の更新②をしなかったとき（有効期間満了）
②登録換え②により登録が効力を失ったとき
③廃業等②により登録が効力を失ったとき
④登録を取り消したとき

なお、業務停止処分・登録取消等の監督処分は公告されます。

6 報告の徴収

内閣総理大臣（財務（支）局長）・都道府県知事は、貸金業

法を施行するため必要があると認めるときは、その登録を受けた貸金業者に対して、その業務に関し報告または資料の提出を命ずることができます。

また、資金需要者等の利益の保護を図るため特に必要があると認めるときは、その必要の限度において、保証業者や貸金業の委託を受けた者に対しても報告徴収が可能です。

報告の徴収に違反した者は、1年以下の懲役もしくは300万円以下の罰金（これらの併科）に処されます。

この報告の徴収に基づき、監督指針では、貸金業者の毎年3月末における**業務報告書**③を毎年**5月末までに徴収する**としています。

また、監督指針によれば、監督当局は、貸金業者の監督に係る事務処理上の留意点として、非協会員に対しては、貸金業法第24条の6の10（報告徴収及び立入検査）の規定に基づき、各年の四半期毎に、前四半期に出稿した広告等の写し又はその内容がわかるものを遅滞なく徴収するものとされています。

③業務報告書には、貸付金の金額別内訳や貸金業協会等への加入状況等が記載されます。

7 事業報告書の提出

貸金業者は、事業年度ごとに、内閣府令で定めるところにより、貸金業に係る**事業報告書**④を作成し、毎事業年度経過後**3ヵ月以内**に、これをその登録をした内閣総理大臣又は都道府県知事に提出しなければなりません。

事業報告書	事業年度ごとに、内閣府令で定めるところにより、貸金業に係る事業報告書を作成し、毎事業年度経過後**3ヵ月以内**に、これをその登録をした内閣総理大臣または都道府県知事に提出しなければならない

④事業報告書には、役職員数・営業所数・提携先現金自動設備設置箇所数等が記載されます。

業務報告書	財務局又は貸金業協会は、毎年**3月末**における業務報告書を毎年**5月末**までに徴収する

過去問CHECK！

貸金業者向けの総合的な監督指針（監督指針という）によれば、監督当局は、貸金業者の監督に係る事務処理上の留意点として、貸金業者に対して、その事業年度ごとに、貸金業に係る事業報告書を作成させ、毎事業年度経過後 30 日以内に徴収するものとされている。

× 毎事業年度経過後３ヵ月以内である。

8 立入検査

内閣総理大臣（財務（支）局長）・都道府県知事は、貸金業者について、資金需要者等の利益の保護を図るため特に必要があると認めるとき①は、職員に、その登録を受けた貸金業者の営業所もしくは事務所に立ち入らせ、その業務に関して質問させ、または帳簿書類その他の物件を検査させることができます②。

また、保証業者や貸金業の委託を受けた者の営業所等にも、職員に営業所もしくは事務所に立ち入らせ、その業務に関して質問させ、または帳簿書類その他の物件を検査させることができます。

立入検査に違反した者は、１年以下の懲役もしくは300万円以下の罰金（これらの併科）に処されます。

注意!!

①報告の徴収は「貸金業法を施行するため必要があると認めるとき」、立入検査は「資金需要者等の利益の保護を図るため特に必要があると認めるとき」に可能という違いがあります。

②立入検査をする職員は、その身分を示す証明書を携帯し、関係者の請求があったときは、これを提示しなければなりません。

9 協会員でない貸金業者に対する監督

内閣総理大臣または都道府県知事は、その登録を受けた貸金業者であって貸金業協会に加入していない者の貸金業の業務について、資金需要者等の利益の保護に欠けることのないよう、貸金業協会の定款、業務規程その他の規則を考慮③し、適切な監督を行わなければなりません。

この監督を行うため、内閣総理大臣または都道府県知事は、貸金業協会に加入していない貸金業者に対して、貸金業協会の定款、業務規程その他の規則を考慮し、社内規則の作成または変更を命ずることができます。

社内規則の作成または変更を命ぜられた貸金業者は、30日以内に、当該社内規則の作成または変更をし、その登録をした内閣総理大臣または都道府県知事の承認を受けなければなりません。変更・廃止する場合も承認が必要となります。

社内規則の作成・変更等の承認に違反した者は、１年以下の懲役もしくは300万円以下の罰金（これらの併科）に処されます。

③協会員でない貸金業者に対する監督の場合も、貸金業協会の定款等を考慮しなければならない点に注意しましょう。

第26章

■重要度 ★★★

罰　則

1 罰則

刑罰	該当行為
① 10 年以下の懲役 3,000 万円以下の罰金またはこれらの併科	ア）不正登録 イ）無登録営業 ウ）名義貸し
②5 年以下の懲役 1,000 万円以下の罰金またはこれらの併科	業務停止命令違反
③2 年以下の懲役 300 万円以下の罰金またはこれらの併科	ア）登録申請書等の虚偽記載 イ）虚偽の営業表示・広告・勧誘 ウ）協会に対する業務停止命令違反 エ）取立て行為の規制違反 オ）貸金業者の役職員等の信用情報の目的外利用 カ）指定信用情報機関の役職員等の秘密保持義務違反
④1 年以下の懲役 300 万円以下の罰金またはこれらの併科	ア）暴力団等の使用 イ）資金需要者等に対する虚偽告知 ウ）生命保険契約締結制限違反 エ）指定信用情報機関の信用情報を使用した調査義務違反 オ）基準額超過極度方式契約に係る調査義務違反 カ）広告違反・誇大広告の禁止違反 キ）契約締結前の書面・保証契約締結前書面・生命保険契約同意前書面・受取証書等の規定違反 ク）公的給付に係る預金通帳等の保管制限違反 ケ）取立て制限者に対する債権譲渡・保証契約締結・弁済委託等の規制違反① コ）業務改善命令違反 サ）事業報告書の虚偽記載・不提出 シ）報告徴収命令違反 ス）信用情報提供義務違反

ココが出る!

①罰則の対象となるのは、取立て制限者であることを、「知りながら」債権譲渡等をした場合です。

⑤ 100 万円以下の罰金	ア）貸金業務取扱主任者の不設置 イ）貸金業務取扱主任者の氏名明示義務違反 ウ）従業者証明書の携帯違反 エ）返済能力調査に関する記録義務違反・虚偽記録作成・資力を明らかにする書面等の徴収義務違反 オ）貸付条件等の掲示違反 カ）帳簿の備付け義務違反 キ）帳簿の閲覧・謄写拒否 ク）催告書面の記載事項違反等 ケ）標識掲示義務違反 コ）債権譲渡等の通知義務違反 サ）指定信用情報機関の記録保存義務違反
⑥ 50 万円以下の罰金	ア）変更の届出・廃業等の未届出 イ）虚偽の届出 ウ）添付書類の虚偽記載 エ）業務開始届出を怠った オ）従業員名簿の不備 カ）指定信用情報機関の兼業制限違反 キ）信用情報提供等業務の休廃止規定違反
⑦ 10 万円以下の過料①	債権証書の返還義務違反

併科というのは、懲役と罰金の両方を課すことができるということです。なお、①～⑥までは**両罰規定**②の対象となります。両罰規定とは、違反行為をした者だけでなく、その者が所属する団体に対しても刑罰を課せられるというものです。

①過料は刑罰ではありません。行政上の秩序罰というのに該当します。

②表中①と②は法人に1億円以下の罰金、③～⑥は、それぞれ規定されている罰金と同額となります。

過去問CHECK！

法人が「貸金業法第３条第１項に規定する登録」（貸金業の登録という）を受けずに貸金業を営んだ場合、当該法人の従業者で当該法人の業務に関して資金需要者等に金銭の貸付けを行った者は刑事罰を科されることがあるが、当該法人が刑事罰を科されることはない。

×　両罰規定が適用されるので法人も刑事罰を科せられる。

第2編 民　法

第27章　■重要度 ★★★

取引の主体

1 権利能力

お金の貸し借りといった取引は、誰でもできるというわけではありません。取引の主体となるためには権利能力が必要とされており、この権利能力は「人」が有するとされています。

「人」というと私たちは人間だけをイメージしてしまいますが、民法では会社のような法人も人になるとしています。私たち人間を**自然人**、会社のような団体①を**法人**と呼びます。

①法人も貸金業の登録を受けて貸金業者になることができました。

自然人…人間のこと
法人…会社などのこと　｝どちらも民法上は“人”

ところで**胎児**についてはちょっと特殊な取扱いがあります。というのも、自然人の場合、権利能力は出生により取得するので胎児に権利能力はありません。しかし、出生前にお父さんが事故で亡くなったような場合、**相続**や**遺贈**、**加害者への損害賠償請求権**が生じます。生まれていればこれらの権利をもらえたのに、胎児だったからまったくもらえない、というのは不公平ですので、生まれた時点で当時に遡ってこれらの権利を取得するとされています。

2 意思能力

さて、人間は出生すれば権利能力が手に入ることになりますが、病気や酩酊状態でまともな判断ができなかったりする場合に、契約なんてできるわけがありません。

そこで、人間が契約の締結等の取引をするには、自分の行為の結果を認識できるだけの能力である意思能力が必要とされます。この意思能力を欠く者が行った契約等は**無効**②となります。

3 行為能力

権利能力と意思能力があれば、契約を締結できるはずです。では、目の前の人と取引をしてみましょう。そのとき、契約の相手方が意思能力を有しているかすぐにわかりますか？　簡単にはわかりませんよね。また、自分が契約時に意思能力を欠いていたというのを証明するのも大変です。病気等で判断能力を欠いている状態での契約なのに、それを守らなければならないのも可哀相です。

そこで、民法は1人で完全に有効な契約を行うことができる能力を行為能力と定め、この行為能力が足りない者を**制限行為能力者**として財産の保護を図ることにしました。

＜制限行為能力者＞

①未成年者…18歳未満の者
②成年被後見人…事理弁識能力（判断能力）を欠く者で、家庭裁判所の審判により後見が開始された者

講師より

②行為能力が制限されている者（制限行為能力者）が勝手に行った契約等は「取り消せる」という違いに注意しましょう。

③被保佐人…事理弁識能力が著しく不十分な者で、家庭裁判所の審判により保佐開始の審判がされた者
④被補助人…事理弁識能力が不十分な者で、家庭裁判所の審判により補助開始の審判がされた者

(1) 未成年者

18歳未満の者は未成年者①とされ、1人で有効な契約を行うことができず、法定代理人（親権者等）に**同意**をしてもらったり、**代理**してもらわないといけません。これらをせずに1人で勝手に契約をすると、未成年者本人または法定代理人はこれを**取り消す**ことができます。取り消すと最初から契約していなかったことになります②。

例えば未成年者が親の同意を得ずにお金を借りた場合、この契約は取り消されてしまう可能性があるのです。

ただし、1人で有効にできるものもあります。

①単に権利を得る（タダで物をもらう等）、義務を免れる行為（借金の免除等）
②法定代理人が処分を許した財産の処分（処分の目的を定めたもの（学費等）と処分の目的を定めないもの（お小遣い等）がある）
③特定の営業（貸金業等）を法定代理人から許された未成年者が行う営業

注意!!

①成年者と同一の能力を有しない未成年者については、その法定代理人も貸金業者の登録拒否要件に該当しないことが必要でした（P16参照）。

講師より

②取消しは、取り消すまでは有効です。取り消すことで、契約締結時に遡って無効となります。

過去問CHECK！

未成年者は、単に権利を得る法律行為をする場合であっても、その法定代理人の同意を得なければならないが、義務を免れる法律行為をするには、その法定代理人の同意を得る必要はない。

× 単に権利を得る法律行為の場合も、法定代理人の同意は不要。

また、契約を取り消せる場合でも法定代理人が**追認**（事後の同意）をしたときは、**契約締結時に遡って**有効となります。

（2）成年被後見人

成年者であっても病気等の理由で判断能力を欠くこともあります。そこで、事理弁識能力（判断能力のこと）を欠く者で、家庭裁判所の審判により後見が開始された者を成年被後見人とし、1人で契約をすることができないこととしました。

成年被後見人の場合は、家庭裁判所により成年後見人③という法定代理人が選任され、成年被後見人のサポートをします。ただし、未成年者の法定代理人と異なり、**同意をしても契約は有効で確定しません**④。成年被後見人は判断能力を欠いているのですから、事前に同意をしてもそのとおりに契約してくれるとは限らないからです。したがって、契約を有効とするには、成年後見人に**代理**してもらうか、契約後に**追認**してもらう必要があります。そのため、**成年後見人が同意をした行為**でも有効で確定していない以上、まだ**取り消すことができます**。

ただし、**日用品の購入その他日常生活に関する行為**について

③成年後見人は法人（弁護士法人等）もなることができます。

④つまり成年後見人は同意権がないのです。

は、**単独で可能**です。

過去問CHECK！

成年被後見人の法律行為は、その成年後見人の同意を得て行われたときは、取り消すことができない。

×　成年後見人が同意をしても法律行為は有効で確定しないので取り消せる。

（3）被保佐人

被保佐人は、事理弁識能力が著しく不十分な者で、家庭裁判所の審判により保佐開始の審判がされた者をいいます。

ヒント

成年被後見人が事理弁識能力を“欠く”状態だったのに対し、こちらは“著しく不十分”と少し判断能力が回復しています。

被保佐人には、家庭裁判所の審判により保佐人が選任され、サポートします。被保佐人は判断能力が回復しているので、すべての取引に保佐人の同意が必要となるわけではなく、重要な行為（借財や保証、元本の受領等）に限定されています。

被保佐人が保佐人の同意を得ず、重要な行為を1人で勝手にした場合、被保佐人または保佐人は**取り消すことができます**。また保佐人は代理や追認をすることができます。

＜重要な財産上の行為＞

①**元本**を**領収**し、又は**利用**すること
②**借財**又は**保証**をすること

③不動産その他重要な財産に関する権利の得喪を目的とする行為をすること
④訴訟行為をすること
⑤贈与、和解又は仲裁合意をすること
⑥**相続の承認**もしくは**放棄**又は遺産の分割をすること
⑦贈与の申込みを拒絶し、**遺贈を放棄**し、負担付贈与の申込みを承諾し、又は負担付遺贈を承認すること
⑧新築、改築、増築又は大修繕をすること
⑨動産は6ヵ月、建物は3年、土地は5年を**超える**賃貸借をすること
⑩上記に掲げる行為を制限行為能力者の法定代理人としてすること[①]

過去問CHECK！

被保佐人は、元本を領収する行為をするには、その保佐人の同意を得る必要はないが、元本を利用する行為をするには、その保佐人の同意を得なければならない。

× 元本の領収にも保佐人の同意が必要である。

講師より

①重要な財産上の行為⑩は、成年被後見人の配偶者が成年後見人（法定代理人）である場合に、その成年後見人が被保佐人になってしまったケースを想定しています。

（4）被補助人

事理弁識能力が不十分な者で、家庭裁判所の審判により補助開始の審判がされた者を被補助人といいます。こちらは不十分ということで、判断能力がさらに回復しています。

被補助人には補助人が家庭裁判所により選任されサポートします。被補助人は被保佐人よりもさらに能力が回復していますので、同意が必要となるのは被保佐人が単独で行えなかった**重要な行為の一部のうち、家庭裁判所が定めたもの**とされています。

ヒント

被保佐人は、重要な財産上の行為すべてが１人では有効にできませんでしたが、被補助人は、そのうちの**一部**だけ（審判で決める）が、１人でできず、取り消すことができます。

過去問CHECK！

被補助人が特定の法律行為をするにはその補助人の同意を得なければならない旨の審判を家庭裁判所がする場合、その審判によりその同意を得なければならないものとすることができる行為は、民法第 13 条（保佐人の同意を要する行為等）第１項に規定する行為の一部に限られる。

○　重要な財産上の行為の一部に限られる。

	保護者	保護者の権限			
		代理	同意	取消し	追認
未成年者	親権者・未成年後見人	○	○	○	○
成年被後見人	成年後見人	○	×	○	○
被保佐人	保佐人	△	○	○	○
被補助人	補助人	△	△	△※	△※

○…権限あり　×…権限なし　△…審判で付与　※同意権取得により取得

ゴロ合わせ

成功に　同意は　できない
成年後見人　同意権　認められない

講師より

①保護者だけでなく制限行為能力者も契約を取り消せます。

4 第三者の取扱い

制限行為能力者が勝手に行った契約は取り消せる①わけです

が、それはあくまで契約当事者間での問題です。では、取り消す前に転売等をした**第三者**が登場した場合はどうなるのでしょうか。この場合、取消し前の第三者には、相手が**善意**（事情を知らない）であっても取消しの効力が及ぶとされています。つまり、転売されたものを取り返せるのです。

ヒント

なお、**善意**とは事情を**知らない**ことをいいます。事情を**知っている**場合は**悪意**といいます。また、**故意**（わざと）、**過失**（うっかりミス）というのもあります。法律独特の用語ですので、ここで覚えておきましょう。

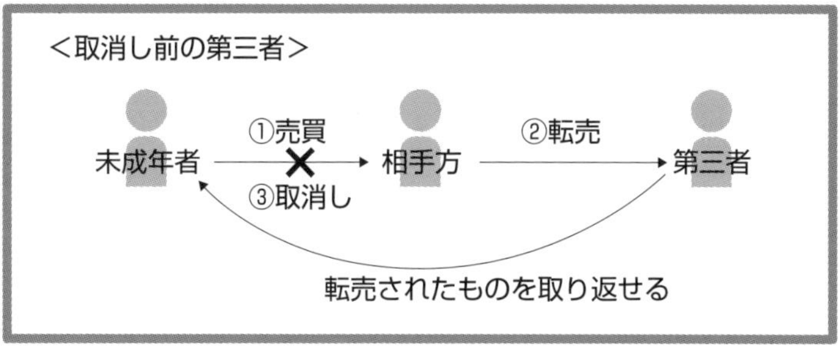

5 催告

制限行為能力者の相手方としたら、早く契約が有効なのか取り消されるのか決めてほしいと思うことがあります。そこで、制限行為能力者側に**1ヵ月以上の期間**を定めて、その期間内に取消すことができる行為を追認するかどうかを確答すべき旨を**催告**（催促）できるとしています。

そして法定代理人や保佐人・補助人、能力を回復した（行為能力者となった）後の本人に催告して確答がない場合は、**追認したとみなされます**②。

講師より

②無権代理の相手方が本人に催告し確答しない場合は追認拒絶とみなされます(P232参照)。

なお、**被保佐人と被補助人**には、「保佐人または補助人の追認を得るべき旨の催告」をすることができ、確答ない場合は取り消したものとみなされます。

催告相手	確答ない場合
保護者（親権者・成年後見人・保佐人・補助人）	**追認**したとみなす
行為能力者になった後の本人 （未成年者が成年となったり、審判が取り消された場合）	
被保佐人・被補助人	取り消したとみなす

過去問CHECK！

制限行為能力者の相手方は、その制限行為能力者が行為能力者となった後、その者に対し、１か月以上の期間を定めて、その期間内にその取り消すことができる行為を追認するかどうかを確答すべき旨の催告をすることができる。この場合において、その者がその期間内に確答を発しないときは、その行為を取り消したものとみなされる。

×　追認したものとみなされる。

6 制限行為能力者の詐術

制限行為能力者自身が**詐術**を用いて取引をしたような場合、その法律行為は**取り消すことができなくなります**。

ヒント

なお、制限行為能力者であることを黙秘しただけでは詐術に当たりませんが、黙秘に加え他の言動により相手方を誤信させたときは、詐術に該当します。

過去問CHECK！

制限行為能力者が行為能力者であることを信じさせるため詐術を用いたときは、その行為を取り消すことができない。

○ 詐術を用いたときは、取消権を行使できない。

7 取消権の時効

いくら制限行為能力者が取消しできるとはいっても、永久に取消権が使えるというのでは、契約の相手方に酷となります。そこで、取消権にも行使期限が定められています。

①追認できるとき（能力者になって）から5年経過した
②契約から20年経過した
} 取り消すことができなくなる

第28章　■重要度 ★★★

意思表示

1 意思表示とは

契約の申込みや承諾が有効になるためには、内心の意思とその表示（契約書にサインする等）が一致する必要があります。

それでは、10万円の商品を1万円だと誤解した場合など、内心の意思と表示が一致しないときはどうなるのかを見ていきましょう。

2 心裡留保

（1）当事者間では、原則有効

冗談で契約を申し込んだりした場合を**心裡留保**《しんりりゅうほ》といいます。冗談なのですから、内心の意思と表示は一致しないはずですが、これを無効とすると、冗談を信じた相手方が損害を受けてしまいます。

そこで心裡留保の場合は以下のようになります。

①相手方が善意無過失	契約は**有効**
②相手方が**悪意**（冗談だと知っていた） または**過失**（冗談だと知ることができた）がある	契約は**無効**①

講師より
①心裡留保を知っていたような者は保護する必要がないからです。

（2）第三者との関係

心裡留保による意思表示の無効は、**善意の第三者**に対抗（主張）することができません。

3 虚偽表示

（1）当事者間では無効

強制執行から逃れるために、友人と共謀して架空の売買契約をでっち上げたような場合を虚偽表示といいます。

この場合、内心の意思と表示は一致しないので**無効**です。

（2）第三者との関係

虚偽表示が当事者の間で無効になるのはわかりましたが、では、架空の契約で売ったことにした物が、第三者に転売されてしまったらどうなるのでしょうか？

この場合、**善意の第三者には対抗できない**②とされています。つまり、虚偽表示による契約だったことを知らない第三者の手に渡ったら、もう取り戻せないのです。

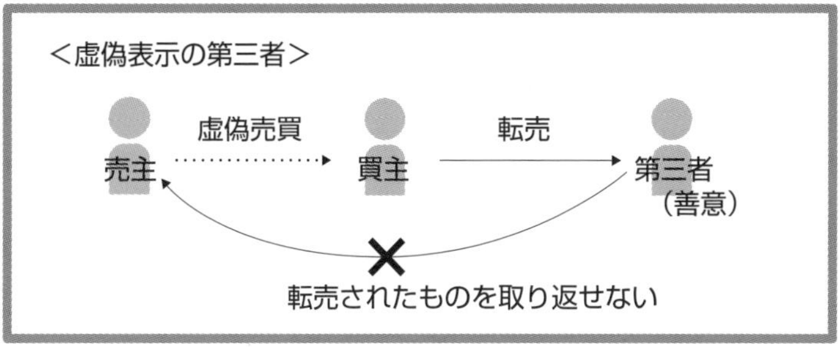

②この場合も当事者間では無効のままです。

過去問CHECK！

Aは、実際には甲土地をBに売却する意思がないのに、Bと通謀して、Bに甲土地を売却する旨の虚偽の売買契約を締結し、AからBへの甲土地の所有権移転登記を経た。その後、Bは、この事情を知らない第三者Cに甲土地を売却した。この場合、Aは、Cに対し、AB間の売買契約が虚偽表示により無効であることを主張することができない。

○　善意の第三者には虚偽表示の無効を主張できない。

4 錯誤

（1）当事者間では取り消せる

勘違いで契約してしまった場合を錯誤といいます。勘違いなのですから、内心の意思と表示は一致しませんので、**錯誤**の場合、契約は**取り消すことができます**。

でも、勘違いならなんでも契約が取り消せるとなるのもおかしいので、錯誤による取消しを主張するためには以下の要件が必要となります。

①次に掲げる錯誤に基づくものであること

ア）意思表示に対応する意思を欠く錯誤（表示の錯誤）

例）乙建物を売りたいのに、甲建物を売ると表示した

イ）表意者が法律行為の基礎とした事情（動機等）についてのその認識が真実に反する錯誤（動機の錯誤）

例）新駅ができると誤解して甲土地の購入の契約をした

※上記イ）は、動機が表示されていたときに限られる

②錯誤が法律行為の目的及び取引上の社会通念に照らして重要なものであること

③表意者に重大な過失のないこと

ア）相手方が表意者に錯誤があることを知っていたとき

イ）相手方が表意者に錯誤があることを重大な過失によって知らなかったとき

ウ）相手方が表意者と同一の錯誤に陥っていたとき

（ア〜ウ）重大な過失があっても取り消せる

（2）第三者との関係

錯誤による意思表示の取消しは、**善意無過失の第三者**に対抗することができません。

過去問CHECK！

Aは、Bとの間で、実際には甲建物をBに売却するつもりであるのに、誤って自己が所有する乙建物をBに売却する旨の契約を締結した。この場合において、BがAに錯誤があることを知っていたときは、Aに重大な過失があったとしても、Aは、錯誤による意思表示を理由として、当該契約を取り消すことができる。

○　Bが表意者Aに錯誤があることを知っていたのでAに重過失があっても取り消せる。

5 詐欺

（1）当事者間では取り消せる

詐欺とは、相手を騙して契約することです。騙されて契約してしまった者は、**契約を取り消せます**①。

注意!!

①詐欺・強迫により契約等を取り消すことができるのは、詐欺・強迫により意思表示をした者・その代理人・承継人に限られます。

（2）善意無過失の第三者には取消しを対抗できない

詐欺による取消しをする前に、騙されて売ってしまったものが**善意無過失の第三者**に転売されると、詐欺の被害者であっても、善意無過失の第三者からそれを取り戻すことはできないのです。詐欺にあった者は十分保護しなければなりませんが、騙されたところに落ち度がないとはいいきれません。一方、過失なく知らずに買った者からしたら、自分の知らない事情で買った物を返せといわれたら大変です。

そこで、**善意無過失の第三者**には**対抗できない**としたのです。

（3）第三者が詐欺をした場合

詐欺を行うのはなにも相手方とは限りません。第三者が詐欺を行うこともありえます。この場合、相手方が第三者が詐欺をしたことを知らず（**善意**）かつ過失がない（**無過失**）ときは、**取消しを対抗することができません**。**悪意**または**過失がある**場合②には**取り消すことができます**。

講師より

②悪意者（事情を知っている者）や過失がある者を保護する必要はないからです。

＜第三者の詐欺＞

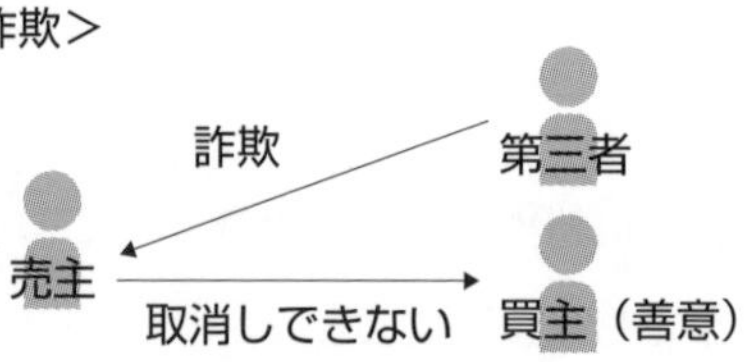

過去問CHECK！

Aは、Bの詐欺により、Bとの間でBに甲土地を売却する旨の売買契約を締結し、AからBへの甲土地の所有権移転登記を経た後、Bは、この事情を知っている第三者Cに甲土地を売却した。その後、Aは、詐欺による意思表示を理由としてAB間の売買契約を取り消した。この場合、Aは、その取消しをCに対抗することができない。

× 悪意の第三者には、詐欺による取消しを対抗することができる。

6 強迫

（1）当事者間では取り消せる

強迫とは、相手を脅して契約をすることです。脅されて契約した者は契約を**取り消すことができます**。

（2）善意無過失の第三者にも取消しを対抗できる

強迫による取消しは、**善意無過失の第三者にも対抗（主張）できます**③。詐欺と違い、強迫は脅された者には落ち度がないのですから、まず第一に保護しなければならないからです。

（3）第三者が強迫をした場合

第三者が強迫した場合の**善意無過失の相手方**にも**主張できます**。脅された者を第一に保護するためです。

③詐欺の場合は善意無過失の第三者には対抗できませんでした。

＜意思表示＞

	当事者間の効力	第三者の取扱い
制限行為能力者	取消し	善意の第三者に取消しを主張できる
心裡留保	原則：有効 例外：相手が悪意または有過失の場合は無効	善意の第三者に無効を主張できない
虚偽表示	無効	善意の第三者に無効を主張できない
錯誤	取消し ただし、原則として、錯誤が社会通念に照らして重要なものであること、表意者に重大な過失のないことが必要。	善意無過失の第三者に取消しを主張できない
詐欺	取消し 第三者詐欺の場合で、相手方が善意無過失のときは取り消せない	善意無過失の第三者に取消しを主張できない
強迫	取消し 第三者強迫の場合も取り消せる	善意無過失の第三者に取消しを主張できる

7 取消しと無効の違い

取消しと無効は、どちらも契約が有効にならないという点で似ており、同じものと思ってしまいがちですが、実はまったく違うものなのです。

	取消し	無効
契約の効力	・契約は一応は有効に成立 ・取消し後に契約成立時に遡って無効となる	・契約不成立 ・当初より無効
追認	・取消さずに追認をすれば有効となる	・無効のまま ・追認により新たな行為をしたとみなされるケースもある

期間の制限	追認できるときより5年間行使しないとき、または行為のときより20年経過したときは取消権は消滅する	いつでも無効を主張できる

過去問CHECK！

無効な行為は、当事者がその行為の無効であることを知って追認をしたときは、初めから有効であったものとみなされる。

× 新たな行為をしたものとみなされる。

8 追認の効力発生時期

取り消すことができる行為の追認は、**取消しの原因となっていた状況が消滅し**①、かつ、**取消権を有することを知った後**にしなければ、その効力を生じません。ただし、次の場合には、取消しの原因となっていた状況が消滅した後でなくても効力が生じます。

①法定代理人または制限行為能力者の保佐人もしくは補助人が追認をするとき
②制限行為能力者（成年被後見人を除く）が法定代理人、保佐人または補助人の同意を得て追認をするとき

講師より

①取消しの原因となっていた状況が消滅したとは、以下が該当します。

ア)制限行為能力者が行為能力者になった

イ)錯誤により意思表示をした者が錯誤だったと知った

ウ)詐欺により意思表示をした者がだまされたことを知った

エ)強迫により意思表示をした者が強迫状態を免れた

第29章

■重要度 ★★★

代理・委任・請負

1 代理とは？

代理とは、自分に代わって他人に契約等を締結してもらうことをいいます。

（1）代理の要件

代理が成立するためには、以下の要件が必要となります。

①代理権の存在	本人から代理人に対して代理権の授与があること。ないと無権代理となる
②顕名して、代理人が代理行為をする	代理人が相手方に対して代理人であると示して（顕名）契約等をする必要がある ※顕名をしなかった場合は？ 原則：**代理人と相手方**の間に契約の効力が発生 例外：顕名がなくても相手方が代理人であることを知っていたまたは知らなかったことに過失がある場合は、本人と相手方の間に契約が成立

（2）代理の効力

本人と相手方の間に**直接効力が発生**①します。

①代理人と相手方の間で契約が成立するのではありません。

過去問CHECK！

代理人がその権限内において本人のためにすることを示してした意思表示は、本人が事前にこれを承認し、又は事後にこれを追認しなければ、本人に対してその効力を生じない。

× 追認等をしなくても本人に効果が帰属する。

＜代理の要件・効力＞

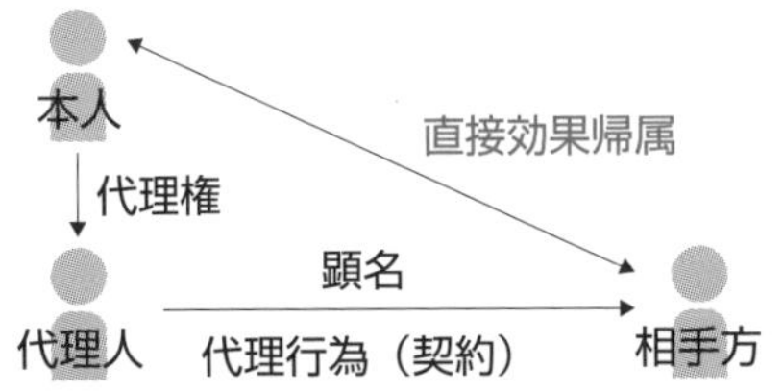

2 制限行為能力者でも代理人になれる？

制限行為能力者でも代理人にすることができます②。そして制限行為能力者を代理人にした場合、制限行為能力者であることを理由に契約を**取り消すことはできません**。

3 自己契約・双方代理・利益相反取引

自己契約	代理人が本人を代理して、自分と契約すること
双方代理	契約当事者の双方の代理人となること
利益相反取引	代理人と本人との利益が相反する行為をすること

自己契約・双方代理ともに原則として**禁止**されます③。これに反した場合、**無権代理**となります。

＜自己契約＞

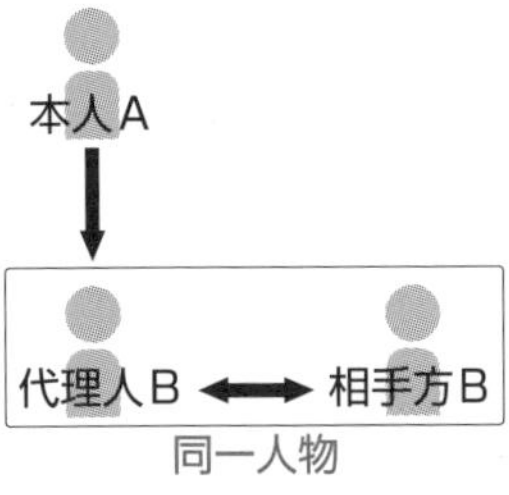

＜双方代理＞

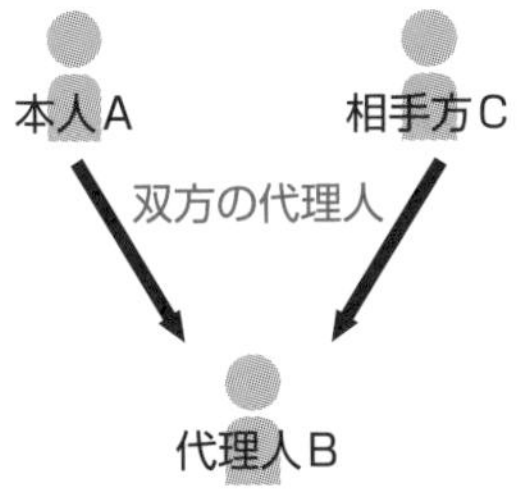

また、双方代理や自己契約に該当しなくても、代理人と本人

講師より

②代理人である制限行為能力者が判断を誤っても、その結果は本人が負うので、制限行為能力者に不利にならないからです。

講師より

③当事者に損害を与えない場合（**単なる債務の履行**）や、**当事者の承諾**がある場合は有効となります。

との**利益が相反する行為**①については、**無権代理**とみなされます。

講師より

①ただし、本人があらかじめ許諾した行為については、有効となります。

4 代理権の消滅原因

代理権は以下の事由が生じた時に消滅します。

○・・・消滅する　×・・・消滅しない　※委任による代理の場合

		死亡	破産手続開始	後見開始
法定代理	本人に生じた事由	○	×	×
	代理人に生じた事由	○	○	○
任意代理	本人に生じた事由	○	○※	×
	代理人に生じた事由	○	○	○

また、任意代理の場合は、委任契約等を解除することで代理権が消滅します。

5 復代理

代理人も急病などで動けないときがあります。そんなときは復代理人を選ぶことができます。

(1) 選任

任意代理人②	原則：復代理不可 例外：①本人の許諾を受けた場合 ②やむを得ない事情があるとき　}どちらか
法定代理人②	その責任において、いつでも復代理人選任可

講師より

②任意代理人：委任状等により代理人になった者です。法定代理人：未成年者の親権者のように、法律の定めで代理人になった者です。

(2) 役割

復代理人は、本人の代理人であり、顕名は本人の代理人であると示すことが必要になります。また、復代理人を選任しても代理人の代理権は消滅しません。復代理人は、本人及び第三者に対して代理人と**同一の権利義務**を負いますが、復代理人は代理人の代理権の範囲を超えることはできず、また、代理人の代

理権が消滅した場合、**復代理人の代理権は消滅します**。

(3) 責任

任意代理人	代理人は復代理人の行為について、本人に対し、債務不履行責任を負う。
法定代理人	原則：常に責任を負う③ 例外：やむを得ない事由によって復代理人を選任した場合は、復代理人の選任・監督についての責任のみ負う

③法定代理人はいつでも復代理人を選任できたので、常に責任を負うという重い責任を負わされるのです。

過去問CHECK！

法定代理人は、自己の責任で復代理人を選任することができる。この場合において、やむを得ない事由があるときは、本人に対してその選任及び監督についての責任のみを負う。

○ やむを得ない事由があるときは、本人に対してその選任及び監督についての責任のみを負う。

6 無権代理

代理権を有していない者が代理人として行った契約は、原則として本人に対して**効力を有しません**。でも、それだけでは相手側は困ってしまいますし、本人も契約を有効としたいと考えることだってあります。そこで、民法では無権代理について以下のように規定しています。

対応		要件	効果
本人	追認	特になし (相手方が取消した時は追認不可)	無権代理が有権代理行為となる
	追認拒絶		無権代理が無効で確定する

講師より

①制限行為能力者の保護者等への催告は、確答がない場合、原則として追認とみなされました。

講師より

②制限行為能力者に無権代理人の責任を追及できるとすると、制限行為能力者を保護した意味がなくなってしまうからです。

相手方	催告	特になし （悪意や過失があってもできる）	相当の期間を定め、本人に追認するか否かを催告できる 確答なき場合、追認拒絶とみなされる①
	取消し	**善意**であることが必要 過失の有無は問わない （相手方が追認した時は取消し不可）	契約は遡って無効となる
	無権代理人への責任追及	①相手方が善意であることが必要 ②相手方が無過失であることが必要 ※無権代理人が自己に代理権がないことを知っていたときは、過失があってもよい ③無権代理人が制限行為能力者でないこと②が必要 ④**本人が追認していないこと**が必要 ⑤相手方が取消権を行使していないことが必要	無権代理人に対して、履行の請求**または**損害賠償請求ができる
	表見代理の主張	**善意無過失**で、本人の帰責性が必要	相手方は本人に対して、契約の効果を主張できる

無権代理人には、取消しや追認といった権利は認められていません。また、追認・追認拒絶は本人の権利、催告や取消し等は相手方に認められる権利であり、本人が取消権を行使したり、相手方が追認をすることは認められません。

ゴロ合わせ

利口な　専　務　取引は全然

無権代理人へ履行の請求　善意　無過失　取消し善意

才能　なし

催告　要件なし

7 表見代理

表見代理とは、無権代理であっても、本人に無権代理行為について責任がある場合に、きちんと代理権がある場合と同じ効果を発生させることをいいます。

本来、代理権がない場合は無権代理になり、効力は発生しない③はずですが、本人にも責任がある場合にまで無効とするわけにはいきません。そこで表見代理という制度があるのです。

	要件	例
代理権授与表示の表見代理	①代理権を与えた旨の表示 ②代理権どおりの代理行為 ③相手方の**善意無過失**	白紙委任状の交付
権限外の行為の表見代理	①基本代理権の存在 ②代理権の範囲外の行為 ③その権限ありと信ずべき正当の理由（相手方の**善意無過失**）	土地の賃貸借契約締結の代理権を与えたら、土地の売買契約を締結した場合
権限消滅後の表見代理	①かつて代理権を有した者の代理行為 ②かつて有していた代理権どおりの代理行為 ③代理権の消滅につき、相手方の**善意無過失**	会社の代表者が辞任したにもかかわらず、依然として代表者として行動している場合

8 委任契約

（1）委任とは？

代理は口頭でも成立しますが、代理を依頼する場合、委任状を交付することが一般的です。では、この“委任”とはどのようなものでしょうか？　民法では、委任は、当事者の一方が**法律行為をすることを相手方に委託**④し、相手方がこれを承諾することによって、その効力を生ずるとしています。代わりに契約や訴訟をしてもらう場合、この委任となります。なお、民法の

講師より

③代理の効力として、「代理人」が行った契約等が、「本人」と「相手方」の間で効力発生しました（P228参照）。

講師より

④これに対し、当事者の一方がある仕事を完成することを約し、相手方がその仕事の結果に対してその報酬を支払うことを約することによって、その効力を生ずる契約は請負契約になります。

委任は**無償契約**とされ、特約がなければ報酬を請求することができません。

(2) 受任者の義務

法律行為を委託された側を受任者といいます。受任者は以下の義務を負います。

①無償の場合でも善管注意義務を負う

②報告義務

受任者は、委任者の請求があるときは、いつでも委任事務の処理の状況を報告し、委任が終了した後は、遅滞なくその経過及び結果を報告しなければなりません。

③受取物の引渡し義務

ア）受任者は、委任事務を処理するに当たって受け取った金銭その他の物を委任者に引き渡さなければなりません。収取した果実（利息等）も、同様です。

イ）受任者は、委任者のために自己の名で取得した権利を委任者に移転しなければなりません。

注意していただきたいのは、委任は原則として無償でしたが、“善良なる管理者の注意義務（**善管注意義務**①といいます）”という厳しい義務を負います。

KEYWORD

①委任を受けた人の職務や社会的・経済的地位などにおいて、一般的に要求される注意義務をいいます。これに対し、“自己のためにするのと同等の注意”というものがあります。こちらは善管注意義務よりも注意義務が軽減されている場合に用いられます。

(3) 費用の負担

法律行為を依頼した側を委任者といいます。委任者は以下の費用の支払義務を負います。

費用等の前払い	委任事務を処理するについて費用を要するときは、委任者は、受任者の請求により、その前払をしなければならない

費用等の償還	受任者は、委任事務を処理するのに必要と認められる費用を支出したときは、委任者に対し、その費用及び支出の日以後におけるその利息の償還を請求することができる

（4）委任契約の解除

委任は、各当事者が**いつでも**その解除をすることができます。これは委任が委任者・受任者の高い信頼関係に基づいた契約ですから、信頼ができなくなったのであれば、すぐに契約を終了できるようにしたのです。当事者の一方が①**相手方に不利な時期**または、受任者の利益も目的とする委任の解除をしたときは、その当事者の一方は、相手方の損害を**賠償しなければなりません**。ただし、**やむを得ない事由**があったときは、**賠償は不要**です。

（5）委任の終了

委任は、以下の事由で終了します。

○・・・消滅する　×・・・消滅しない

	死亡	破産手続開始	後見開始
委任者	○	○	×
受任者	○	○	○

9 請負契約とは

（1）請負契約とは

請負契約とは、請負人が**仕事の完成**を約束し、注文者がその仕事の結果に対し**報酬を支払う**ことを約束することで効力が生じる契約です。管理業務のうち、清掃業務や建物の修繕工事を行う契約は請負契約になります。

（2） 報酬の支払時期

報酬は原則として、仕事が**完成した後**に支払われます（後払

い）。ただし、仕事の目的物が引渡しを必要とする場合は、**引渡しと同時**に報酬が支払われます。

（3） 請負人の担保責任

①担保責任の内容

例えば修繕工事に欠陥がある等、請負人の完成させた仕事の品質等が**契約の内容に適合しない**場合、注文者は請負人に以下の責任を追及できます。

①追完請求（修補等の請求）
②報酬減額請求
③損害賠償請求
④契約の解除

②通知期間の制限

注文者がその不適合を知った時から１年以内にその旨を請負人に通知しないときは、注文者は、その不適合を理由として、履行の追完の請求、報酬の減額の請求、損害賠償の請求及び契約の解除をすることができません。ただし、請負人が同項の不適合を知り、または重大な過失によって知らなかったときは、上記の通知をしていなくても追完請求等ができます。

③請負人の担保責任の制限

注文者の提供した材料の性質や注文者の与えた指図によって欠陥等の契約不適合が生じた場合、履行の追完の請求、報酬の減額の請求、損害賠償の請求及び契約の解除をすることができません。ただし、請負人がその材料または指図が不適当であることを知りながら告げなかったときは、履行の追完請求等ができます。

過去問CHECK！

請負人が種類又は品質に関して契約の内容に適合しない仕事の目的物を注文者に引き渡したときは、注文者は、注文者の供した材料の性質又は注文者の与えた指図によって生じた不適合を理由として、履行の追完の請求、報酬の減額の請求、損害賠償の請求及び契約の解除をすることができない。ただし、請負人がその材料又は指図が不適当であることを知りながら告げなかったときは、この限りでない。

○

(4) 契約の解除

請負契約では、債務不履行や上記の担保責任で契約を解除する場合以外にも、以下の解除事由があります。

注文者①による契約解除	請負人が**仕事を完成しない間**は、注文者は、いつでも損害を賠償して契約の解除をすることができる。
注文者の破産手続の開始による解除	注文者が**破産手続開始の決定**を受けたときは、①請負人又は②破産管財人（破産者の財産を管理するため裁判所に選任された者。一般的には弁護士）は、契約の解除をすることができる。

①注文者による契約解除は、請負人からはすることができません。

過去問CHECK！

請負人が仕事を完成しない間は、注文者及び請負人は、いつでも契約の解除をすることができる。

× 請負人から解除はできない。

第30章　■重要度 ★★★

条件・期限・期間

1 条件

（1）種類

条件とは、契約等の効力が、将来発生するか不確実な事実に左右されることをいいます。条件には以下の種類があります。

停止条件	条件が成就した時から契約等の**効力が生じる**もの
解除条件	条件が成就した時から契約等の**効力が失われる**もの

（2）条件の成否未定の間における権利関係

条件の成否が未定の間は、以下のような規定が適用されます。

①条件が成就した場合に契約等から生じる相手方の利益を害することができない
　例）条件付贈与契約で贈与するとしていた物を、贈与者が他人に贈与してしまった
②条件成否未定でも当事者の権利・義務は処分・相続・保存・担保提供できる
　例）条件付贈与契約で贈与するとしていた物に、受贈者が抵当権を設定することができる

（3）条件の成就の妨害

条件の成就を妨害した場合、以下のような効果が生じます。

条件が成就することによって不利益を受ける当事者が故意にその条件の成就を妨げたとき	相手方は、条件が**成就した**ものとみなすことができる
条件が成就することによって利益を受ける当事者が不正にその条件を成就させたとき	相手方は、その条件が**成就しなかった**ものとみなすことができる

(4) 既成条件

条件が契約等の時に既に成就していた場合、以下のようになります。

停止条件	契約等は無条件（条件がないという扱い）
解除条件	契約等は無効

条件が成就しないことが契約等の時に既に確定していた場合、以下のようになります。

停止条件	契約等は無効
解除条件	契約等は無条件（条件がないという扱い）

(5) その他の条件

①不法条件

不法な条件や不法な行為をしないことを条件とする契約等は**無効**となります。

②不能条件

停止条件	契約等は無効
解除条件	契約等は無条件（条件がないという扱い）

③随意条件

停止条件の場合、条件が単に債務者の意思のみに係るとき（債務者の任意の場合）は、無効となります。義務を果たす側（債務者）の任意ですと、法的な拘束力を生じさせられないからです。

過去問CHECK！

停止条件付法律行為は、停止条件が成就した時からその効力を失う。解除条件付法律行為は、解除条件が成就した時からその効力を生じる。

× 説明が逆である。

2 期限

(1) 期限

満期や支払日の定めを期限といいます①②。

この期限には、始期付きと終期付きがあります。

講師より

①期限は定めないこともできます。

始期付き法律行為	法律行為の履行は、期限が到来するまで、請求することができない
終期付き法律行為	法律行為の効力は、期限が到来した時に消滅する

注意!!

②期限は必ず到来するものをいいます。到来するかどうかが不確実なものは、条件といいます。

また、発生期日が確実か不確実かでも違いがあります。

確定期限	発生期日が確定している事実に法律行為の効力の発生・消滅をかからしめること 例：「4月1日に支払ってください」
不確定期限	発生期日が不確定な事実に法律行為の効力の発生・消滅をかからしめること 例：「私が死んだら支払ってください」

(2) 期限の利益

この期限には、債務者に利益があると考えられています。例えば、4月なのに12月分の支払請求がきたらどうでしょう？普通は、まだ支払日じゃないということで支払を拒めますよね。これが期限の利益なのです。

＜期限の利益＞

原則	債務者に認められる（**放棄**をすること、例えば前倒しで返済することも可能）
例外	利息付きで金銭を貸し付けた場合、債権者にも期限の利益が生じる（期限まで貸せばその分の利息が手に入るから）

(3) 期限の利益の喪失

以下に掲げる場合には、債務者は、期限の利益を主張することができません。

ア）	債務者が破産手続開始の決定を受けたとき
イ）	債務者が担保を滅失させ、損傷させ、または減少させたとき 例：債務者が抵当権を設定している建物を壊した
ウ）	債務者が担保を供する義務を負う場合において、これを供しないとき 例：追加担保を提供する契約をしたのに、その提供をしなかった

(4) 期限の利益喪失条項

上記（3）以外にも当事者間の特約で期限の利益を喪失させる[③]ことも可能です。例えば、「元本または利息の支払を怠った場合は、期限の利益が失われます」といった具合です。

③期限の利益の喪失の定めは、契約締結前交付書面・契約締結時交付書面の記載事項でした（P109、113参照）。

3 期間

契約には、「4月1日から1年間」といった期間を定めて貸すこともあります。この場合、原則は契約をした**初日は算入しません**。4月1日に契約したのなら、計算するのは4月2日からです。普通、午前0時ちょうどに契約できませんから[④]、契約初日は丸一日とれないので算入しないのです。

原則	初日不算入
例外	午前0時から契約の効力が発生する場合、初日算入

講師より

④ただし、午前0時ちょうどから契約の効力が発生するような場合は、初日も算入されます。「4月1日」に契約して、効力発生日を「5月1日」にするような場合です。

第31章　■重要度 ★★★

消滅時効

1 消滅時効

消滅時効は、一定期間の経過により、権利が消滅することをいいます。**貸付金**の債権は、以下の期間経過で消滅時効により消滅してしまいます。

> ①権利行使ができることを知った時から５年
> ②権利行使ができる時から 10 年
> ｝どちらか早い方で消滅

2 時効完成の猶予制度

時効完成の猶予とは、一定期間時効の完成が**ストップする**制度です。たとえば、貸金業者と債務者との間で滞納金の協議をしたいと思っても、時効がストップしないと、協議中に時効が完成してしまうおそれがあるので、時効の完成が猶予されるのです。時効完成の猶予には、次の事由が該当します。

①確定することなく終了するケースには、訴えの取下げや訴えの却下、調停の不調等があります。

猶予事由	猶予期間
①裁判上の請求	左の事由の終了時（確定判決等により権利が**確定することなく**終了した場合①は終了後６ヵ月が経過した時）まで
②支払督促	
③訴訟上の和解・調停	
④破産手続参加、再生手続参加または更生手続参加	

⑤強制執行・担保権の実行・担保権の実行としての競売・財産開示手続	事由の終了時（申立ての取下げ・取消しの場合は、その時から６ヵ月が経過した時）まで
⑥仮差押え・仮処分	事由が終了時から６ヵ月を経過した時まで
⑦催告	催告の時から６ヵ月を経過する時まで②
⑧権利についての協議を行う旨の書面による合意	以下のうちいずれか早い時まで ①合意があった時から１年を経過した時（通算で最長５年まで延長可） ②合意において当事者が協議を行う期間（１年未満）を定めたときは、その期間を経過した時 ③当事者の一方が相手方に対して協議の続行を拒絶する旨の通知が書面でされたときは、通知の時から６ヵ月を経過した時
⑨天災その他避けることのできない事変	障害が消滅した時から３ヵ月を経過した時まで

②催告による時効完成猶予中に、再度催告をしても、再度の催告による時効完成猶予の効力は生じません。

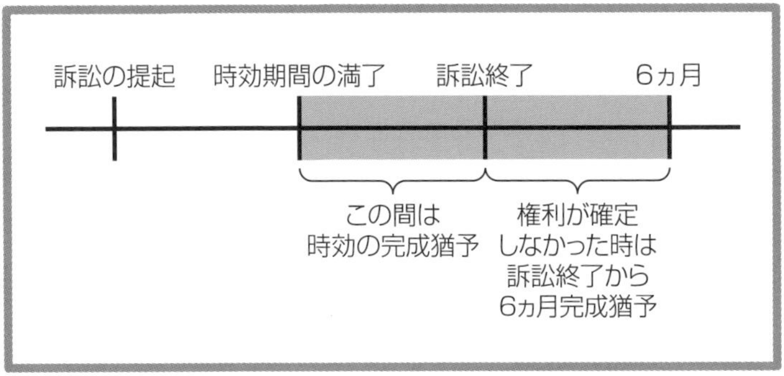

3 時効の更新

時効の更新とは、時効のカウントが**ゼロに戻り**、再スタートする場合をいいます。以下の場合は、時効が更新します。

講師より

①裁判上の請求等（猶予事由の①裁判上の請求・②支払督促・③訴訟上の和解・調停・④破産手続参加等）と強制執行手続は、猶予事由と更新事由の両方に該当します。

①**裁判上の請求等**[①]**により権利が確定した（勝訴判決が確定した等）**

②**強制執行手続等**[①]**を実施し終了した**

③**債務者が債務を承認した**

<時効の更新と時効完成の猶予>

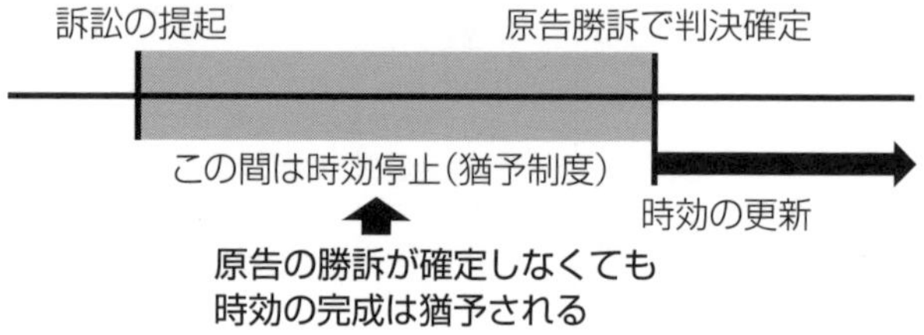

過去問CHECK！

裁判上の請求がなされた場合において、確定判決又は確定判決と同一の効力を有するものによって権利が確定したときは、時効は、裁判上の請求が終了した時から新たにその進行を始める。

○　確定判決等で権利が確定した時は、時効は更新する。

4 時効の援用

時効の効果は、その**利益を受ける者が援用**をして初めて効果が発生します。期間が経過すれば自動的に消滅するというのではありませんし、裁判所が何もしなくても裁判で採用してくれるわけでもありません。また、消滅時効の援用は債務者本人に

限らず、保証人・物上保証人・第三者取得者等②も行使可能です。

5 時効利益の放棄

時効の利益は、あらかじめ放棄することができません③。例えば、契約書等に、「借主は時効が完成しても援用しない」というような条項を記載しても無効です。また、時効完成後に、「借金を支払います」と債務の承認をしてしまった場合、後で「やっぱり時効援用します」とは、言えなくなります。

6 取得時効

取得時効とは、一定期間の経過により、権利が取得できることをいいます。取得時効の成立要件は以下のようになります。

①所有の意思を持って平穏かつ公然に

②善意・無過失で占有を開始した場合 10年間
それ以外（悪意・有過失の場合）は 20年間
} 占有を継続すること

7 時効の効果

時効の効果は、**起算日に遡**ります。

消滅時効	①権利を行使できることを知った時（支払日を定めた場合） ②権利を行使できる時
取得時効	占有開始の時

KEYWORD

②物上保証人：他人の債務（借金等）のために、自分の財産を担保に提供した者
第三取得者：抵当権が付着している不動産を取得した者

講師より

③「あらかじめ」放棄できないのであって、時効完成後に放棄することは可能です。

第32章　■重要度 ★★★

担保物権

1 担保物権の意義

債権者は当然ですが債務者に返済を求めることができます。しかし、自分ひとりが債権者とは限りません。他にも債権者がいる場合もあります。このとき債務者の財産では全額返済に足りない場合は債権額按分①となります。つまり、債権額が多い人はたくさん、少ない人はわずかしか返済してもらえません。

そこで、優先的に返済してもらえるようにする手段として担保物権があるのです。

KEYWORD

①債権額で按分（債権額に比例）して分配することを債権者平等の原則といいます。

2 担保物権の性質・効力

担保物権には以下の性質と効力があります。

<担保物権の性質と効力>

		内容
性質	付従性	債権のないところに担保物権は存在しないという性質。全額返済されれば、担保物権は消滅する
	随伴性	債権が移転すればその債権を担保する担保物権も債権とともに移転するという性質
	不可分性	担保権は債権全部の弁済を受けるまで目的物の上に存続し続けるとする性質
	物上代位性	担保物権者は担保権の売却・滅失・賃貸・損傷等②により債務者が受ける金銭その他の物の上に対しても権利を行使できるという性質 ※抵当権の効力を保険金等の価値代替物におよぼすためには、債務者の一般財産に混入する前に**差し押さえる**必要がある

講師より

②売却…売買代金
滅失…保険料
賃貸…賃料
上記のものが該当します。

		内容
効力	優先弁済的効力	債権の弁済が得られないときには、債権者がその目的物を売却して金銭に換え、他の債権者に先立ってその売却代金の中から弁済を受けることができるとする効力
	留置的効力	債権を担保するために目的物を債権者の手元に留め置き、債務者に心理的圧迫を加えることで債務の弁済を促すという効力

＜物上代位＞

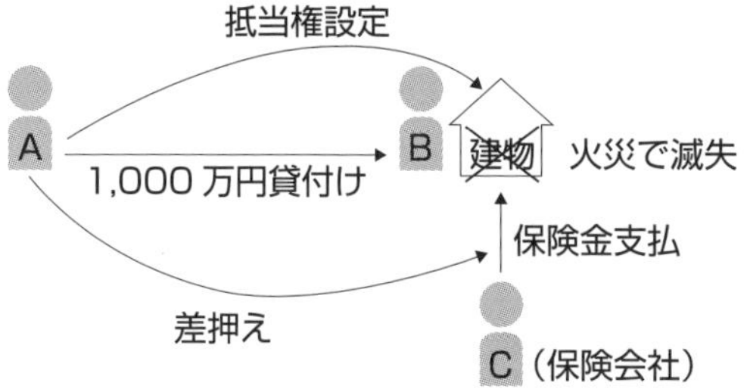

＜担保権の性質・効力のまとめ＞

	抵当権	質権	根抵当権
付従性	○	○	×③
随伴性	○	○	×③
不可分性	○	○	○
物上代位性	○	○	○
優先弁済的効力	○	○	○
留置的効力	×	○	×

3 抵当権

（1）抵当権の意義

抵当権とは債務者または第三者が、占有を移さないで④債務の担保に供した不動産につき、債権者が他の債権者に優先して

③元本が確定すると付従性・随伴性も認められます。

講師より

④占有を移さない＝担保に提供しても所有者が使用・収益・処分をすることができるということです。

自己の債権の弁済を受けることのできる権利をいいます。

(2) 抵当権の目的物

抵当権は、以下のものを目的とすることができます。

不動産、地上権、永小作権	これらを目的として抵当権を設定できる
付加一体物	抵当権の効力は、目的物に附属し、一体となったものにおよぶ
従物 ※土地上にある庭石等	抵当権設定当時に存在した従物に限り抵当権の効力がおよぶ（判例）
果実	被担保債権に債務不履行があったときは果実に抵当権の効力をおよぼすことができる（抵当権設定後のものも含む）
土地に関する権利（借地権）	従たる権利として抵当権の効力がおよぶ ※建物の買受人は家の前所有者が有していた土地の利用権も買い受けられることになる

過去問CHECK！

抵当権は、その担保する債権について不履行があるか否かにかかわらず、抵当権が設定された後に生じた抵当不動産の果実に及ばない。

× 不履行があった場合は、果実に及ぶ。

(3) 抵当権の被担保債権

後順位担保権者等①が存在する場合、抵当権によって保護される被担保債権は、元本と**満期の到来した最後の2年分**のみの利息、その他定期金損害金と民法では限定しています。

でもこれは、あくまで後順位担保権者等との関係の規定です。つまり債務者は全額を返還しないと抵当権は消滅しません。付従性があるからです。

KEYWORD

①**後順位担保権者**
自分の有する担保権に後れる順位の抵当権者等をいいます。

（4）抵当権の対抗要件

抵当権は、**抵当権者**（お金を貸して不動産に抵当権を設定してもらった人）と**抵当権設定者**（自己の不動産に抵当権を設定した人。つまり担保を差し出した人）の間の**抵当権設定契約で成立**します。

しかし、当事者以外の第三者からすると、抵当権が設定されたかどうかはわかりません。そこで、抵当権を第三者に対抗（主張）するためには、不動産登記が必要となります。そして、1つの不動産に複数の抵当権がある場合、**その順位は登記の先後**②**で決まります**。

過去問 CHECK！

同一の不動産について数個の抵当権が設定されたときは、その抵当権の順位は、抵当権設定契約の締結日付の先後による。

× 登記の先後による。

②契約締結日の先後ではありません。

（5）抵当権の処分

抵当権も財産なので、他人に譲ることもありえます。

<table>
<tr><td>抵当権の譲渡</td><td rowspan="2">抵当権者が他の一般債権者に対してする</td><td>抵当権の優先弁済権を譲渡するので、譲渡人の配当額から、譲受人が譲渡人に優先して弁済を受ける</td></tr>
<tr><td>抵当権の放棄</td><td>優先弁済権を放棄することをいう。放棄をした抵当権者の配当額から、放棄をした抵当権者と放棄を受けた一般債権者の債権額の割合で分配されて、放棄をした抵当権者と放棄を受けた一般債権者は同順位で弁済を受ける</td></tr>
</table>

第2編 民法

抵当権の順位の譲渡	先順位の抵当権者が後順位の抵当権者に対してする	順位の譲渡人と順位の譲受人の配当額の合計から、順位の譲受人が順位の譲渡人に優先して弁済を受ける
抵当権の順位の放棄		順位の放棄をした抵当権者と順位の放棄を受けた抵当権者の配当額の合計から、順位の放棄をした抵当権者と順位の放棄を受けた抵当権者の債権額の割合で分配されて、順位の放棄をした抵当権者と順位の放棄を受けた抵当権者は同順位で弁済を受ける

(6) 転抵当

抵当者が有する抵当権を**他の債権の担保**に供することを転抵当といいます。このような担保の提供方法も認められています。

過去問CHECK！

抵当権者は、同一の債務者に対する他の債権者の利益のためにその抵当権又はその順位を譲渡することができるが、その抵当権を他の債権の担保とすることはできない。

× 担保とすることもできる。

(7) 抵当権の順位の変更

抵当権の順位は、**各抵当権者の合意**によって変更することができます。ただし、利害関係を有する者があるときは、その承諾を得なければなりません。この順位の変更は、その**登記をしなければ、その効力を生じません。**

(8) 法定地上権

土地及びその上に存する建物が同一の所有者に属する場合において、その土地又は建物につき抵当権が設定され、**その実行**

(競売)により所有者を異にするに至ったときは、その建物について、地上権が設定されたものとみなされます。

(9) 抵当権と第三取得者

抵当権を設定しても所有者は自由に処分ができます①。では、抵当権付きの不動産を買った人は、その抵当権を消せないのでしょうか？　民法では次の抵当権の消滅方法があります。

①第三者弁済	抵当権の被担保債権を抵当権者に支払い、抵当権を消滅させるという手段
②代価弁済	抵当権者からの請求で代金を抵当権者に支払い、抵当権を抹消してもらうという方法
③抵当権消滅請求	第三取得者が、自ら担保物の価値を評価して、その評価額を抵当権者に提供し、抵当権者がその額で承諾すれば抵当権を消滅させるという方法

(10) 抵当権消滅請求の要件

上記の(9)③の抵当権消滅請求の要件は、以下になります。

ア) 権利行使者	抵当不動産につき所有権を取得した第三者 ※**主たる債務者、保証人**およびその承継人②は**抵当権消滅請求できない** ※所有権を取得した者が請求できるのであり、地上権等を取得した者は消滅請求できない ※停止条件付第三取得者は条件の成否未定の間は抵当権消滅請求できない
イ) 権利行使期間	第三取得者は抵当権の実行としての競売による差押えの効力発生前に抵当権消滅請求をする必要がある ※抵当権者がその抵当権を実行するときでも、あらかじめ第三取得者に通知する必要はなくなった
ウ) 効果	登記をされたすべての債権者が第三取得者の提供した代価または金額を承諾しかつ、第三取得者がその承諾を得た代価もしくは金額を払い渡しまたはこれを供託したときは抵当権は消滅する

(11) 賃借人の保護規定

抵当権を設定しても所有者は自由に収益ができましたので、抵当権付きの不動産を借りる人も出てくる可能性があります。

講師より

①抵当権者の同意等は不要です。

講師より

②主たる債務者や保証人・承継人は、全額弁済すべきだからです。

その者を保護する制度は何かないのでしょうか？

	建物明渡猶予制度	総抵当権者の同意のある賃貸借
内容	抵当権者に対抗できない賃貸借により抵当権の目的たる建物の使用または収益をなす者にして ①競売手続の開始前より使用または収益をなす者 ②強制管理または担保不動産収益執行[①]の管理人が競売手続の開始後になした賃貸借により使用または収益をなす者 はその建物の競売の場合において買受人の買受けの時より６ヵ月を経過するまではその建物を買受人に引き渡さなくてよい	登記した賃貸借はその登記前に登記した抵当権を有するすべての者が同意し、かつ、その同意の登記あるときはその同意をなしたる抵当権者に対抗することができる

KEYWORD

①**強制管理**
債務者の不動産を売却するのではなく、そこから発生する収益を債権者に配分する強制執行の方法。担保不動産収益執行もほぼ同趣旨の担保権の実行手続になります。

（12）抵当権の消滅時効

抵当権は、債務者及び抵当権設定者に対しては、その担保する債権と**同時**でなければ、時効によって消滅しません。

過去問CHECK！

抵当権は、債務者及び抵当権設定者に対し、その担保する債権とは別に、時効によって消滅する。

× 債務者及び抵当権設定者に対し、その担保する債権とは別に、時効によって消滅しない。

4 根抵当権

（1）根抵当権とは

一定の範囲に属する不特定の債権を一定の限度（極度額）を限度として担保する抵当権のことを根抵当権といいます。

特徴としては、次のものがあります。

ア）付従性、随伴性の否定
…つまり、返済をしても根抵当権が消滅するわけではないし、債権譲渡をしても根抵当権はついていかない！
イ）極度額という一定の上限額が定められ、その金額に至るまで債権債務を担保する
ウ）一定の範囲に属する債権を担保する
…例えば「銀行取引」とか「平成○年○月○日手形割引契約」等

（2）元本の確定

根抵当権の対象となる継続的取引が終了し、どの債権を担保するのかが決まることを元本確定といいます。元本確定が生じると、付従性や随伴性が復活し②、根抵当権はほぼ抵当権と同じとなります。ただし、利息や損害金について、最後の２年分という制限はなく、**極度額まで**は、担保します。

また、元本が確定以後に発生する元本債権は、たとえ極度額の範囲内であっても、もはやその根抵当権では担保されません。

<元本の確定事由>

元本の確定期日を定めたとき	確定期日が到来によって確定 ※期日を定めた日から**5年以内**でないといけない
元本の確定期日を定めなかったとき	根抵当権設定の日から**3年を経過**すると根抵当権設定者は元本確定請求ができ、この請求がなされたときから2週間経過したときに確定
元本確定前に、根抵当権者または債務者につき相続が開始したとき	根抵当権設定者と相続人との間で被担保債権に関する合意がされなかったときは確定 合意があっても相続開始後6ヵ月以内に合意の登記がされなかったときも確定
元本確定前に、根抵当権者または債務者に合併があったとき	根抵当権設定者は元本確定請求をすることができ、請求がなされると、元本は合併のときに確定
元本の確定前に、根抵当権者または債務者に会社分割があったとき	根抵当権設定者は元本確定請求をすることができ、請求がなされると、元本は会社分割のときに確定

（3）根抵当権の設定

根抵当権の設定も、根抵当権者（債権者）と根抵当権設定者（債

第2編 民法

講師より

②元本が確定するまでは付従性、随伴性がないので、債務を弁済しても根抵当権は消滅しませんし、債権が譲渡されても根抵当権は移転しません。

務者・第三者）の合意により、登記は対抗要件です。根抵当権では、極度額・債務者・被担保債権の範囲の登記が必要です。

5 質権

（1）質権とは

講師より

①目的物を債権者が留置する点が抵当権と異なります。

質権とは、目的物の占有を債権者に移し、債権者は弁済があるまで目的物を留置し①、心理的圧迫を加え債務の弁済を強制するとともに、弁済がない場合は目的物を競売し、その売却代金から他の債権者に優先して弁済を受けることができるという担保物権をいいます。

質権は、元本、利息、**違約金**、**質権の実行の費用**、**質物の保存の費用**及び**債務の不履行**又は**質物の隠れた瑕疵によって生じた損害の賠償**を担保します。ただし、設定行為に別段の定めがあるときは、この限りではありません。

過去問CHECK！

質権は、元本、利息、違約金、質権の実行の費用、質物の保存の費用及び債務の不履行又は質物の隠れた瑕疵によって生じた損害の賠償を担保する。ただし、設定行為に別段の定めがあるときは、この限りでない。

○　質権は元本や利息等を担保する。

（2）質権の種類

質権は“何を目的物とするか”で、以下の３種類あります。

①動産質	動産を担保の目的物とする質権
②不動産質	不動産を担保の目的物とする質権
③権利質	財産権を担保の目的物とする質権

（3）質権の設定・対抗要件

質権を設定するためには、**目的物の引渡し**が必要となります②。そのため、譲渡できないものは対象とできません。また、質権の対抗要件は、その種類により異なります。

KEYWORD

②目的物の引渡しが契約成立に必要な契約を、「要物契約」といいます。

①動産質の対抗要件	占有の継続③
②不動産質の対抗要件	不動産登記。引渡しは効力要件であり、対抗力を得るためには登記が必要となる
③権利質の対抗要件	第三債務者に対する確定日付ある通知・承諾

③動産質では、質権者は、自己に代わって**質権設定者に質物を占有させることで第三者に対抗することはできません。**

過去問CHECK！

動産に質権の設定を受けた質権者は、質権設定者に、自己に代わって質物の占有をさせることができ、これをもって質権を第三者に対抗することができる。

× 質権設定者**に質物を占有させることで第三者に対抗することは**できない。

（4）転質

質権者は、その権利の存続期間内において、自己の責任④で、質物について、転質をすることができます。この場合において、転質をしたことによって生じた損失については、**不可抗力によるものであっても、その責任を負います。**

④質権設定者（担保提供者）の承諾は不要ということです。

第33章　■重要度 ★★★

債務不履行

1 債権・債務の意義

債権とは、人に対して一定の行為を請求することができる権利をいい、債務①はそれに応じる義務のことをいいます。

債権は権利のことで、債務は義務のことと覚えておけばいいと思います。また権利者のことを**債権者**、義務者のことを**債務者**と呼びます。

2 債務不履行

債務不履行とは、正当な事由がない②のに、債務者が債務の本旨に従った履行をしないことをいいます。契約不履行のことです。

債務不履行には、履行遅滞・履行不能・不完全履行の３種類があります。

（1）履行遅滞の要件

履行遅滞とは、**履行が可能**であるにもかかわらず、違法に債務者が履行をせずに履行期（支払日等）を過ぎてしまっている場合をいいます。履行遅滞になるための要件には、以下のものがあります。

①履行できるのに履行期を過ぎたこと
②履行遅滞が違法であること

注意!!

①債権の目的が不動産等の特定物（物の個性に着目して契約等の対象となっている物）の引渡しであるときは、債務者は、その引渡しをするまで、契約その他の債権の発生原因及び取引上の社会通念に照らして定まる善良な管理者の注意をもって、その物を保存しなければなりません。

講師より

②正当な事由があれば債務不履行にならないのが原則です。

①の履行期を過ぎたことについては、履行期の種類により、以下のように異なります。

履行期の種類	遅滞となる時期
確定期限（支払日等）のある債務	期限の到来の時
不確定期限のある債務	・期限の到来した後に、債務者が、履行の**請求を受けた時** ・期限の到来したことを**知った時** } どちらか早い時から
期限の定めのない債務	債権者が履行の請求をしたとき

過去問CHECK！

債務の履行について不確定期限があるときは、債務者は、その期限の到来したことを知り、かつ、債権者からその履行の請求を受けた時から遅滞の責任を負う。

×　期限の到来を知ったときか、債権者から請求を受けたときのどちらか早い方からである。

②は、同時履行の抗弁権や留置権等がある場合、履行しなくても違法ではないので、履行遅滞になりません。

（2）履行遅滞の効果

履行遅滞になった場合、債権者は以下の権利が認められます。

①損害賠償請求

※債務の不履行が、災害による場合等、契約その他の債務の発生原因および取引上の社会通念に照らして債務者の責めに帰すことができない事由の場合は損害賠償請求できない

②契約の解除

※解除をするには相当の期間を定めた催告の必要がある

※債務の不履行が契約や取引上の社会通念に照らして軽微であるときは解除できない

※債権者に帰責性がある場合は解除できない

(3) 履行不能の要件

履行期に履行することが不可能となったことを履行不能といいます。履行不能は、履行期に履行が不可能であることが要件です。不可能かどうかは、**契約や取引上の社会通念**に照らして判断します。

(4) 履行不能の効果

履行不能の場合、債権者は以下の権利が認められます。

①損害賠償請求

※債務の不履行が、災害による場合等、契約その他の債務の発生原因および取引上の社会通念に照らして債務者の責めに帰すことができない事由の場合は損害賠償請求できない

②契約の解除

※解除をする際に催告は不要

※債務の不履行が契約や取引上の社会通念に照らして軽微であるときは解除できない

※債権者に帰責性がある場合は解除できない

(5) 不完全履行の要件

不完全履行とは、一応履行はされたのですが、それが不完全

だった場合です。

(6) 不完全履行の効果

不完全履行では、追完（補修や別の物との交換等）が可能かどうかで効果が変わります。

追完が可能	・完全な給付の請求と損害賠償請求ができる ・契約の解除ができる ※解除をするには相当の期間を定めて**催告**をする必要がある
追完が不可能	・損害賠償請求ができる ・契約の解除 ※解除をする際に催告は**不要**

3 金銭債務の特則

金銭債務に関しては、債務不履行の特則が定められています。

ア）不可抗力があっても債務不履行となる①
イ）履行不能にはならない
ウ）債権者は損害の証明が不要
エ）損害賠償の額は、当事者で定めがなければ法定利率（3%）となる

①金銭債務については不可抗力があっても支払期日を過ぎると債務不履行（履行遅滞）になります。

4 損害賠償

(1) 金銭賠償の原則

損害賠償の方法としては、民法は金銭賠償を原則としています。

(2) 損害賠償の範囲

損害賠償は相当の因果関係（条件と結果）があるものに限られます。あくまで“**相当**”とされていますので、因果関係があればなんでも損害賠償の対象になるわけではありません。ただし、**予見すべきだったとき**は、特別な事情から生じた損害も含まれます。

過去問CHECK！

債務の不履行に対する損害賠償の請求は、これによって通常生ずべき損害の賠償をさせることをその目的とする。特別の事情によって生じた損害は、当事者がその事情を予見すべきであったときは、債権者は、その賠償を請求することができる。

○　予見すべきであったときは、特別損害も含まれる。

（3）損害賠償による代位

債権者が、損害賠償として、その債権の目的である物又は権利の価額の全部の支払を受けたときは、債務者は、その物又は権利について**当然に債権者に代位します**①。債権者の承諾は不要です。

講師より

①たとえば、所有者から預かっていた物を保管者の不注意で盗まれた場合、保管者は債務者として賠償責任を負いますが、その代わり盗難物と盗難者への損害賠償請求権を取得します。

5 損害賠償額の予定

契約のときに損害賠償額や違約金等を予定しておくこともできます。

損害賠償額の予定をしていたとしても、公序良俗違反や過失相殺により裁判所は、減額をすることはできます。

6 損益相殺と過失相殺

債権者が、損害と同時に、債務不履行と同一の原因によって、損害と同質性のある利益を受けた場合、利益を損害の額から控除して、損害賠償額を決定することを損益相殺といいます。

また、債務不履行に関して、債権者に過失があった場合には、

損害賠償責任の成立・損害賠償額について、裁判所はそれを考慮した**過失相殺**することができます。

過去問CHECK！

債務の不履行又はこれによる損害の発生もしくは拡大に関して債権者に過失があったときでも、裁判所は、これを考慮して、損害賠償の責任及びその額を減免することはできない。

×　過失相殺ができる。

7 利息

利息とは、金銭などの代替物の使用の対価として、元本の額とその使用期間に比例して支払われる金銭等をいいます。

（1）約定利率と法定利率

民法上、金銭消費貸借契約は無償（無利息）となりますが、契約により利息の支払を請求することもできます。利率については、当事者間で定めがなければ利息が生じた最初の時点の法定利率は**年3%**となります②。

また、約定利率といって当事者間で利率を定めることができます。約定利率は法定利率を超えてもかまいませんが、公序良俗（公の秩序・善良な風俗の略）に違反すると無効となってしまいます。さらに利息制限法や出資法③による利率の制限もありました（P180、188参照）ので注意しましょう。

8 受領遅滞

受領遅滞とは、債務者が履行をしたのに債権者がそれを受領

講師より

②法定利率は、法務省令で定めるところにより、3年を1期とし、1期ごとに変動します。

注意!!

③利息制限法の制限利率
10万円未満…20%、10万～100万円未満…18%、100万円以上…15%
出資法の制限利率
年20%超で罰則の適用があります。

できなかったり、受領を拒んだりした場合をいいます。この場合、債務の目的が特定物（不動産等）の引渡しであるときは、債務者は、履行の提供をした時からその引渡しをするまで、自己の財産に対するのと同一の注意をもって、その物を保存すれば足ります。また、履行の費用が増加したときは、その増加額は、債権者の負担となります。

9 債権者代位権・詐害行為取消権

（1）債権者代位権

債権者は、自己の債権を保全するため、債務者に属する権利を行使することができます。

ヒント

債務者の**一身に専属する権利**（例えば扶養権等）及び差押えが禁止された債権は、**代位できません。**

この債権者代位権ですが、債権者は、その債権の期限が到来しない間は、行使することができません。ただし、**保存行為**（例えば時効の更新を代位する等）は可能です。

<債権者代位権>

例：債務者の唯一の財産である売掛金が時効で消滅しようとしている場合

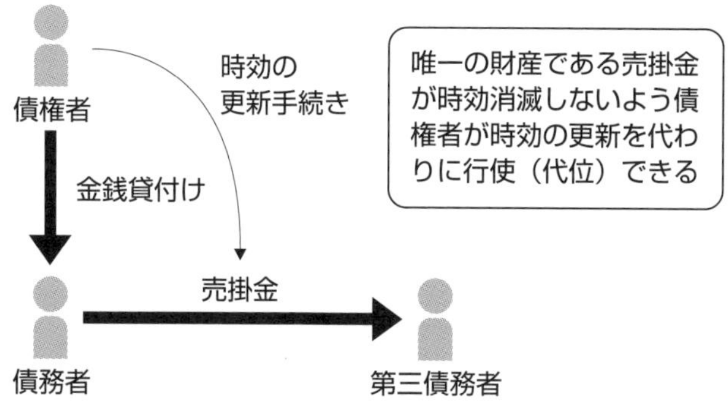

（2）詐害行為取消権

債権者は、債務者が債権者を害することを知ってした法律行為の取消しを**裁判所に請求することができます**①。ただし、その行為によって利益を受けた者がその行為の時において債権者を害すべき事実を**知らなかったとき**は、取消権を行使できません。

①代位権と異なり、債権者取消権は裁判外での行使は認められません。

<債権者取消権>

例：債務者の唯一の財産である土地が第三者に贈与された場合

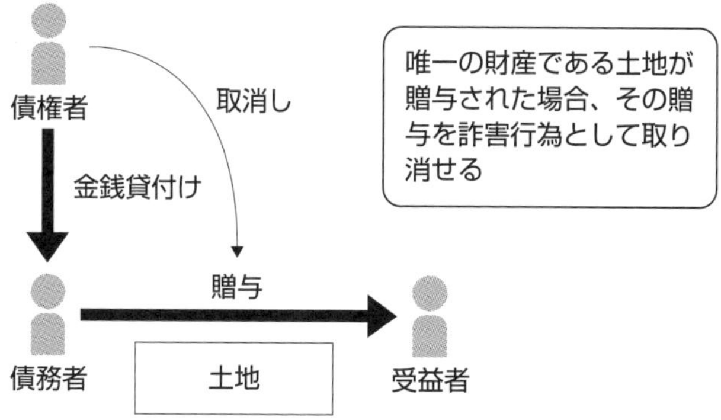

第34章

■重要度 ★★★

債権譲渡・債務引受

注意!!

①同一性を保ちますので、譲渡人に対抗できた事由は、譲受人に対抗できます。

講師より

②預貯金債権については譲渡制限特約をすることができ、悪意または重大な過失によって知らなかった譲受人に対抗できます。

1 債権譲渡

債権者が特定している債権を指名債権といい、指名債権の**同一性**を保ちながら①、契約により債権を移転させることを債権譲渡といいます。支払先が変更になるケースです。

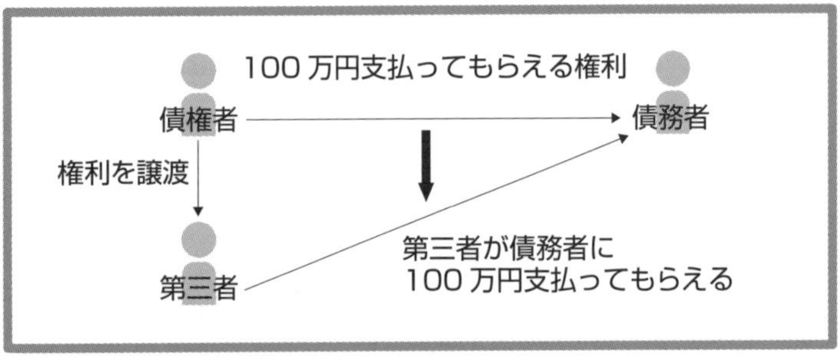

2 債権譲渡が制限される場合

債権譲渡は、債権の性質や法律の規定で譲渡が許されない場合を除いて、自由に行うことができます。当事者が**債権の譲渡を禁止したり制限する旨の特約**をしても、**債権の譲渡は可能です**②。しかし、譲渡制限の特約がされたことを**知り**、または**重大な過失**によって知らなかった譲受人その他の第三者に対しては、債務者は、その債務の履行を**拒むことができ**、かつ、譲渡人に対する弁済その他の債務を消滅させる事由をもってその**第三者に対抗することができます**。

過去問CHECK！

契約により生じた金銭の支払を目的とする指名債権についての譲渡禁止の特約は、善意・無重過失の譲受人に対して債務の履行を拒むことができる。

× 悪意または重過失のある譲受人でないと債務の履行を拒めない。

3 債権譲渡の対抗要件

債権譲渡の対抗要件③には２パターンあります。１つは債務者への通知です。これは支払先が変わるので、それを連絡しなければならないわけです。もう１つは、**第三者に対抗するための要件**です。債権譲渡も二重譲渡の可能性があるからです。

	債務者	第三者
対抗要件	譲渡人から債務者への通知 債務者の承諾	譲渡人から債務者への確定日付ある通知 債務者の**確定日付**ある承諾
意義	債務者の二重弁済を防ぐ	両立しない権利の優劣を決する

なお、複数の確定日付がある通知が到達した場合は、先に到達した方が優先されます④。日付の早い方ではありません。

注意していただきたいのが、**貸金業法**では、貸金業者が債権譲渡をする場合、**譲受人**が債務者に対して、通知しなければなりませんでした（P140参照）。これは、譲受人にも貸金業法の規定が適用されるため、**譲渡通知書等**を交付する必要があったからでした。民法では、**譲渡人**が**債務者**に通知をしなければな

講師より

③不動産対抗要件…不動産登記
動産対抗要件…引渡し

講師より

④債務者からすれば二重に譲渡されたかわかりませんので、先に通知が届いた者に支払ってしまうおそれがあります。その後、日付の早い通知が到着したら支払直しになると債務者に酷だからです。

りません。こちらは、債権が譲渡されたことで支払先が代わるため、その通知が必要だからです。

過去問CHECK！

ＡのＢに対する貸付金債権（本件債権）の譲渡に関し、Ａが、本件債権をＣ及びＤに二重に譲渡した場合において、いずれの債権譲渡についても、Ｂに対して確定日付のある証書による通知がなされた。この場合、ＡＣ間の債権譲渡の通知がＡＤ間の債権譲渡の通知よりも先にＢに到達したときであっても、ＡＤ間の債権譲渡の通知に係る確定日付がＡＣ間の債権譲渡の通知に係る確定日付よりも早い日であれば、Ｄは、ＡＤ間の債権譲渡をＣに対抗することができる。

×　先に到達した方が優先する。

4 動産・債権譲渡特例法

債権譲渡が対抗力を有するには、譲渡人から債務者への通知または債務者の承諾が必要となりますが、法人が有する多数の債権を一括して譲渡する場合、手続が非常に煩雑となります。

そこで、動産・債権譲渡特例法では債権譲渡の対抗要件について、民法の譲渡人から債務者への通知または債務者の承諾に加え、**登記により対抗要件を備えることができる**としています。

5 債務引受け

債権譲渡は債権者が交替しましたが、債務者が交替するケースもあります。これを債務引受けといい、債務引受けには以下

の２つがあります。

> **①免責的債務引受け…原債務者が免責され、引受人のみが債務を負担するケース**
> **②併存的債務引受け…原債務者と引受人の双方が連帯して債務を負担するケース**

免責的債務引受けですが、これは債務者が完全に交替してしまうので、債権者としては勝手に行わせるわけにはいきません。そこで、以下の契約によることが必要とされています。

> **①債権者と引受人となる者との契約**
> **※この場合、債権者が債務者に対してその契約をした旨を通知した時に、効力が生ずる**
> **②債務者と引受人となる者との契約**
> **※債権者が引受人となる者に対して承諾をして効力発生**

これに対して併存的債務引受けは、債務者が１人増えるわけですから債権者にも債務者にも不利にはなりません。そこで、以下の契約によることが必要とされています。

> **①債権者と引受人となる者との契約**①
> **②債務者と引受人となる者との契約**
> **※この場合は、債権者が引受人となる者に対して承諾をした時に効力が生ずる**

講師より

①債務者の意思に反した併存的債務引受けも認められています。

第35章

■重要度 ★★★

多数当事者の債権債務関係

注意!!

①連帯債務者が数人いても1人1人が債務の全額支払義務を負い、頭割りや後述する負担部分のみの支払義務を負うわけではありません。

1 連帯債務

（1）連帯債務の意義

連帯債務とは、同一の債務につき、複数の債務者が**各自独立に債務全部の履行の義務を負い**①、その1人が給付をすれば、他の債務者も債務を免れる多数当事者の債務関係をいいます。

例えば連帯債務者BとCが、債権者Aに連帯債務100万円を負っている場合、BもCも、Aに100万円支払う義務を負います。もちろん、Bが100万円を支払えばCはもう100万円支払う必要はありません。あくまでも、債権者は、連帯債務者の1人または全員に、連帯債務の全部または一部の履行を請求できるということなのです。

ヒント

本来お金の支払は、複数の債務者で分割することができるのが原則です（割り勘をイメージしてください）。これを契約等で連帯して支払わせる（誰に対しても全額請求できる）ようにするのが、連帯債務の意義なのです。

（2）負担部分

連帯債務者間での債務の分担の割合を**負担部分**といいます。

連帯債務者は、債権者に対しては債務の全部を履行する義務を負いますが、連帯債務者でどれくらい負担するかを決めておくことができます。そして連帯債務者の1人が債務を履行した

ときは、他の連帯債務者に、**負担部分に応じて求償することができます**。

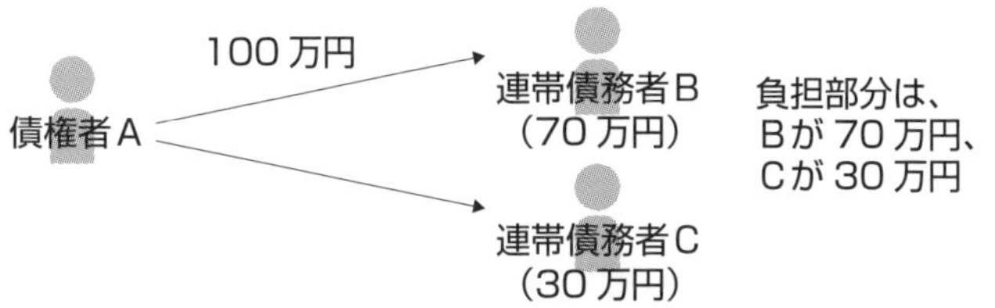

AはB、Cのどちらからでも100万円全額の請求ができる。もちろん、50万円ずつ請求したり、B、Cに同時または順次に請求することもできる。

（3）絶対的効力・相対的効力

連帯債務では、連帯債務者の1人に何か法律上の事由が生じても、**他の連帯債務者には効力が及ばない**のが原則です。これを**相対的効力**といいます。

しかし、連帯債務者の1人が全額の支払をすれば、他の連帯債務者はもう支払をしなくて済みます。このように、他の連帯債務者にも効力が及ぶことがあります。これを**絶対的効力**といいます。以下の事由が絶対的効力になります②。

①弁済・代物弁済・相殺

②更改

③混同

また、上記以外でも債権者と連帯債務者が別段の意思を表示したときは、絶対的効力とすることができます。

講師より

②民法改正前は、請求・免除・時効も絶対的効力でしたが、これらは相対的効力になりました。

過去問CHECK！

連帯債務者の１人に対してした債務の免除は、他の連帯債務者に対して、その効力を生じない。

○　免除は相対的効力である。

（4）連帯債務と契約の無効・取消し

連帯債務者の１人について法律行為の**無効又は取消し**の原因があっても、他の連帯債務者の債務は、その**効力を妨げられません**。

過去問CHECK！

連帯債務者の一人について法律行為の無効又は取消しの原因がある場合、他の連帯債務者の債務も無効となり、又は取り消され得る。

×　無効や取消しにはならない。

（5）他の連帯債務者に対する求償

連帯債務者の１人が弁済をし、全連帯債務者が免責されたときは、弁済した連帯債務者は、他の連帯債務者に対して、負担部分に応じて**求償することができます**①。この求償は、弁済その他免責があった日以後の法定利息および避けることができなかった費用その他の損害の賠償を包含します。

①連帯債務者の１人が、他の連帯債務者がいることを知りながら、他の連帯債務者に通知しないで弁済等をした場合に、他の連帯債務者が、すでに弁済をしていた等の債権者に対抗することができた事由があるときは、弁済等をした連帯債務者に対してその弁済を主張できます。

2 連帯債権

（1）連帯債権とは

連帯債権とは、債務者に対し、連帯して債権を有している場合をいいます。連帯債権では、複数の債権者が、1つの**可分給付**について、各債権者は、全ての債権者のために全部又は一部の履行を請求することができ、債務者は、全ての債権者のために各債権者に対して履行をすることができます。

(2) 絶対的効力・相対的効力

連帯債権者の1人の行為又は1人について生じた事由は、他の連帯債権者に対してその効力を生じないのが原則です（相対的効力）。しかし、債務者が連帯債権者の1人に弁済した場合など、他の連帯債権者にも効力が及ぶことがあります。これを絶対的効力といいます。以下の事由が絶対的効力になります。

①履行の請求
②弁済・相殺・代物弁済
③更改
④免除
⑤混同

3 保証

本来の債務者がその債務を履行しない場合に、これに代わって債務者以外の者が履行する義務を保証債務といいます。

なお、保証契約は、**債権者と保証人**の間で契約をする必要があり、また、**書面**または**電磁的方法**で行わなければなりません②。口頭で行っても、保証契約は成立しません。

②貸金業者では契約締結前の書面・契約締結時の書面（電磁的方法）の交付義務がありました（P 110、117 参照）。

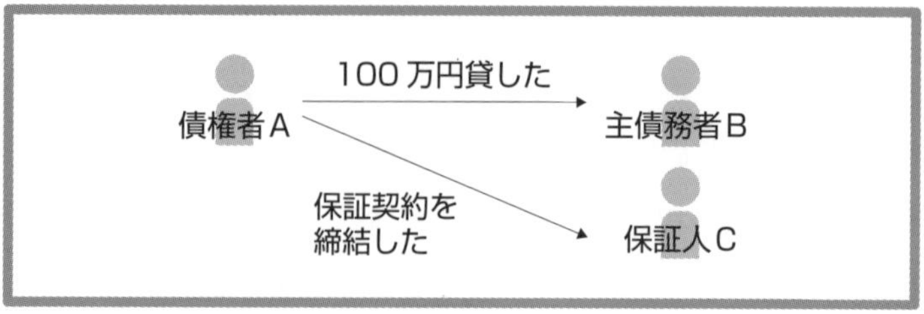

（1）保証契約の特徴

保証契約には以下の特徴があります。

①独立性	債権者と保証人との間の独立した契約ということ
②付従性	債務があるから保証債務も成立する（成立の付従性） あくまで保証なので、**債務の内容より保証債務は重くならない**（内容の付従性） 債務を履行（貸金を返済）すれば、保証債務も消える（消滅の付従性）
③随伴性	債権譲渡されると保証も付いていく
④補充性	主債務者（金を借りた者）が債務を履行できないときに、代わりに支払うということ

また、④の補充性には以下の２つの抗弁権が認められます。

催告の抗弁権	まず主債務者（金借りた人）に催促しろと、債権者にいえる権利
検索の抗弁権	まず主債務者の財産から強制執行を行うように債権者にいえる権利

（2）保証債務の範囲

保証債務は、**主たる債務に関する利息、違約金、損害賠償その他その債務に従たるすべてのものを包含します**。債権者が保証人に対して、これらの支払を期待するのも当然だからです。

また、保証人は、その**保証債務についてのみ、違約金または損害賠償の額を約定することができます**①。保証人なのにお金を支払ってくれないと困るからです。

ただし、保証人の負担が債務の目的または態様において主た

講師より

①保証契約は債権者と保証人との独立した契約なので保証契約にだけ違約金等を定めることもできるのです。

る債務より重いときは、これを**主たる債務の限度に減縮されます**②。

（3）取り消すことができる債務の保証

行為能力の制限によって**取り消すことができる債務**を保証した者は、保証契約の時においてその取消しの原因を知っていたときは、主たる債務の不履行の場合またはその債務の取消しの場合においてこれと同一の目的を有する独立の債務を負担したものと推定します③。

（4）保証人の要件

債務者が保証人を立てる義務を負う場合には、その保証人は、次に掲げる要件を具備する者でなければなりません。

①行為能力者であること
②弁済をする資力を有すること

保証人が上記②の要件を欠くに至ったときは、債権者は、要件①②を具備する者をもってこれに代えることを請求することができます。ただし、**債権者が保証人を指名した場合には、これらの規定は適用されません。**

（5）分別の利益

保証人が数人いる場合には、各保証人は債権者に対して保証人の数に応じて分割された部分についてのみ債務を負担します。これを**分別の利益**といいます。簡単にいうと保証人の責任が頭割りになってしまうんですね。これではせっかく複数の保証人を立てたのに、あまり意味がなくなってしまいます。そこで、次にお話しする連帯保証では、この分別の利益がなくなっています。

②付従性があるので、保証契約の内容は主債務の内容より重くなりません。また、主たる債務より保証債務の方が軽くても加重はされません。

KEYWORD

③推定

一応こうであろうと法令が判断を下すことをいいます。反証が出せればすぐに覆せます。

（6）保証人の求償権

保証人は、主たる債務者に代わって債権者に弁済をした場合・その他自己の財産をもって主たる債務者にその債務を免れさせた場合、主たる債務者に求償することができます。この保証人の求償権は、委託を受けたかどうか等で以下のように異なります。

保証人の種類		求償できる範囲
委託を受けた保証人①		弁済した額＋弁済以後の法定利息及び避けることのできなかった費用その他の損害賠償
委託を受けていない保証人	主たる債務者の意思に反しない	弁済の当時、主債務者が利益を受けた限度
	主たる債務者の意思に反する	主債務者が（求償の時点で）現に利益を受けている限度

講師より

①委託を受けた保証人は、一定の要件を満たすと事前に求償をすることができます。

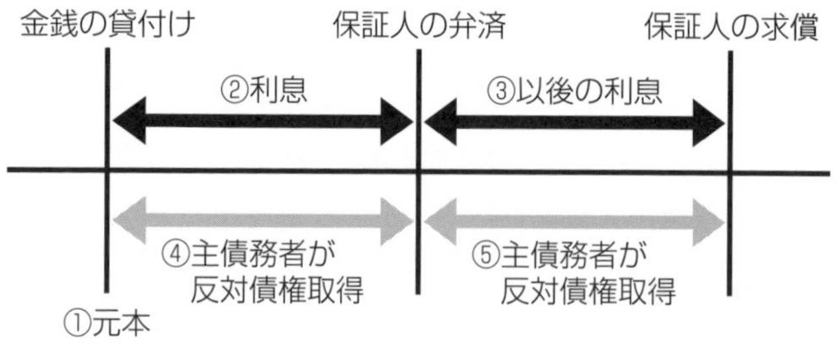

委託を受けた保証人		①元本・②利息・③以後の利息の全てを求償できる
委託を受けていない保証人	主たる債務者の意思に反しない	①元本・②利息のみ求償できる ④の反対債権がある場合は、その反対債権の額は求償できない。
	主たる債務者の意思に反する	①元本・②利息のみ求償できる ④⑤の反対債権がある場合は、その反対債権の額は求償できない。

（7）情報提供義務

債権者は、保証人に対して、以下の情報提供義務を負います。

主たる債務の履行状況に関する情報の提供義務	保証人が主たる債務者の委託を受けて保証をした場合において、保証人の請求があったときは、債権者は、保証人に対し、遅滞なく、主たる債務の元本及び主たる債務に関する利息、違約金、損害賠償その他その債務に従たる全てのものについての不履行の有無並びにこれらの残額及びそのうち弁済期が到来しているものの額に関する情報を提供しなければならない。
主たる債務者が期限の利益を喪失した場合における情報の提供義務	主たる債務者が期限の利益を有する場合において、その利益を喪失したときは、債権者は、保証人に対し、その利益の喪失を知った時から二箇月以内に、その旨を通知しなければならない。

（8）債権者の通知義務

主たる債務者が期限の利益を有する場合において、その利益を喪失したときは、債権者は、保証人に対し、その利益の喪失を知った時から２か月以内に、その旨を通知しなければなりません。

4 連帯保証

保証人が主たる債務者と連帯して債務を負担する旨を合意した保証をいいます。**分別の利益と補充性はありません。**

＜単なる保証と連帯保証の差異＞

	独立性	付従性	随伴性	補充性	
				催告の抗弁権	検索の抗弁権
保証	○	○	○	○	○
連帯保証	○	○	○	×	×

過去問CHECK！

AがBとの間で貸付契約を締結し、当該貸付契約につきAがCとの間で連帯保証契約を締結した後、Aは、Bに対して当該貸付契約に基づく債務の履行を催告したが、Bが弁済をしないため、Cに対して保証債務の履行を請求した。この場合において、民法上、Cが、Bに弁済をする資力があり、かつ、執行が容易であることを証明したときは、Aは、まずBの財産について執行をしなければならない。

× 連帯保証人には検索の抗弁権がないので、Cの財産に執行できる。

5 相対的効力と絶対的効力

債権者と主債務者の契約（お金の貸し借り）と、債権者と保証人との保証契約は、厳密には別々に契約をしているので、それぞれ別個独立した契約として、お互いに干渉しないのが原則（**相対的効力**）です。でも、主債務者が返済すれば、保証人は代わりにお金を支払う必要がなくなるので、まったく無関係というわけでもありません（**絶対的効力**）。

また、連帯債務と違い、保証人は主たる債務（借金等）を債務者が支払えないときは代わりに払うという契約をしたわけですから、**主たる債務に何かあった場合、その効力が及ぶ**ことになります。例えば、主たる債務者が**債務を承認**すると、主たる債務（借金等）の時効が更新します。主たる債務が残っている以上、保証人にはそれを保証してもらわないといけませんので、

保証人にも時効更新の効力が及ぶことになるのです。

試験対策として、保証人・連帯保証人の行為が主たる債務者に影響を及ぼす絶対効のケースに注意しましょう。

＜絶対的効力・相対的効力＞

主たる債務者に生じた事由	主たる債務者に対する**履行の請求**その他の事由による**時効の完成猶予及び更新**は、保証人に対しても、その**効力を生ずる**（絶対的効力）
単なる保証人に生じた事由	弁済・代物弁済・相殺・更改等の債務を消滅させる事由は絶対的効力 その他は相対的効力
連帯保証人に生じた事由	連帯債務と同様以下の事由が絶対的効力 弁済・代物弁済・相殺・更改・混同

また保証人は、主債務者の有する反対債権を使って**相殺**を主張できます。

6 連帯債務者の相続

連帯債務者の１人が死亡した場合、各相続人がその相続分に応じて分割された額について、それぞれ第三者と共に連帯債務を負担することになります。

例えば、100万円の連帯債務を負担しているＡとＢのうち、Ａが死亡し、妻Ｃと子ＤとＥが相続した場合、妻の相続分は２分の１、子の相続分は各４分の１の割合となりますので、この割合で分割された金額の範囲で本来の連帯債務者（Ｂ）とともに連帯債務を負います。すなわち債権者に対して、Ｃは50万円、ＤとＥは各25万円の連帯債務を負うことになります

7 個人根保証契約

（1）個人根保証契約

個人根保証契約とは、例えば賃貸借契約の連帯保証人のように、「**一定の範囲に属する不特定の債務**①」について保証するものをいいます。根保証では、保証人がいくらまでを限度として保証しなければならないのかが不明というケースがあり、賃貸借契約の連帯保証人にように、個人が保証人になる場合、保証人の負担が大きいという問題点がありました。そこで、**個人**が根保証をする場合、保証契約の書面（又は電磁的記録）に**極度額**（保証の上限額）の定めを設けておかなければ**無効**となります。

講師より

①一定の範囲に属する不特定の債務は、たとえば建物賃貸借契約による各月の賃料が該当します。

（2）元本確定

根保証契約は、債務者が一度返済して新たにした借入も、極度額の範囲内なら保証の対象となります。これによって新たに借入をするたびに保証契約を締結しなおす必要がなくなるというメリットがあります。しかし、根保証契約もどこかで終わりを迎えます。今ある借入金だけを保証し、これ以降の借入については保証しないと決めることを**元本確定**といいます。元本確定は以下の場合に生じます。

①債権者が、保証人の財産について、金銭の支払を目的とする債権についての強制執行または担保権の実行を申し立てたとき
②保証人が破産手続開始の決定を受けたとき
③主たる債務者または保証人が死亡したとき

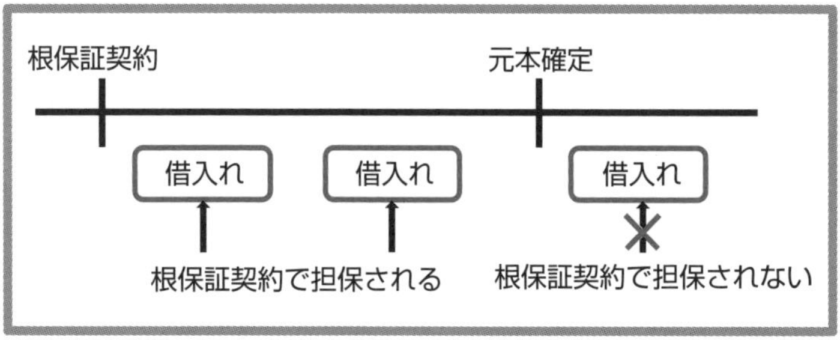

(3) 個人貸金等根保証契約

個人根保証契約であってその主たる債務の範囲に**金銭の貸渡し**または**手形の割引**を受けることによって負担する債務（貸金等債務）が含まれるものを個人**貸金等**根保証契約といいます。貸金等債務が含まれる場合、個人である保証人の負担が大きくなりますので、以下のように元本確定についての規定が追加されています。

①元本確定期日の定めをした場合、個人貸金等根保証契約の締結の日から5年を経過する日より後の日と定められているときは、その元本確定期日の定めは無効

②元本確定期日の定めをしていない場合には、その元本確定期日は、その個人貸金等根保証契約の締結の日から3年を経過する日

③上記（2）の元本確定事由に加えて、以下の場合も元本が確定する

ア）債権者が、主たる債務者の財産について、金銭の支払を目的とする債権についての強制執行または担保権の実行を申し立てたとき

イ）主たる債務者が破産手続開始の決定を受けたとき

8 事業のための保証契約

（1）保証意思宣明公正証書

事業のために負担した貸金等債務を主たる債務とする保証契約または主たる債務の範囲に事業のために負担する貸金等債務が含まれる根保証契約は、その契約の締結に先立ち、その**締結の日前１ヵ月以内**に作成された**公正証書**で保証人になろうとする者が保証債務を履行する意思を表示していなければ、その効力を生じません。

保証意思宣明公正証書の作成は以下のように行われます。

> ①保証人になろうとする者が、公証人に対し、主たる債務の内容等を口述することによって、保証意思を宣明する
> ②公証人が、保証人になろうとする者の口述を筆記し、これを保証人になろうとする者に読み聞かせ、または閲覧させる
> ③保証人になろうとする者が、筆記の正確なことを承認した後、署名し、印を押す
> ④公証人が、その証書は民法に定める方式に従って作ったものである旨を付記して、これに署名し、印を押す

過去問CHECK！

貸金業者Aが、個人事業主Bの事業資金を融資するに当たって、Bと共同で事業を行っていないCとの間で保証契約を締結するに先立ち、Cの保証債務を履行する意思を表示するために作成しなければならない公正証書は、Bが主たる債務を履行しないときにCがその全額について履行する意思を表示した文書をCが作成し、公証人がその内容を認証して署名押印する方式に従って作成されなければならない。

× 全額について履行する意思を表示した文書は公証人が作成する。

(2) 契約締結時の情報の提供義務

主たる債務者は、**事業のために負担する債務**を主たる債務とする保証又は主たる債務の範囲に事業のために負担する債務が含まれる根保証の委託をするときは、委託を受ける者に対し、以下に掲げる事項に関する情報を提供しなければなりません。

①財産および収支の状況
②主たる債務以外に負担している債務の有無並びにその額および履行状況
③主たる債務の担保として他に提供し、または提供しようとするものがあるときは、その旨およびその内容

第36章　■重要度 ★★★

債権債務の消滅

1 弁済

（1）弁済とは

弁済とは、債権の目的を達成することをいいます。例えば借金の返済がこれにあたります。

（2）誰が・誰に弁済すべきか

弁済は、債務者が行うのが原則ですが、第三者が弁済することもできます。ただし、当事者が第三者弁済を禁止・制限した場合①、債務の性質が許すものである場合でないといけません。

①第三者弁済

弁済は債務者以外の第三者もすることができます。ただし、弁済をするのに**正当な利益を有しない**②第三者の弁済は以下のようになります。

注意!!

①第三者弁済が禁止されている場合、正当な利益を有する第三者も弁済できません。

講師より

②親や兄弟姉妹というだけでは正当な利益を有しません。

＜第三者弁済＞

債務者の意思に反する場合	原則	第三者弁済は禁止
	例外	債務者の意思に反することを債権者が**知らなかった**ときは、その弁済は**有効**になる
債権者の意思に反する場合	原則	第三者弁済は禁止
	例外	第三者が債務者の委託を受けて弁済をする場合において、そのことを債権者が**知っていた**ときは、その弁済は**有効**となる

②受領権者以外の者への弁済

預金証書と印鑑の持参人に預金を払い戻したら（弁済した

ら)、その預金証書と印鑑が盗難された物であった場合等のように、債権者以外の者に弁済をしてしまうことがあります。このように、債権者等の受領権者以外の者であって取引上の社会通念に照らして受領権者としての外観を有するものに対してした弁済は、その弁済をした者が**善意無過失**のときに限り、弁済が有効となります。

受領権者以外の者には以下の者が該当します。

①無効な債権譲渡や取消し・解除となった債権譲渡の譲受人

②債権証書の持参人

③預金証書と印鑑の持参人

③差押えを受けた第三債務者の弁済

差押えを受けた債権の第三債務者が自己の債権者に弁済をしたときは、差押債権者は、その**受けた損害の限度**において更に弁済をすべき旨を第三債務者に請求することができます。

ヒント

債権を差し押さえられた第三債務者は、差し押さえた債権者に弁済すべきです。それをせずに、自己の債権者に弁済した場合、差し押さえた債権者は損害を受けてしまいますから、第三債務者に弁済を求められるのです。

＜差押えを受けた第三債務者の弁済＞

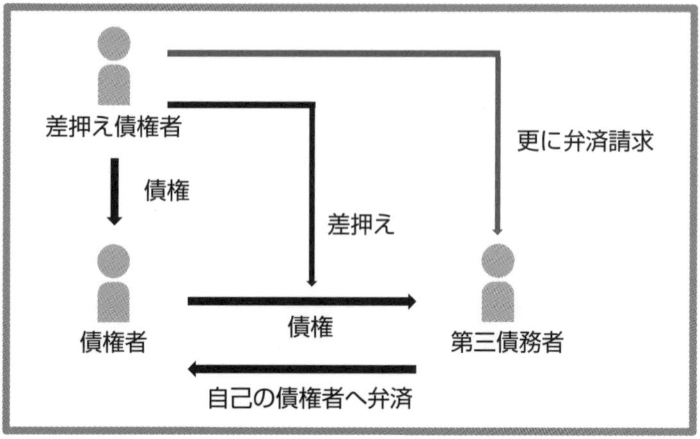

（3）いつ弁済すべきか

弁済の時期①は以下のようになります。

①確定期限がある場合	期限が到来したときに弁済をする
②不確定期限がある場合	期限の到来した後に、債務者が、 履行の**請求を受けた時** 期限の到来したことを**知った時** } どちらか**早い方**から
③期限の定めがない場合	履行の請求を受けたときに弁済をする

①弁済の期限を正当な理由なく経過すると債務不履行（履行遅滞）となります。

（4）どこで弁済すべきか

弁済の場所は以下のようになります。

①特定物②の引渡し	債権発生時に物の存在した場所で弁済する
②その他の弁済	持参債務となるので、債権者の現時の住所地で弁済する

KEYWORD

②**特定物**
不動産のように代わりがない物をいいます。
なお、代わりがある物は不特定物といいます。

（5）弁済の順序

債務者が債権者に対して複数の債務を負っている場合に、1回の支払ですべて完済できるとは限りません。その場合、どのように充当されるのでしょうか？

この場合、まずは当事者に**合意があればそれに従います**（合

意による充当)。合意がない場合は弁済者(債務者等)が指定することができます。弁済者が指定しなければ、**弁済受領者(債権者)が指定できます**(指定充当)が、弁済者は異議を述べることができます。

そして、どちらも指定しない場合または債権者の指定に対し弁済者が異議を述べた場合は、以下の法律の規定により充当先が決まります(法定充当)。

①弁済期にあるものと弁済期にないものなら、弁済期にあるものに先に充当する
②すべての債務が弁済期にあるとき、または弁済期にないときは、弁済の利益が多いものに先に充当する
③弁済の利益が相等しいときは、弁済期が先に到来したものまたは先に到来すべきものに先に充当する
④上記すべてが相等しい債務の弁済は、各債務の額に応じて充当する

また、元本のほか利息および費用を支払うべき場合に、返済がこれらの全部を消滅させるのに足りないとき、これを**費用、利息、元本の順**に充当しなければなりません。

(6) 弁済の提供の効果

債務者が債権者の住所地へ借金の返済をしに行ったのに、債権者が受け取ってくれなかったらどうなるのでしょうか? この場合にも債務不履行責任を負わされる(遅延損害金を支払わされる)のはおかしいですよね。この場合、弁済の提供をすることで以下の効果が生じます。

①債務を履行しないことによって生じる責任を免れる
②債権者の同時履行の抗弁権がなくなる

では、弁済の提供とは、どのような行為をいうのでしょうか。

原則：現実の提供（債務の本旨に従って現実に弁済を為すこと）
例外：口頭の提供
①債権者があらかじめ受領を拒絶しているとき
②債務の履行に先立って債権者の行為が必要なとき

さらに判例では、債権者が弁済の受領を拒絶する意思が明確な場合には、債務者が口頭の提供をしても無意味であることから、債務者は口頭の提供をしなくても債務不履行の責任を負わないとしています。

過去問CHECK！

債務者は、弁済の提供の時から、債務を履行しないことによって生ずべき責任を免れる。

○　弁済の提供により債務を履行しないことによって生ずべき責任を免れる。

（7）弁済による代位

保証人や第三者が債務者に代わって弁済した場合、これらの者は求償権を取得します。しかし、求償権を取得しても、実際に債務者からお金を回収できなければ意味がありません。

そこで、求償権を確保するために、債務者について消滅した

権利（抵当権や保証人）が求償権の範囲で弁済をした保証人や第三者に移転する制度があります。これを**弁済による代位**といいます。

弁済による代位には、任意代位と法定代位があります。

①任意代位…弁済をする正当な利益を有しない者が代位する場合。債権譲渡の対抗要件①が必要
②法定代位…弁済をする正当な利益を有する者が代位する場合。対抗要件は不要で当然に代位する

①債権譲渡の対抗要件は、譲渡人からの通知または債務者の承諾でした（P265）。

（8）代位の効果

弁済者は、自分の求償権の範囲内において、債権の効力及び担保としてその債権者が有していた一切の権利を行使することができます。

また、債権の一部について代位弁済があったときは、代位者は、その弁済をした価格に応じて、債権者とともにその権利を行使します。

この場合、債務の不履行による契約の解除は、債権者のみがすることができます。

2 相殺

（1）相殺の意義

相殺とは、対立する同種の目的の債権を対等額で消滅させることをいいます。弁済の簡略化という意義があります。また、担保的機能も有しています。

相殺は一方的な意思表示で行いますが、これに**条件や期限を付すことはできません**。

（2）自働債権と受働債権

自働債権	相殺をする側から見て、自らが行使する権利
受働債権	相手方が有する権利、自分から見たら義務

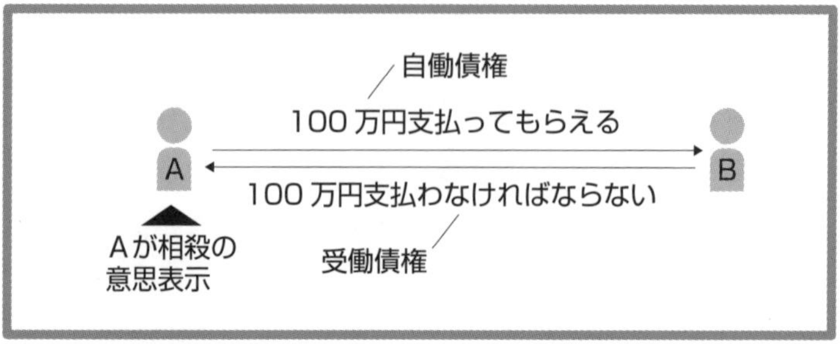

（3）相殺の要件

①債権が対立していること

②双方の債権が同種の目的をもつこと

※引渡債権と支払債権は同種でないので相殺できない

③両債権がともに弁済期にあること

※受働債権は弁済期にある必要はない①

④債務の性質が相殺を許さないものでないこと

⑤相殺が禁止されていないこと

- 相手方に同時履行の抗弁権②がある
- 当事者で相殺禁止の特約をしている

} 場合、相殺できない

なお、**債務履行地が異なっても相殺は可能です。**

この他にも、次の点には注意しましょう。

①悪意（害意）による不法行為または人の生命または身体の侵害を原因として発生した損害賠償債権は、受働債権として相殺することは禁止されるが、自働債権として相

講師より

①受働債権は相殺する側から見て義務なのですから、弁済期前の相殺は期限の利益を放棄したことになるだけだからです。

KEYWORD

②**同時履行の抗弁権**
双務契約（売買契約等）の当事者の一方は、他方が債務を履行するまでは、自己の債務の履行を拒めるという権利です（P297参照）。

殺することはできる

※つまり、加害者側からの相殺は許されないが、被害者側からの相殺は許される

②時効によって消滅した債権が、消滅前に相殺適状にあるときは、債権者は相殺をすることができる

③差押えを受けた第三債務者は、その後に取得した債権③を自働債権として相殺することはできない

③差押えより前に取得していた債権については自働債権として相殺できます。

過去問CHECK！

AのBに対する金銭債権である甲債権が時効によって消滅した後は、甲債権が時効により消滅する以前に、甲債権とBのAに対する金銭債権である乙債権とが相殺に適するようになっていたときであっても、Aは、甲債権と乙債権とを相殺することができない。

× 時効消滅以前に相殺適状にあるので相殺できる。

（4）相殺の効力

相殺がなされると、両者の債権が対等額で消滅することになります。また、この相殺の効力は両者の債権が相殺できる状態にあった時（相殺適状）に遡る④ことになります。

④相殺の意思表示をした時ではなく、相殺できる時に遡ります。

3 更改

更改とは、当事者が従前の債務に代えて、新たな債務を発生させる契約をすることで、従前の債務を消滅させることをいいます。更改には以下の種類があります。

①従前の給付の内容について重要な変更をするもの
②従前の債務者が第三者と交替するもの（債務者の交替による更改）
③従前の債権者が第三者と交替するもの

（1）債務者の交替による更改

債務者の交替による更改は、債権者と更改後に債務者となる者との契約ですることができます。この場合、更改は、債権者が更改前の債務者に対してその契約をした旨を**通知**した時に、その効力を生じます。

（2）債権者の交替による更改

債権者の交替による更改は、更改前の債権者、更改後に債権者となる者及び債務者の契約ですることができます。この場合、**確定日付のある証書**によってしなければ、第三者に対抗することができません。

過去問CHECK！

Aが、B及びDとの間で、本件債権を消滅させてDのBに対する貸付金債権を生じさせる旨の債権者の交替による更改の契約を締結する場合、当該更改の契約は、確定日付のある証書によってしなければその効力を生じない。

×　確定日付のある証書は対抗要件である。

4 その他債権の消滅原因まとめ

目的の達成	弁済	債権の目的を達成すること
	代物弁済	本来の給付と異なる他の給付を現実になすことで、債権を消滅させること
	供託	弁済の目的物を債権者のために供託所に預け、債権を消滅させること 以下のいずれかの原因が必要となる ①債権者が弁済の受領を拒んだ ②債権者が弁済を受領できなかった ③過失なく債権者を確知することができないこと
目的の実現不能	履行不能	債務者の責めに帰す事由により、債務の履行が不可能となったこと
目的の実現不要	相殺	対立する同種の目的の債権を対等額で消滅させること
	更改	従前の債権債務を消滅させ、新しい債権債務を生じさせること
	免除	債権者が債権を無償で消滅させること
	混同	債権者および債務者が同一人に帰することで債権が消滅すること

第37章 ■重要度 ★★★

契約総論

1 契約の申込み

(1) 契約の成立

契約は諾成契約①なら、申込みと承諾の意思表示が合致したとき、要物契約①なら物の引渡しのときとなります。原則として契約の成立には契約書の作成等②は必要ありません。

そして、契約の承諾は申込みをした相手に到達した時に効力が生じます。

(2) 承諾の期限

申込みをしたからといって、いつまでも承諾を待っているわけにはいきません。そこで、民法では、以下のように定めています。

承諾期間について定めがある	期間内は撤回できないが、期間内に承諾の通知を受けなかったときは、その申込みは、その効力を失う
承諾期間について定めがない	相当な期間を経過すれば申込みを撤回することができる

(3) 申込者が死亡した場合等

申込者が申込みの通知を発した後に死亡した場合等は、申込みの効果は以下のようになります。

KEYWORD

①**諾成契約**
当事者の合意だけで成立する契約のこと。
要物契約
契約の成立に、契約目的物の交付が必要となる契約のこと。

②保証契約は書面または電磁的方法でしないといけません。

①申込者が申込みの通知を発した後に死亡した
②意思能力を有しない常況にある者となった
③行為能力の制限を受けた

↓

①申込者が死亡等の事実が生じたとすればその申込みは効力を有しない旨の意思を表示していた
②相手方が承諾の通知を発するまでにその事実が生じたことを知ったとき

↓

申込みは、その効力を有しない！

（4）商行為と契約の成立

商法では、以下の特則が置かれています。

①商人である対話者間の契約

電話や直接取引のように、相手の意思がすぐさまに伝わる状態での商取引では、対話の中で申込みと承諾による意思表示の合致があれば直ちに契約は成立し、また被申込者が直ちに承諾を与えなければ、その申込みは失効することになります。

②平常取引をする者との契約

商人が平常取引をする者（普段から取引している相手）からその営業の部類に属する契約の申込みを受けたときは、遅滞なく、契約の申込みに対する諾否の通知を発しなければならず、この通知を発することを怠ったときは、契約の申込みを承諾し

たものとみなされます。

つまり、断りの返事をしないと契約成立になってしまうのです。

(5) 電子商取引などにおける契約の成立時期

電子消費者契約および電子承諾通知に関する民法の特例では、事業者側の申込み**承諾の通知**が消費者に**届いた時点**で契約成立となります。

2 契約の解除

有効に成立した契約を一定の条件の下に、一方的に破棄することをいいます。

約定解除	当事者が合意で定める解除
法定解除	法律の定めによる解除（債務不履行等）

(1) 解除の効果

当事者双方とも原状回復義務①を負いますが、第三者の権利を害することはできません。

(2) 第三者との関係

解除前に第三者に不動産が転売されていた場合、第三者は善意・悪意を問わず、登記を備えなければ保護されません。

(3) 無催告解除

次に掲げる場合には、債権者は、催告をすることなく、直ちに契約の解除をすることができます。

①債務の全部の履行が不能であるとき

②債務者がその債務の全部の履行を拒絶する意思を明確に表示したとき

KEYWORD

①原状回復義務
契約が取消しや解除された際に、契約前の状態に戻す義務をいいます。そして、原状回復として金銭を返還するときは、その受領の時から利息を付さなければならず、金銭以外の物を返還するときは、その受領の時以後に生じた果実（賃料等の利益）をも返還しなければなりません。

③債務の一部の履行が不能である場合または債務者がその債務の一部の履行を拒絶する意思を明確に表示した場合において、残存する部分のみでは契約をした目的を達することができないとき
④契約の性質または当事者の意思表示により、特定の日時または一定の期間内に履行をしなければ契約をした目的を達することができない場合において、債務者が履行をしないでその時期を経過したとき
⑤上記①～④のほか、債務者がその債務の履行をせず、債権者が催告をしても契約をした目的を達するのに足りる履行がされる見込みがないことが明らかであるとき

また、次に掲げる場合には、債権者は、催告をすることなく、直ちに契約の**一部**の解除をすることができます。

①債務の一部の履行が不能であるとき
②債務者がその債務の一部の履行を拒絶する意思を明確に表示したとき

過去問CHECK！

債権者は、履行の全部が債務者の責めに帰すべき事由により不能となったときは契約の解除をすることができるが、履行の一部が債務者の責めに帰すべき事由により不能となったときは契約の解除をすることができない。

× 解除することができる。

(4) 解除の不可分性

契約の一方または双方の当事者が複数いる場合、各自の負担部分に応じた解除を認めると法律関係が複雑になるので、この場合、契約の解除は**全員からまたは全員に対して行う必要があります**（例えば売主が１人で買主が２人の場合、買主の全員にまたは買主の全員から解除しなければなりません）。

解除権が当事者のうちの一人について消滅したときは、他の者についても消滅します。

(5) 解除権の消滅

解除権は以下の事由で消滅します。

①催告による解除権の消滅
解除権の行使について期間の定めがないときは、相手方は、解除権を有する者に対し、相当の期間を定めて、その期間内に解除をするかどうかを確答すべき旨の催告をすることができ、その期間内に解除の通知を受けないときは、解除権は、消滅する

②解除権者の行為等による解除権の消滅
解除権を有する者が故意もしくは過失によって①契約の目的物を著しく損傷し、もしくは返還することができなくなったとき、または加工もしくは改造によってこれを他の種類の物に変えたときは、解除権は、消滅する
※契約の目的物が解除権を有する者の行為または過失によらないで滅失し、または損傷したときは、解除権は、消滅しない

①過失によらない場合は消滅しません。また、解除権を有する者が解除権を有することを知らなかった場合も消滅しません。

(6) 解除の撤回

契約の解除の意思表示は、撤回することができません。

3 同時履行の抗弁権

同時履行の抗弁権とは、双務契約の当事者の一方は**相手方が債務の履行を提供するまでは、自分の債務の履行を拒むことができる**という権利をいいます。お互い義務があるのなら、同時に行うのが公平だからです。

(1) 同時履行の抗弁権の要件

①同一の双務契約から生じる両債務が存在すること
②相手方の債務が弁済期にあること
③相手方が自己の債務を履行せずに請求したこと

上記②ですが、代金前払いのように、自分が先に義務を果たし、その後に相手方に義務を果たしてもらうという契約もあります。この場合"同時"は無理ですから、同時履行の抗弁権は主張できません。

(2) 同時履行の抗弁権が準用されるもの、されないもの

準用されるもの	①解除による当事者双方の原状回復義務 ②未成年者取消しによる双方の原状回復義務 ③弁済と受取証書の交付②③
準用されないもの	①弁済と債権証書の返還②③ ②弁済と抵当権設定登記の抹消

講師より

②受取証書の交付、債権証書の返還は貸金業者の義務でした(P122、127参照)。

③受取証書を交付すれば弁済の事実は証明できますので、債権証書の返還は弁済と同時でなくてもよいとされています。

過去問CHECK！

約定の期日にAは甲商品をBに引き渡しBは甲商品と引換えにAに代金を支払う旨が定められていた場合において、Aは、約定の期日を経過しても、甲商品をBに引き渡さなかった。その後、Aが、甲商品をBに提供することなくBに代金の支払を請求したときは、Bは、代金の支払を拒むことができない。

× 同時履行の抗弁権があるのでBは代金の支払を拒める。

4 危険負担

天災等の当事者双方の責めに帰することができない事由によって債務を履行することができなくなったときは、債権者は、反対給付の履行を**拒むことができます**。これを危険負担といいます。ただし、債権者の責めに帰すべき事由によって債務を履行することができなくなったときは、債権者は、反対給付の履行を拒むことができません。

5 定型約款

(1) 定型約款とは

約款とは、大量の同種取引を迅速・効率的に行う等のために作成された定型的な内容の取引条項のことをいいます。現在多くの取引で約款が使われていますが、改正前の民法には規定がなく、解釈によらざるを得ませんでした。そこで改正後の民法では、**定型約款**の規定を定めています。定型約款とは、以下の要件を満たす約款をいいます。

①ある特定の者が不特定多数の者を相手方として行う取引であって
②その内容の全部または一部が画一的であることがその双方にとって合理的なもの

(2) 定型約款が契約の内容となるための要件

次の場合は、定型約款の条項の内容を相手方が認識していなくても合意したものとみなし、契約内容となります。

①定型約款を契約の内容とする旨の合意があった場合
②定型約款を契約の内容とする旨をあらかじめ相手方に「表示」していた場合

(3) 契約の内容とすることが不適当な内容の契約条項の取扱い

相手方の利益を一方的に害する契約条項であって信義則に反する内容の条項については、合意したとはみなされません。したがって、定型約款の契約条項は、契約内容となりません。

(4) 定型約款の変更

次の場合には、定型約款準備者（事業者側）が一方的に定型約款を変更することにより、契約の内容を変更することが可能となります。

①変更が相手方の一般の利益に適合する場合
または
②変更が契約の目的に反せず、かつ、変更の必要性、変更後の内容の相当性、定型約款の変更をすることがある旨の定めの有無及びその内容その他の変更に係る事情に照らして合理的な場合

第38章　■重要度 ★☆☆

消費貸借契約

1 消費貸借契約

消費貸借は、当事者の一方が種類、品質および数量の同じ物をもって返還をすることを約して相手方から金銭その他の物を受け取ることによって、その効力を生ずる契約をいいます。

お金の貸し借りは金銭消費貸借契約といいます。

消費貸借契約の性質としては以下のようになります。

①要物契約[①]なので貸主が借主に金銭を交付するまでは契約は成立しない
②片務契約なので貸主は借主に対して義務を負わず、借主が貸主に返済する義務を負うのみである
③民法上の金銭消費貸借契約は無償（無利息）が原則[②]。利息の支払を受けたければ特約等で定める必要がある

書面でする消費貸借は、当事者の一方が金銭その他の物を引き渡すことを約し、相手方がその受け取った物と種類、品質及び数量の同じ物をもって返還をすることを**約すること**によって、その**効力を生じます**。つまり、**諾成・双務契約**となります。**書面**でする消費貸借の借主は、貸主から金銭等を受け取るまでは、契約を**解除**できます。この場合、貸主は借主に対し、解除により受けた損害の賠償を請求できます。

KEYWORD

①要物契約
成立に物の引渡しが必要となる契約。

②商人間の金銭消費貸借契約では有償（有利息）が原則です。

過去問CHECK！

書面でする消費貸借の借主は、貸主から金銭その他の物を受け取るまで、契約の解除をすることができる。

○　書面でする消費貸借の借主は、貸主から金銭等を受け取るまでは解除できる。

2 準消費貸借契約

金銭その他の物を給付する義務を負う者がある場合において、当事者がその物を消費貸借の目的とすることを約したときは、消費貸借は、これによって成立したものとみなされます③。

3 書面による消費貸借と破産手続の開始

書面による消費貸借は、借主が貸主から金銭等を受け取る前に当事者の一方が破産手続開始の決定を受けたときは、その効力を失うことになります。

4 返還の時期

当事者が返還の時期を定めなかったときは、貸主は、相当の期間を定めて④返還の催告をすることができます。

また、借主は、いつでも返還をすることができます。

5 価額の償還

借主が貸主から受け取った物と種類、品質および数量の同じ物をもって返還をすることができなくなったときは、その時における物の価額を償還しなければなりません。

講師より

③これは、例えばAがBに対して100万円の売買代金等の「金銭消費貸借契約ではない契約による金銭の支払義務」を負っていた場合に、100万円の金銭消費貸借契約の金銭の支払とする合意をすることです。借換えといわれるものには、この準消費貸借契約のケースもあります。

講師より

④貸主側からの催告は、“相当の期間”が必要になるのであって、直ちに返還催告はできません。

第39章　■重要度 ★★★

不法行為・不当利得

1 不法行為

不法行為とは、契約関係にない他人から損害を加えられた場合に、加害者に対して損害賠償を請求する権利が発生する制度をいいます。例えば、交通事故の被害者が、加害者に損害賠償を請求するケースがこれに該当します。

(1) 不法行為の要件

不法行為が成立するには、以下の要件が必要となります。

①加害者に故意・過失があること
②加害者に責任能力①があること
③権利の侵害があること
④損害②が発生したこと
⑤相当因果関係があること

KEYWORD

①**責任能力**
自己の行動の結果を認識し、それを回避できる能力をいいます。

注意!!

②損害には、人身・財産だけでなく名誉毀損のような精神的損害も含まれます。

(2) 損益相殺と過失相殺

不法行為により損害が発生した場合でも、その原因が被害者にもあったり、また、不法行為により被害者が得をしたときにまで、加害者に全額を負担させるのはかわいそうです。そこで民法では損益相殺と過失相殺を定めています。

	過失相殺	損益相殺
定義	不法行為の発生に被害者にも過失があった場合、損害賠償額から控除して賠償額を算定すること	不法行為により損害を受けながら、他方において支出すべき費用の支出を免れたというように、同一の原因により利益を受けている場合、この利益を損害賠償額から控除して賠償額を算定する
例	・子の損害賠償における親の過失 ・妻の損害賠償における夫の過失 ※園児の損害賠償における引率中の保育士の過失は被害者側の過失とならない	・生活費 ※生命保険は控除されない

(3) 不法行為に基づく損害賠償請求権の時効

不法行為による損害賠償の請求権は、次に掲げる場合には、時効によって消滅します。

> ①被害者又はその法定代理人が損害及び加害者を知った時から3年間行使しないとき
> ※人の生命または身体を害する不法行為の場合は知った時から5年間行使しないとき
> ②不法行為の時から20年間行使しないとき

過去問CHECK!

Aが、Bに対し、人の生命または身体を害する不法行為に基づく損害賠償請求権を有する場合、A又はその法定代理人が損害及び加害者を知った時から1年間当該損害賠償請求権を行使しないときは、当該損害賠償請求権は時効によって消滅する。

× A又はその法定代理人が損害及び加害者を知った時から5年間である。

2 使用者責任

使用者責任とは、例えば会社の従業員が交通事故を起こした場合、その従業員だけでなく、従業員を雇っている会社に対しても不法行為責任を負わせるというものです。

不法行為を行った者だけが責任を負うのが原則ですが、会社は従業員を使うことで自己の営業範囲を拡大し、利益を受けているのであるから、利益を受けている者は当然責任を負うこととされ、この責任を負うこととされたのです。

なお、使用者が責任を負うからといって、不法行為を行った従業員の責任が免責されるわけではありません。従業員も不法行為責任を被害者に負う①ことになります。

講師より

①被害者は加害者である従業員とその使用者の両方に責任追及できることになります。

＜要件＞

①ある事業のために他人を使用していること
②被用者がその業務の執行につき、なしたものであること
③被用者が一般の不法行為の要件を満たしていること
④使用者が被用者の選任および事業の監督に相当の注意を払った、または相当の注意を払っても損害発生を防止できないものでないこと

なお、使用者は被害者に賠償したときは被用者（従業員）に対して、**求償**ができます②。ただし、全額というのではなく、社会通念上相当な額までです。

②従業員が被害者に賠償した場合も、使用者に求償できます。

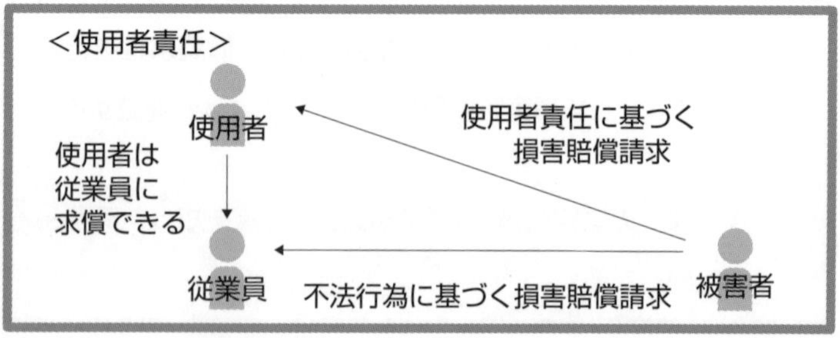

3 共同不法行為

ア）定義
…共同不法行為とは、複数の者が共同して不法行為をすること③
イ）効果
…連帯して責任を負う。被害者は、共同不法行為者の１人に対して、共同不法行為と相当因果関係にある全損害について損害賠償を請求することができる

なお、共同不法行為者の１人が全部の賠償をした場合には、本来負担すべき責任の割合に応じて、他の共同不法行為者に求償できます。

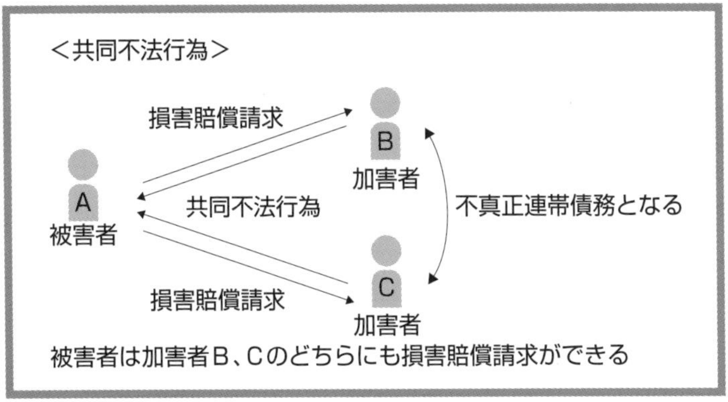

4 不当利得

正当な理由（契約等の法律上の原因）がないのに他人の財産または労務によって財産的利益（利得）を受け、これによって他人に損失を及ぼすことを不当利得といいます。不当利得によって利益を得た者（受益者）は、利益が現存する限度で、不当利得を返還する必要があります。悪意の受益者は、その受けた利益に利息を付して返還しなければなりません。また、損害があるときは、その賠償責任を負います。

講師より

③共同して不法行為をすることには、教唆（きょうさ・そそのかすこと）や幇助（ほうじょ・手伝うこと）も含まれます。

第40章 ■重要度 ★★★

相　続

1 相続

相続とは、被相続人（亡くなった方）の権利義務を引き継ぐことをいいます。相続というと、財産や借金の承継のイメージが強いかと思いますが､それ以外の権利や義務も引き継ぎます。

（1）相続人

相続人となれる者は、以下のとおりです。

相続人	相続順位	法定相続分
配偶者	常に相続人となる	子と相続…1/2 直系尊属と相続…2/3 兄弟姉妹と相続…3/4
子①	第一順位	配偶者と相続…1/2
直系尊属	第二順位	配偶者と相続…1/3
兄弟姉妹	第三順位	配偶者と相続…1/4

①胎児も相続人になれます。

注意していただきたいのは、配偶者は常に相続人となりますが、子・直系尊属・兄弟姉妹には順位があります。例えば、子が相続人としている場合、直系尊属や兄弟姉妹は相続人になれません。

また、子が複数いた場合、子全員で相続分は２分の１となります。直系尊属、兄弟姉妹も同じく、それぞれ全員で３分の１、４分の１となります。

KEYWORD

②**廃除**
家庭裁判所に申し立てて相続人からはずすこと。
欠格事由
法の定めにより相続人からはずされること（例：被相続人を殺害した）。

（2）代襲相続

廃除・欠格事由該当②・死亡により相続人となるべき者が相

続できなかった場合に、その者の子や孫等で直系卑属③である者が代わって相続することをいいます。

過去問CHECK!

被相続人の子が、民法第891条（相続人の欠格事由）の規定に該当したことにより相続人となることができなくなったときは、その者の子は、被相続人の直系卑属であっても、その者を代襲して相続人となることができない。

× 直系卑属である相続人の子は代襲相続できる。

2 遺産分割

遺産分割とは、相続によって共同所有となった相続財産を、各相続人に分割していく手続をいいます。

（1）遺産分割が無効になる場合

一部の相続人を除外して遺産分割手続を行ったり、相続人でない者が遺産分割に参加した場合には、遺産分割は無効となります。ただし、遺産分割後に認知をされ、相続人となった子が現れた場合は、遺産分割をやり直さず、その子には金銭で賠償すればよいとされています。

（2）分割の禁止

遺産分割は被相続人の遺言、共同相続人の協議、家庭裁判所の審判で一定期間（5年間④）遺産分割を禁止できます。

（3）金銭債務の取扱い

遺産分割の対象となるのは積極財産（プラスの財産）だけであり、被相続人が負担していたマイナスの財産たる金銭債務は、

③兄弟姉妹が相続人になるときは、その者の子（被相続人から見て甥・姪）までしか代襲相続しません。

④ただし、遺産分割は被相続人の死亡から10年以内におこなわなければなりませんので、この期間を超える分割の禁止はできません。

相続開始と同時に共同相続人にその相続分に応じて当然に承継されているもので、遺産分割協議によってその負担を決めるものではない①とされています。

3 相続の承認・放棄

相続人だからといっても、必ず相続しなければならないわけではありません。多額の借金があるなら引き継ぎたくないと思うこともあるでしょう。

そこで、相続には、単純承認・限定承認・相続放棄②の３種類があります。

	単純承認	限定承認	相続放棄
定義	相続人が被相続人の有する権利義務のすべてを承継すること	相続財産の限度でのみ相続債務を弁済することを留保して相続を承認すること	相続財産を一切承継しない旨の意思表示
要件	・熟慮期間の経過 ・相続財産の全部または一部の処分	・家庭裁判所への相続人全員③での申述	・家庭裁判所への相続人各人の申述

4 熟慮期間

相続の放棄・限定承認を行うべき期間を熟慮期間といいます。

これは相続の開始を知った時から**３ヵ月**④以内とされており、この期間を経過すると単純承認したとみなされます。

なお、承認を撤回することは原則としてできません。

5 寄与分とは

例えば、長男は父親の事業を手伝い、父親の財産の増加を手伝った（寄与した）のに、次男は父親の事業を一切手伝わなかっ

講師より

①債務引受等で、債務を引き継ぐ者を定めることも可能です。

ココが出る!

②相続の放棄は、撤回することができません。

注意!!

③相続人のうち１人でも単純承認すると、限定承認できません。

講師より

④死亡した時から３ヵ月ではありません。知った時から３ヵ月です。

たという場合、父親の残した相続財産を長男と次男とで法定相続分で分けると不公平となります。

そこで、長男に相続財産に寄与した分を加えて相続を認めてあげるのです。これが寄与分です。

（相続開始時の財産価格－寄与分の価格）×相続分＋寄与分の価格＝寄与者の相続額

6 特別受益

例えば、長男は独立して事業を始めるときに父親に開業資金を出してもらった等、共同相続人の中に、被相続人から特別の利益を受けていた者がいる場合に、これを単純に法定相続分どおりに分けると、不公平が生じます。

そこで、長男が受け取った開業資金は、相続人が遺産分割にあたって受けるべき財産額の前渡しを受けたと考え、この特別受益分を差し引いて相続分を算出するのです。これを特別受益といいます。

（相続開始時の財産価格＋贈与の価格）×相続分－遺贈または贈与の価格＝特別受益者の相続額

第3編 その他法令

第41章　■重要度★☆☆

民事訴訟法

1 民事訴訟の提起

民事訴訟では訴訟を提起した側を原告、訴えられた側を被告といいます。まず原告が裁判所に対し訴状を提出すること①から民事裁判が始まります。

講師より
①簡易裁判所では、口頭での提起が認められています。

（1）訴状の提出

訴状には、「被告は原告に対し金100万円を支払え」というような原告が裁判所に認めてもらいたい**請求の趣旨**と、「原告は被告に対し金100万円を令和3年4月1日に、同年5月1日を返済期限として貸し渡した」というような**請求の原因**を書く必要があります。

提出された訴状は裁判所の訴状審査を受け、訴状の形式に不備がなければ**第1回口頭弁論期日**の指定②がなされることになります。

講師より
②この期日は原則として提訴の日から30日以内の日に指定されます。

第1回口頭弁論期日が決まると原告と被告が裁判所に呼び出され、被告は訴状への反論を**答弁書**③としてまとめ、裁判所に提出しなければなりません。

KEYWORD
③**答弁書**
請求の趣旨に対する答弁や事実に対する認否を記載した書面。

もし第1回口頭弁論期日までに被告が答弁書も提出せずその期日に出頭もしなければ、原告の言い分を認めたものとして判決が下されることになります（欠席判決）。

答弁書が提出されていると、出頭しなかったときでも、答弁書に記載されている事項を陳述したとみなされます。

(2) どの裁判所に訴えるのか

①事物管轄

請求額によって訴える裁判所の種類が違ってきます。請求額（訴額といいます）が **140万円**を超える場合には地方裁判所、140万円以下の場合は簡易裁判所④に訴えを起こします。

地方裁判所	訴額 140 万円超
簡易裁判所	訴額 140 万円まで

②土地管轄

また訴える場所によっても裁判所の管轄が異なります。原則として**被告の住所地**にある裁判所、法人の場合は主たる事務所・営業所の所在地にある裁判所です。

2 口頭弁論

口頭弁論⑤とは、公開の法廷において、原告・被告が裁判官の面前で口頭で主張を述べ、証拠等を提出する手続をいいます。

被告が欠席した場合には、被告が答弁書等において原告の請求を争う意図を明らかにしていない限り、不利な内容の判決が言い渡される可能性があります。

裁判長は、当事者の主張や立証に矛盾や不明確な点があれば、質問をしたり、次回期日にその点を明らかにするよう準備することを命ずることができます（釈明権）。

3 争点整理

判断に必要な事実関係について当事者間に争いがあり、争点⑥および証拠の整理を行う必要がある事件については、裁判所は、証人尋問等の証拠調べを争点に絞って効率的かつ集中的に行え

講師より

④少額訴訟では訴額は60万円までです（P316）。

⑤当事者双方が、連続して2回、口頭弁論または弁論準備手続の期日に出頭しなかったときは、訴えの取下げがあったものとみなされます。

KEYWORD

⑥**争点**
争いの主要点のこと。

るように準備するため、争点および証拠の整理手続を実施することができます。

4 証拠調べ

当事者間の争点が明らかになれば、その争点について判断するために、裁判所は書証の取調べ、証人尋問、当事者尋問等の証拠調べの手続を行います。

証人尋問	証人に対し質問をし、その証言を証拠資料とする方法
当事者尋問	当事者に対し質問をし、その証言を証拠資料とする方法
鑑　定	学識経験のある第三者にその専門知識や意見を報告させる方法
検　証	裁判官がその五感の作用によって検証物の性質や状態を検査して証拠資料を作る方法
書　証	文書に記載された内容を証拠資料とする方法

5 訴訟の終了

証拠調べが終わり、原告の請求について裁判所が判断できる状態になると、裁判所は口頭弁論を終結し判決を言い渡します。判決内容を記載した書面のことを判決書①といいます。また、被告が原告が主張する事実を争わないときは、判決書に代えて裁判所書記官が作成する**調書による判決の言渡しが可能**です。これを調書判決といいます。また、訴訟は判決だけで終るとは限りません。以下のようなケースも存在します。

訴えの取下げ	申立ての全部または一部を撤回する旨の意思表示
裁判上の和解	原告被告が互いに譲歩して訴訟を終了させること
請求の放棄	原告が請求に理由がないことを認めること
請求の認諾	被告が請求に理由があることを認めること

①確定判決は債務名義となり、強制執行に用いることができます。

過去問CHECK！

被告が口頭弁論において原告の主張した事実を争わず、その他何らの防御の方法をも提出しない場合において、原告の請求を認容するときは、判決の言渡しは、判決書の原本に基づいてしなければならない。

× 調書による判決の言渡しもできる。

6 不服申立て

訴訟は１回で終わるとは限りません。判決に不服のある者は控訴・上告②が可能とされています。

控訴は第一審裁判所（一番最初に訴えた裁判所）の判決に不服がある場合に、**上告**は控訴審（控訴をした裁判所）の判決に不服がある場合に使われます。

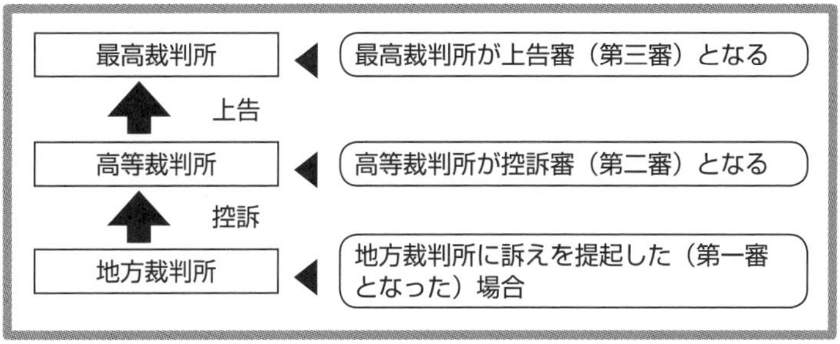

判決について控訴・上告がなされないと**判決が確定**します。

判決が確定すると次の効力が発生します。

既判力	判決が確定すると、その内容について別の裁判所で争うことはできないとする効力（訴訟の蒸し返し防止のため）
執行力	確定した判決について強制執行の申立てをすることができるとする効力

KEYWORD

②**控訴・上告**
三審制といって、第一審を含めて最大３回まで審理を受けることができます。

第42章

■重要度 ★★★

民事訴訟法の特則

1 少額訴訟

訴額が少額なのにもかかわらず、手間と暇と費用をかけて今まで勉強してきた訴訟の手続を踏むのは負担が大きすぎることもあります。そこで、少額訴訟を利用することもできます。

(1) 少額訴訟の要件

①訴額が **60 万円以下**の金銭の支払請求であること
②同一の簡易裁判所①で同一の年に **10 回**を超えて少額訴訟による審理を受けていないこと

注意!!

①少額訴訟の管轄は簡易裁判所です。

(2) 少額訴訟の特則

少額訴訟には、手続を簡略化するための、以下の特徴があります。

①**一期日審理の原則**といって、原則として最初にすべき口頭弁論期日で審理が完了する
②被告が口頭弁論終結前に同じ裁判の中で、原告を相手方として提起する訴え（**反訴**）は禁止される
③証拠調べは、即時に取り調べられる証拠に限り取り調べられる
④判決は、相当でないと認める場合を除いて、口頭弁論の終結後直ちにする
⑤請求認容判決には、職権で仮執行宣言②を付さなければならない
⑥少額訴訟の終局判決に対しては控訴③をすることができない

講師より

②仮執行宣言付の判決は債務名義となります。

⑦少額訴訟の終局判決に対しては、判決書等の送達を受けた日から２週間の不変期間内に異議の申立てをすることができる③
⑧適法な異議があれば通常訴訟に移行する

（3）通常の手続への移行

上記のように、少額訴訟では証拠調べ等に制限があり、被告に不利になることがあります。そこで被告は、**訴訟を通常の手続に移行される旨の申述**をすることができます。ただし、被告が最初にすべき口頭弁論の期日において弁論をし、またはその期日が終了した後はできません。

講師より

③上級の裁判所に審理を行ってもらう控訴はできませんが、異議申立て（判決を下した裁判所に不服を申し立てること）はできます。

2 支払督促

支払督促とは、金銭その他の代替物または有価証券の一定の数量の支払について、債務者が請求権の存在を争わないことが予想される場合に、簡易迅速に債務名義を付与する制度をいいます。支払督促は裁判ではなく、簡易裁判所の書記官が債務者に対して支払督促というものを送付し、債務者が文句をいわなければ、それで強制執行をさせるというものなのです。

支払督促は債務者の普通裁判籍の所在地を管轄する簡易裁判所の裁判所書記官に対して申し立てます。

（1）督促異議

もう既に返済済みの借金について支払督促が届いたらどうでしょう？ 債務者としたら、それは支払済みだと文句をいいたいですよね（文句をいわないと強制執行されるおそれがあります）。そこで債務者は、支払督促に対して、これを発した裁判所書記官の所属する簡易裁判所に、**督促異議**を申し立てることができ、債務者が督促異議を申し立てると通常訴訟に移行します④。

講師より

④具体的には、支払督促を発した裁判所書記官の所属する簡易裁判所またはその所在地を管轄する地方裁判所に訴えがあったものとみなされます。

（2）仮執行宣言の申立て

債務者が支払督促の送達を受けた日から**2週間以内**に督促異議の申立てをしないときは、裁判所書記官は、債権者の申立てにより仮執行の宣言をしなければなりません。ただし、督促異議の申立てがあったときは仮執行の宣言はされません。

債権者がこの仮執行の宣言の申立てをすることができる時から**30日以内**にその申立てをしないとき①は、支払督促は、その効力を失います。

講師より

① 30日以内に申し立てないと仮執行宣言がもう不要になったと考えられてしまうからです。

（3）支払督促の効力

仮執行の宣言を付した支払督促に対し、督促異議の申立てがないとき、または督促異議の申立てを却下する決定が確定したときは、支払督促は、確定判決と同一の効力を有します②。

講師より

②支払督促も債務名義に該当します。

過去問CHECK！

債務者が支払督促の送達を受けた日から2週間以内に督促異議の申立てをしないときは、裁判所書記官は、債権者の申立てにより、支払督促に手続の費用額を付記して仮執行の宣言をしなければならない。ただし、その宣言前に督促異議の申立てがあったときは、この限りでない。

○　仮執行宣言前に督促異議の申し立てがあった場合は通常の訴訟手続となる。

3 手形小切手訴訟

（1）手形小切手訴訟とは

手形小切手訴訟は、通常の訴訟よりも簡易迅速に債務名義を

取得することを目的とする特別の訴訟手続です。手形小切手訴訟では、訴訟の目的は、手形小切手による金銭の支払請求とこれに伴う法定利率による損害賠償請求に限定されています。

手形金・小切手金の請求をする場合、手形小切手訴訟によるか通常訴訟によるかは申立人の自由ですが、手形小切手訴訟による審理裁判を求めるには、訴状に、手形小切手訴訟によって審理裁判を求める旨の申述を記載しなければなりません。

（2）手形小切手訴訟の特徴

手形小切手訴訟には、次のような特徴があります。

①最初の口頭弁論期日で審理を完了するという一期日審理の原則
②原則として証拠となるのは書証のみとされ、例外的に文書の成立の真否および手形小切手の呈示に関する事実について当事者本人の尋問が許される
③請求を認容する場合の手形小切手判決には、職権で必ず仮執行の宣言が付される
④手形小切手判決に対する不服申立ては、異議申立てのみが許される

（3）通常訴訟への移行

手形小切手訴訟は、原告が口頭弁論終結前までに通常訴訟へ移行させる旨の申述をした場合、通常の訴訟手続に移行します。

4 簡易裁判所の特則

簡易裁判所には以下の特色があります。

①口頭で訴訟提起ができる[③]
②請求の原因は紛争の要点で足りる
③準備書面を提出しておけば２回目以降の口頭弁論期日に欠席しても陳述したことになる

③訴訟は原則として訴状を提出して行わなければなりません。

第43章

■重要度 ★★★

民事執行法・民事保全法

1 民事執行法とは？

民事執行法とは裁判所等により債権者が権利の実現を図るため、強制執行等の手続を定めている法律です。民事訴訟に勝訴しても、それで相手方が納得してお金を払ってくれるとは限りません。そこで、強制的に債権回収をする手段として、強制執行や担保権の実行による競売が必要となるのです。

2 債務名義

債務名義とは、強制執行によって実現されることが予定される請求権の存在、範囲、債権者、債務者を表示した公の文書のことをいいます。代表例は確定判決です。

債務名義となるものには以下のものがあります。

> 裁判所の確定判決、仮執行宣言付きの判決、和解調書、調停調書、支払督促（債務者から異議申立てがされなかったもの）、強制執行認諾約款付きの公正証書（**執行証書**）

3 執行文

執行文とは債権が現存し執行力を有することを公に証明する文書のことです。債務名義があっても、“今”強制執行できる権限があるかわかりません。そこで執行文が必要となるのです。

執行文を付与するのは債務名義の原本が存する機関[①]です。

講師より

①判決書等は、判決等をした裁判所、公正証書は、作成した公証役場です。

債務名義の正本に執行文を付与する（正本の末尾に付記する）必要がありますが、以下の場合は執行文の付与が不要②とされ正本のみで実施するとされています。

①少額訴訟における確定判決
②少額訴訟における仮執行宣言付きの確定判決
③仮執行宣言付きの支払督促

過去問CHECK！

強制執行は、執行文の付された債務名義の正本に基づいて実施される。ただし、少額訴訟における確定判決又は仮執行の宣言を付した少額訴訟の判決もしくは支払督促により、これに表示された当事者に対し、又はその者のためにする強制執行は、その正本に基づいて実施される。

○　少額訴訟における確定判決等は正本のみで実施可能。

4 動産強制執行

動産に対する強制執行は、債務者の所有する動産を執行官③が差し押さえて、入札等により売却し、代金を配当することにより行われます。動産強制執行は、執行官が目的物を**差し押さえる**ことで開始します。なお、債務者等の生活に欠くことができない衣服や寝具、家具、畳、建具、標準的な世帯の２ヵ月間の必要生計費（現金66万円まで）等は差押禁止動産となります。給料は、原則として４分の３までは差押えできません。また二重に差し押さえることはできません。

講師より

②少額訴訟や支払督促は限定された条件下で簡易迅速に債務名義を付与することを目的としているので、執行文の付与手続で時間がかかると、この趣旨に反してしまうからです。

③動産強制執行は、動産所在地の地方裁判所執行官に対して行います。

5 不動産強制執行

不動産強制執行の流れは以下のようになります。

債権者による申立て①

↓

強制競売開始の決定②と対象となる不動産の差押登記

← 強制競売開始決定が債務者に送達されたとき、又は差押え登記のいずれか早い時点で差押えの効力が生じる

↓

執行官や評価人が不動産を調査

← 執行官が行う対象不動産の調査のことを現況調査という

↓

裁判所が売却基準額を決定し、売却を実施

← ・入札は売却基準額の８割以上でないといけない
・物件明細書を作成して一般の閲覧に供される

↓

最高価格で落札し、売却許可された買受人が買受代金を納付する

← 買受人は代金を納付した時に不動産の所有権を取得する

↓

裁判所が一定の債権者らに対し、買受代金を配当する

①目的不動産の所在地の地方裁判所に申し立てます。

②不動産強制執行では二重に開始決定がなされることがあります。

6 債権強制執行

債権者が債務者の給料を差し押さえたり、債務者の銀行預金を差し押さえ、それを直接取り立てることで債権の回収をはかる手続を債権強制執行といいます。

（1）申立て

講師より

③例えば、給料を差し押さえる場合は債務者の勤務先、銀行預金を差し押さえる場合はその銀行の所在地を管轄する地方裁判所になります。

申し立てる裁判所は、**債務者の住所地**を管轄する地方裁判所ですが、債務者の住所地が分からないときは、差し押さえる債権の住所地③を管轄する地方裁判所となります。

(2) 差押命令

裁判所は、債権差押命令申立てに理由があると認めるときは、差押命令④⑤を発し、債務者と第三債務者（給料を支払う義務がある会社や銀行）に送達します。

(3) 差押え

債権の全額を差し押さえられないものもあります。例えば給料差押えの場合、原則として相手方の給料の４分の１（月給で44万円を超える場合には、33万円を除いた金額）という限度で差し押さえることができます（つまり４分の３は差し押さえられません）。

(4) 取立て

債権差押命令が債務者に送達された日から１週間を経過したときは、債権者はその債権を自ら取り立てることができます⑥。

(5) 転付命令

転付命令とは、差し押さえた金銭債権を支払に代えて券面額で差押債権者に転付することをいいます。

7 仮差押え

仮差押え⑦とは、債権者が債務者に対し、金銭債権を有する場合において、その金銭債権について、将来強制執行をすることができなくなるおそれがあるとき、または強制執行に著しい困難を生じるおそれがあるときに利用できる制度です。

④債権が差し押さえられると、第三債務者が債務者に弁済することができなくなります。

講師より

⑤差押命令が第三債務者に到達したときに差押えの効力が生じます。

⑥債権強制執行では、債権者自ら取り立てられる点に注意しましょう。

講師より

⑦仮とはついていますが、仮差押えがされると、権利者であっても処分をすることができなくなります。

第44章 ■重要度 ★★★

破産法

1 破産とは？

破産とは、債務者が経済的に破綻した場合に、清算を目的①として、裁判所が任命した破産管財人が債務者の財産や負債を整理する倒産処理をいいます。

2 破産の原因となる事実

破産手続の開始には、以下の破産原因となる事実が必要です。

①支払不能	債務者が支払能力を欠くために、その債務のうち弁済期にあるものにつき、一般的かつ継続的に弁済することができない状態 ※継続的に弁済できない状態を指すので、一時的な資金不足は該当しない
②支払停止	債務者が自らの支払不能状態を外部へ表明すること ※債権放棄の要請や金融支援の要請等 支払停止は支払不能と推定される
③債務超過	債務者が債務について財産をもって完済できない状態のこと。債務超過は法人に限られる

3 破産手続の開始

債務者または債権者②から破産申立てがあると、裁判所は債務者の申立内容を審理し、申立内容が適法で理由があると認めたときは、破産手続開始決定③をします。

破産手続開始決定がされると、裁判所が破産管財人を選任し④、

講師より

①清算を目的としている点で、再建を目指す民事再生法・会社更生法とは異なります。

②破産申立ては**債権者**からも行えますが、破産手続開始の原因と有する債権について**疎明**しなければなりません。

③破産手続の開始決定がされた場合、廃業等の届出が必要となりました（P25参照）。

財産の管理・処分をさせるため、債務者（破産者）は、自己の財産を自由に処分できなくなります。そして破産者の財産のうち、破産手続において破産管財人が管理・処分の権限を有するものを**破産財団**といいます。ただし、自由財産といって、破産者が自由に管理・処分することができる財産もあります。これは破産者の生活保障のための財産です。

なお個人の場合、破産管財人が管理・処分するような財産がない場合もあります。この場合破産手続を進めても意味がありませんので、裁判所は同時廃止といって、破産手続開始と同時に破産手続を廃止してしまいます。

講師より

④民事再生法では債務者が財産の管理・処分を行えました。

過去問CHECK！

債権者が破産手続開始の申立てをするときは、その有する債権の存在及び破産手続開始の原因となる事実を疎明しなければならない。

○　債権者が申し立てる場合は、疎明が必要である。

4 破産債権の届出

破産手続が開始された場合、破産債権⑤の届出が必要になります。破産手続は裁判所主導で行い、破産手続外で債権行使をすることができません。強制執行等も失効します。

そこで、破産債権を届け出てもらって、破産手続上で権利行使をしてもらうことにしたのです。

講師より

⑤貸金債権は破産債権に該当します。なお、破産手続によらず破産財団から弁済を受けることができる債権を財団債権といいます。

5 配当手続

破産管財人が、破産財団に属する財産を売却すると、破産管財人はその代金を破産債権者に債権額に応じて配当します。

破産管財人は、裁判所書記官の許可を得て配当表を作成し、これを公告するか各破産債権者へ個別通知を行い、異議がなければ配当額を定め、配当を実施します。

配当が終わると原則として破産手続は終了です。任務を完了した破産管財人は、裁判所に計算報告書を提出し、破産債権者および破産者の承認を受けます。それを確認後、裁判所は破産手続終結の決定をします。

6 相殺権

破産債権者が破産手続**開始時**に破産者に対して債務を負担している場合、破産債権者は、破産手続によらずに相殺①できます。ただし、債権者が破産者が支払不能になった後に債務を負ったり、債権を取得した場合は相殺が禁止されます。

KEYWORD

①**相殺**
当事者間の債権債務を対等額で消滅させること（P287参照）。

7 別除権

別除権②とは、文字どおり、破産手続から除かれる権利のことをいいます。この別除権には特別の先取特権、質権、抵当権が該当します。つまり、抵当権者は破産手続とは無関係に、抵当権を実行して債権の回収ができるのです。

講師より

②民事再生法でも担保権は別除権となります。会社更生法では別除権にはなりません。

8 否認権

否認権とは、破産者が行った契約等の効力を破産管財人が否

定できるという権利です。例えば、破産申立て前に、自己の財産の一部を身内や友人に譲渡してから破産の申立てをすると、債権者が不当に損害を受けることになってしまいます。そこで、破産管財人は契約の効力を否定できるとしたのです。

9 免責手続

免責③とは、配当により消滅しなかった残りの債務について、破産者が責任を免れることをいいます。破産により全財産を投げ打った債務者に再建の機会を与えるためです。この免責は個人が破産した場合にのみ利用できます。

債務者が破産手続開始の申立てをした場合、その申立てと同時に免責許可の申立てをしたものとみなされます。債権者が破産手続開始の申立てをした場合は、**破産手続開始後１ヵ月以内**であれば、債務者は免責の申立てをすることができます。

ただし、浪費･賭博によって著しく財産を減少させた場合や、破産手続開始申立ての１年前から破産原因となる事実があることを知りながら、だまして信用取引によりお金を借りたような場合は免責不許可事由④に該当し、免責の申立てが許可されない場合があります。

10 双務契約

双務契約について破産者及びその相手方が破産手続開始の時において共にまだその履行を完了していないときは、破産管財人は、契約の解除をし、又は破産者の債務を履行して相手方の債務の履行を請求することができます。

講師より

③免責の許可がなされると破産者は復権を得ることになります。

④免責不許可事由に該当するときでも、裁判所は事情を考慮して免責許可を決定することができます。

第45章　■重要度 ★★★

民事再生法

1 民事再生とは？

破産は、債務者の財産を清算する倒産処理でしたが、債務者を再建させる手続も必要なはずです。そこで用いられるのが民事再生手続です。民事再生は再建型の倒産処理で、**法人・個人、事業者・非事業者**①**問わずに利用できます**。

民事再生手続の特徴として、債務者が民事再生手続開始決定した後も財産の管理・処分をすることができます②。再建のためには債務者が有している事業のノウハウ等を活用するべきと考えられたからです。

でも、債務者は倒産してしまっているわけですから、債務者を野放しにするわけにいきません。そこで裁判所は監督委員を選任し、再生手続の監督をさせることができます。

講師より

①会社更生法は「株式会社」に限定されています（P332参照）。

講師より

②破産法・会社更生法では管財人が財産の管理・処分を行います。

過去問CHECK！

民事再生法上、再生手続開始の決定があった場合には、再生債務者の業務の遂行並びに財産（日本国内にあるかどうかを問わない。）の管理及び処分をする権利は、裁判所が選任した監督委員に専属する。

×　債務者が財産の管理・処分権を有する。

2 民事再生の原因となる事実

債務者が民事再生手続開始を申し立てるには、以下の①②のいずれかの原因となる事実③が必要になります。

①債務者に破産手続開始の原因となる事実（支払不能・支払停止・債務超過）の生じるおそれのあること
②債務者が事業の継続に著しい支障をきたすことなく弁済期にある債務の弁済ができないこと

また、民事再生手続開始の申立ては債務者だけでなく、債権者も行うことができますが、債務者に破産手続開始の原因となる事実の生じるおそれのある場合に限り認められています。

再生手続開始の決定があったときは、再生債権に基づく強制執行等の手続および再生債権に基づく財産開示手続は中止し、特別清算手続はその効力を失います。

③原因となる事実のうち、①については、債務者又は債権者のどちらからでも申し立てることができますが、②は、債務者からしか申し立てることができません。

過去問CHECK！

民事再生法上、債権者は、債務者が事業の継続に著しい支障を来すことなく弁済期にある債務を弁済することができないときは、再生手続開始の申立てをすることができる。

× 債権者からは申し立てできない。

3 再生債権の届出

民事再生手続では、債務者を再生債務者といい、再生債務者に対して再生手続前の原因により生じた債権を再生債権といいます。民事再生でも再生債権の届出が必要となります。

4 再生計画

民事再生手続は債務者の再建を目的としていますので、再生の計画が必要となります。この再生計画の案は債務者が作成します。もちろん債務者が作った案がそのまま有効となるわけではありません。債権者の同意がないといけないのです。

裁判所が債権者集会を招集する場合	議決権を行使できる再生債権者で、その集会に出席した者の過半数の同意かつ、議決権の総額の1／2以上の議決権を有する者の同意が必要
書面等の投票の場合	投票者の過半数の同意かつ議決権の総額の1／2以上の同意が必要

そして、再生計画案について債権者の同意が得られると、裁判所は再生計画の認可決定を行います。これが確定すると再生計画の効力が生じます。

再生計画の認可が決定することにより、再生債権者の権利は再生計画①に従って変更されます。

ただし、担保権は**別除権**とされていますので、民事再生手続によらなくても実行可能です。また、再生計画は保証人には影響を及ぼしません。つまり、債務者の債務は減免されても、保証人は減額されないのです。

講師より

①例えば債権額が減額されたり、分割払いの方法が決まったりします。

5 別除権

民事再生手続では、担保権は別除権とされています。つまり、再生手続によらなくても、担保権の実行（競売等）ができるのです。

6 競売中止命令・担保権消滅請求

担保権は別除権として、再生手続によらず競売等にかけることができます。しかし、これを自由に認めると、再生に必要な財産までもが失われてしまいかねません。

そこで、担保権の実行としての競売手続を一定の期間中止する旨の裁判所の命令が発令されることがあります。これを競売中止命令といいます。

また、再生債務者が、その担保権の目的財産の価額を裁判所に納付することによって、担保権者の担保権を消滅させるという制度もあります。これを担保権消滅請求といいます。

第46章

■重要度 ★★★

その他の倒産処理

1 会社更生法とは？

会社更生手続も民事再生手続と同様に再建型の倒産処理ですが、担保権者であっても個別に権利行使ができないなど民事再生よりも強力な手続となっています。

また、株式会社に限定されています①。

講師より

①民事再生法では法人・個人の別はありませんでした（P 328 参照）。

（1）事業の経営

会社更生では裁判所が選任した管財人が事業経営を行います。民事再生のように債務者がそのまま経営するわけではありません。ただし、経営責任のない経営者②は管財人になれます。

講師より

②会社内部の事情に詳しい者に更生手続に関与させる必要もあるからです。

（2）担保権の取扱い

破産や民事再生とは異なり別除権とはなりません。更生担保権といって減免の対象となり、担保権の実行も全面的に制限されます。

過去問CHECK！

会社更生法上、更生手続開始の決定があった場合には、更生会社の事業の経営並びに財産（日本国内にあるかどうかを問わない。）の管理及び処分をする権利は、裁判所が選任した管財人に専属する。

○　会社更生法では、財産の管理・処分権は管財人が有する。

2 特定調停手続とは？

特定調停とは簡易裁判所に対し、債務者が債権者との返済条件の変更といった利害関係の調整を申し立てることをいいます。調停は訴訟ではなく話し合いですので、当事者が合意をしないと成立しませんが、調停委員会が中心となって債務の調整を行ってくれますので、債務者にはメリットがあります。

この特定調停③を申し立てることができるのは、①金銭債務を負っている者で支払不能に陥るおそれのある者、②事業の継続に支障をきたすことなく債務の弁済をするのが困難である者、③債務超過に陥るおそれのある法人です。

講師より

③特定調停を申し立てるには申立書のほか、関係権利者一覧表や財産の状況を示す明細書が必要となります。

3 特別清算手続とは？

解散後清算中の株式会社④について、清算の遂行に著しい支障をきたすべき事情または債務超過の疑いがある場合に、裁判所の命令により開始され、かつその監督のもとに行われる特別の清算手続を特別清算といいます。破産よりも簡易・迅速な手続です。以下の場合に特別清算が可能です。

①清算の遂行に著しい支障をきたす事情があること
②会社に債務超過があること

特別清算手続が開始すると、債権者は債権の申出を行って手続に参加し、清算人は債務免除、分割弁済等を含む協定案を作成して債権者集会に協定を申し出、債権者集会がそれを審議します。協定案が可決され、裁判所の認可があれば協定が効力を有します。

④株式会社は株主総会の決議で解散することができ、解散後、財産の処分や債務の整理等の清算業務を行うことになります。

第47章　■重要度 ★★★

犯罪による収益の移転防止に関する法律

1 犯罪による収益の移転防止に関する法律

犯罪による収益の移転防止に関する法律とは、マネー・ローンダリングや犯罪資金を防止し、資金源を断つことで犯罪組織・犯罪行為を防止することを目的としています。

（1）取引時確認

貸金業者は、顧客等との間で、貸金業に係る業務のうち特定取引を行うに際しては、当該顧客等について、次の事項を確認しなければなりません①。

①確認事項

自然人の顧客	①本人特定事項（氏名、住居、生年月日） ②取引を行う目的 ③職業
法人顧客	①本人特定事項（名称、本店・主たる事務所の所在地） ②取引を行う目的 ③事業の内容 ④その事業経営を実質的に支配することができる関係にあるもの（実質的支配者）②

個人顧客の代理人や法人顧客の実際に取引の任に当たっている者（担当者）の本人特定事項の確認も必要となります。

②特定取引

貸金業者が取引時確認をしなければならない取引は以下のケースです。

注意!!

①顧客が取引時確認に応じないときは、取引時確認に応じるまでの間、特定取引等に係る義務の履行を拒めます。

講師より

②株式会社の議決権の総数の４分の１を超える議決権を有する者等が該当します。

a）対象取引

金銭の貸付け又は金銭の貸借の媒介（手形の割引、売渡担保その他これらに類する方法によってする金銭の交付又は当該方法によってする金銭の授受の媒介を含む。）を内容とする契約の締結をする時

b）特別の注意を要する取引

対象取引以外の取引でも、顧客管理上特別の注意を要する取引についても確認が必要となります。

・犯罪による収益（マネーローンダリング）の疑いがあると認められる取引
・同種の取引態様と著しく異なる態様で行われる取引

③本人特定事項の確認の方法

■顧客が個人の場合

①免許証等の対面にて写真付き本人確認書類１点の提示
②対面にて保険証等の本人確認書類１点の提示
＋
転送不要郵便物等による到達確認
※本人が現住所で受け取る郵便
③対面にて保険証等の本人確認書類２点の提示
④対面にて保険証等の本人確認書類１点の提示
＋
住民票等の１点の提示又は公共料金の支払明細等の住所記載の補完書類１点の提示
⑤非対面にて、専用ソフトウェアにて、写真付き書類の写し１点（厚みその他の特徴＆本人確認時に撮影されたもの）の送信
＋
容貌（本人確認時に撮影されたもの）の送信

■顧客が法人の場合

①対面にて法人の設立の登記に係る登記事項証明書、印鑑登録証明書１点の提示
②非対面にて、登記事項証明書等③の原本又はその写しの送付を受け
＋
その書類を確認記録に添付し
＋
その書類に記載のある顧客の本店又は支店に宛てて取引関係文書を送付する

KEYWORD

③登記事項証明書
登記簿の謄本・抄本に代わるもので、法務局で交付される。

④本人特定事項以外の事項の確認方法

取引を行う目的	本人・代表者からの口頭や書面での申告
職業・事業の内容	自然人：本人からの口頭や書面での申告 法人：登記事項証明書（確認日前６ヵ月以内作成のもの）や定款での確認
資産および収入の状況	自然人：源泉徴収票・確定申告書等での確認 法人：貸借対照表・収支報告書等での確認

⑤国や上場企業の場合

顧客が国や上場企業であるときの取引時確認は、個人又は法人を顧客とする場合の取扱いと異なり、本人特定事項の確認は、顧客自体ではなく、現に特定取引等の任に当たっている自然人について行います。また、取引を行う目的と事業の内容は、確認不要とされています。

⑥確認記録の作成・保存

貸金業者が取引時確認を行った場合には、直ちに、取引時確認記録（確認記録）を作成する必要があります。この確認記録は、**契約終了日**①から、**7年間保存**しなければなりません。

①“確認をした日”や“取引をした日”ではありません。

（2）ハイリスク取引（厳格な顧客管理を行う必要性が特に高いと認められる取引等）

貸金業者は、顧客等との間で、貸金業に係る業務のうち、次の取引（ハイリスク取引）を行うに際して本人特定事項等の確認をしなければなりません。この時、通常の取引時確認の方法に加え、追加の本人確認書類が必要となります。

①なりすましの疑いがある取引
②取引時確認事項（氏名、生年月日など）を偽っていた疑いがある顧客との取引
③特定国（イラン・北朝鮮）等に居住・所在している顧客との取引
④外国 PEPs（重要な公的地位にある者:Politically Exposed Persons）との取引

ハイリスク取引を行う場合で、その取引が200万円を超える財産の移転を伴う場合には、取引の相手方の「資産および収入の状況」の確認を行うことも必要になります。

(3) 取引記録等の保存

貸金業者は、貸金業に係る取引を行った場合には、1万円以下の少額の取引等一定の取引を除き②、直ちに、顧客等の確認記録を検索するための事項、その取引の期日・内容等の事項に関する記録（取引記録等）を作成しなければなりません。

そして、**取引記録等**は、**取引の日**から**7年間**保存しなければなりません。

②少額の取引では取引記録の作成は不要です。

過去問CHECK！

貸金業者は、特定業務に係る取引を行った場合には、少額の取引その他の政令で定める取引を除き、直ちに、主務省令で定める方法により、顧客等の確認記録を検索するための事項、当該取引の期日及び内容その他の主務省令で定める事項に関する記録（「取引記録」という。）を作成し、取引記録を、当該取引の行われた日から7年間保存しなければならない。

○　取引記録は7年間保存しなければならない。

(4) 疑わしい取引の届出等

貸金業者は、業務上受け取った財産が犯罪による収益である疑いがあるような場合には、速やかに対象取引が発生した年月日・顧客の氏名などを行政庁に届け出なければなりません。

また、疑わしい取引の届出を行おうとすること、またはこれ

を行ったことを顧客や関係者に漏らしてはなりません。

また、代表者等の本人特定事項を確認するに当たっては、その前提として、代表者等が委任状を有していること、電話により代表者等が顧客等のために取引の任に当たっていることが確認できること等の当該代表者等が顧客のために特定取引等の任に当たっていると認められる事由が必要となります。

＜疑わしい取引の判断方法＞

取引の種類	確認方法
（1）過去に取引を行ったことのない顧客等との取引（いわゆる一見取引）	①当該取引の態様と、他の顧客等との間で通常行う取引の態様との比較 ②当該取引の態様と、過去の当該顧客等との取引との比較 ③当該取引の態様と取引時確認の結果に関して有する情報との整合性に従って、取引に疑わしい点があるかどうかを確認する方法
（2）過去に取引を行ったことがある顧客等との取引（いわゆる既存顧客との取引）	上記①～③に従って疑わしい点があるかどうかを確認する ＋ 当該顧客等に係る確認記録や取引記録等を精査
（3）マネー·ローンダリングに利用されるおそれの高い取引（ハイリスク取引等）	（1）一見取引か（2）既存顧客との取引の確認方法 ＋ 必要な調査（顧客等に対して質問を行ったり、取引時確認の際に顧客から申告を受けた職業等の真偽を確認するためにインターネット等を活用して追加情報を収集したりする等） ＋ 統括管理者又はこれに相当する者に確認

過去問CHECK！

貸金業者は、特定業務に係る取引について、顧客が組織的な犯罪の処罰及び犯罪収益の規制等に関する法律第 10 条（犯罪収益等隠匿）の罪に当たる行為を行っている疑いがあると認められる場合においては、速やかに、管轄の行政庁及び当該貸金業者が加入している貸金業法上の指定信用情報機関に届け出なければならない。

× 指定信用情報機関に届け出る必要はない。

第48章

■重要度 ★★★

手形法・小切手法

1 手形・小切手の意義

私たちがコンビニで買い物をするような場合、大抵は商品を購入したその場で現金を支払います。しかし、企業間の取引では、手形や小切手が用いられることがあります。

なぜ、手形や小切手が使われるのでしょうか？

（1）小切手は現金の代わりになる

企業間の取引では多額のお金が動くことがあります。例えば1,000万円の取引の際、いちいち現金を持ち歩くのは大変ですし、盗まれでもしたら危険です。また、数えるのも一苦労です。

そこで、取引に必要な現金を銀行に預けておき、小切手と引換えに銀行から支払を受けられるようにする①のが小切手制度なのです。

講師より

①これを支払証券といいます。

（2）手形は信用取引に使われる

手形には、約束手形と為替手形があります。

約束手形	振出人が、一定の金額を一定の期日（満期）に支払うことを約束した手形
為替手形	振出人が手形に記載した金額の支払を第三者（銀行）に委託する手形

手形も小切手と同じでお金の代わりとして使われますが、小切手とはちょっと違う機能があります。それは**信用取引**に使われることです②。信用取引とは簡単にいうとツケで取引をする

講師より

②これを信用証券といいます。

ことです。商品を仕入れたいけどお金がないという場合に、満期になったらお金を払いますと約束した手形を振り出すことで、取引をするのです。

でも､ツケだと後で払ってもらえるか不安ですよね。そこで、手形法・小切手法では、不渡りや裏書人の担保責任といった制度により、手形ができるかぎり支払われるようにしています。

2 手形貸付と手形割引

手形貸付とは、借主が貸主を受取人、借入金の返済日に相当する日を満期日として記載した約束手形を振り出し、その約束手形を受け取った貸主が、借主に対し貸付金を交付する方法によって金銭の貸付けを行うことをいいます。

手形割引とは、手形の所持者が、手形の満期日前に金融機関等に手形を持ち込んで現金化することをいいます③。このとき満期日前の利息や費用が割り引かれます。

3 手形の振出

手形に署名し相手方に交付することを、手形の振出といいます。

(1) 手形の必要的記載事項

手形には、以下の事項が記載されていないといけません。

①手形文句（約束手形であることを示す文字）
②支払約束文句（支払うべき旨の単純な約束）
③手形金額④
④支払期日（満期）

講師より

③これにより、満期前に金銭を取得して、支払等に充てることができます。

講師より

④チェックライターを使用するときは頭に￥、最後に※を記載します。

⑤振出日

⑥支払地

⑦振出地

⑧受取人

⑨振出人の署名

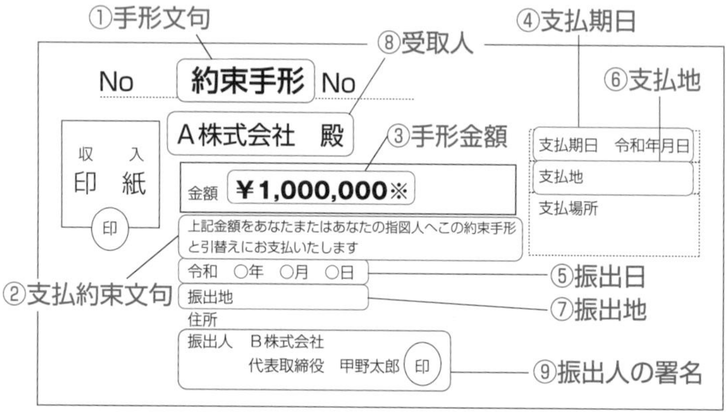

過去問CHECK！

約束手形の記載事項には、証券の文言中にその証券の作成に用いる語をもって記載する約束手形であることを示す文字、一定の金額を支払うべき旨の単純な約束、満期の表示、支払をなすべき地の表示、支払を受け又はこれを受ける者を指図する者の名称、手形を振り出す日及び地の表示、並びに手形を振り出す者の署名がある。

○　約束手形の必要的記載事項である。

（2）任意的記載事項・無益的記載事項・有害的記載事項

必要的記載事項以外にも手形に記載される事項があります。これには、手形面の上に記載された場合には効力が認められますが、記載しなくても問題ないという**任意的記載事項**、記載をしても手形は無効になりませんが、記載事項の効力は認められないという**無益的記載事項**、記載すると手形が無効になってしまう**有害的記載事項**①があります。

任意的記載事項	記載してもしなくてもよいが、記載されると効力が認められるもの	支払場所の記載、指図禁止文言、拒絶証書作成免除
無益的記載事項	記載しても効力は認められない。ただし手形の効力は否定されない	受戻し文句「この手形と引き換えに」
有害的記載事項	記載すると手形が無効となってしまう	手形金分割支払の記載、「商品と引き換えに」等の文句

（3）手形の性質

手形には以下の性質が認められます。

設権証券性	手形の振出人が手形に一定の金額を記載して振り出せば、証券に表示された内容の債権が発生するという性質
無因証券性	手形振出の原因となった行為と、手形は無関係であるとする性質
文言証券性	手形の権利・義務の内容は、証券の記載事項に基づいて決定されるとする性質
要式証券性	手形の記載事項は法律で定められているという性質

（4）白地手形

白地手形とは、振出人等が後日所持人に補充させる意思で、必要的記載事項の一部を記載しないで交付した手形をいいま

①有害的記載事項は、その文言だけでなく手形自体も無効にしてしまう点に注意してください。

す。本来、必要的記載事項がないと手形は無効となるはずですが、白地を所持人が**補充**して手形要件を満たせば①、このような手形も有効となるのです。ただし、悪意の譲受人には、振出人は所持人との合意とは異なる補充であることを対抗できます。

講師より

①支払呈示に際しては所持人が白地部分を補充する必要があります。

4 手形の裏書

(1) 裏書とは

裏書とは、通常、手形上の権利を譲渡する裏書譲渡を指します。裏書譲渡とは、手形の裏面に署名をすることで手形を譲渡することをいいます。

なぜ、手形を譲渡するのにわざわざ裏面に署名などするのでしょうか？　裏書の効力を見ていきましょう。

(2) 裏書の効力

裏書には以下の効力があります。

権利移転的効力	裏書をすれば権利が移転するという効力
担保的効力	裏書をしたものは、その手形について保証をしたのと同様の効力が生じるという効力
資格授与的効力	裏書が連続していれば、手形上の権利を有すると推定される効力②

民法の債権譲渡では、対抗要件といって、譲渡人の通知か債務者の承諾③が必要となりましたが、手形は裏書をすれば権利が移転し、裏書がきちんと連続していれば、権利者として扱われるのです。

また、**担保的効力**といって、裏書をしたものは、手形が現金化できることを保証したことになるのです。手形はツケでの取引に使われるので、できる限り現金化できるようにしたいので

②あくまで推定されるということであり、無権利者が権利者になるわけではありません。

③第三者に対抗するには、確定日付けのある譲渡人の通知か承諾が必要でした。

す。

（3）裏書の連続

　では、裏書の連続とはどのようなことをいうのでしょうか？次の図を見てください。Ｂ株式会社が２回登場していますね。上段は被裏書人Ｂ株式会社となっていますので、Ａ株式会社からＢ株式会社へ裏書譲渡されたことになります。そして下段では、Ｂ株式会社がＣ株式会社を被裏書人として譲渡しているのです。これにより、Ａ⇒Ｂ⇒Ｃと裏書が連続していることがわかるのです。

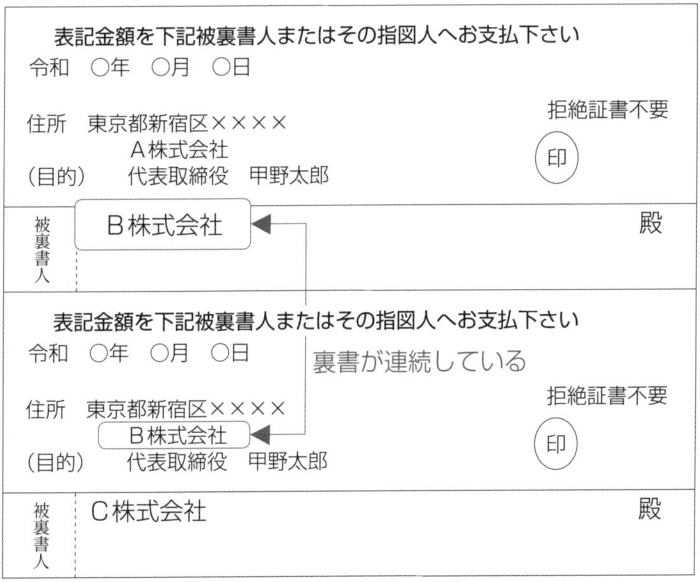

5 手形取得者の保護

　手形は裏書譲渡で他人に譲渡できることを勉強しました。そうすると手形は流通していくことも当然考えなければならず、流通性を高めるためには、できる限り現金化の確率を高めない

といけません。

そこで、手形を取得した者に一定の保護を与えて、手形の流通性を高める方法が採られています。

KEYWORD

①善意とは事情を知らないということでした。

（1）善意取得①

手形が盗難等で無権利者の手に渡るということも考えられます。では、盗難にあった手形を取得した人はどうなるのでしょうか？　無権利者からの取得だから一律に無効としてしまうと、知らずに取得した人が損害を受け、手形が危険なものとして流通しなくなってしまいます。

そこで、善意取得といって一定の要件を満たせば無権利者からの取得でも手形上の権利が認められるとしました。これが善意取得です。

②重過失がないこととされている点に注意しましょう。

①譲渡人が無権利であることに善意・無重過失②であること
②裏書が連続していること
③譲受けが裏書等によるものであること

（2）抗弁

①人的抗弁

手形を振り出すときは、例えば売買代金の代わりといった、何らかの理由があるはずです。この手形の振出の原因となった契約等を原因関係といいます。

では、この原因関係にトラブルが発生したらどうでしょう。例えば売主が商品をきちんと納入してくれなかったような場合です。買主としたら商品を納入してくれていないのですから手形金の支払を拒むはずです。しかし、それは当事者間の事情であって、裏書譲渡を受けた第三者には関係のない話です。

そこで、契約の当事者間等、特定の関係の者にしか支払を拒絶できず、**善意無重過失**の第三者には支払をしなければならない人的抗弁③というものがあります。

③例として原因となった取引の解除や相殺・弁済があります。

過去問CHECK！

強迫によって振り出された約束手形を裏書により譲り受けた所持人は、当該事情を知っていた。この場合、当該約束手形の振出人は、当該所持人から手形金の支払を請求されたときは、強迫を理由とする手形行為取消しの抗弁をもって、当該所持人に対抗することができない。

× 悪意の所持人には対抗することができる。

②物的抗弁

でも、手形が偽造されたとか、形式不備で無効という場合は、当事者だけでなく誰に対しても無効となります。これを物的抗弁といいます。

③融通手形の抗弁

融通手形とは、他人に資金を融通④する目的で振り出された手形です。受取人はその手形を裏書譲渡や割引することで金銭を手に入れ、期日までに手形を取り戻して振出人に返却する手形をいいます。

KEYWORD

④融通
金銭をお互いに貸し借りすること。

融通手形では受取人に対して振出人はお金を払いません。あくまで資金調達のために手形を振り出してもらったからです。でも第三者にはそんなことわかりません。そこで、受取人が支払請求をしてきても拒めますが、第三者には支払を拒めないとされています。これを融通手形の抗弁といいます。

物的抗弁	人的抗弁
・手形要件の欠缺《けんけつ》 ・満期未到来 ・除権判決① ・時効完成 ・無権代理 ・偽造 ・制限行為能力、意思無能力	・相殺、免除、代物弁済 ・支払の猶予 ・白地の不当補充 ・原因取引の解除 ・原因債務の弁済 ※人的抗弁の場合でも、相手が損をすることを知って手形を取得した者には対抗できる（悪意の抗弁）

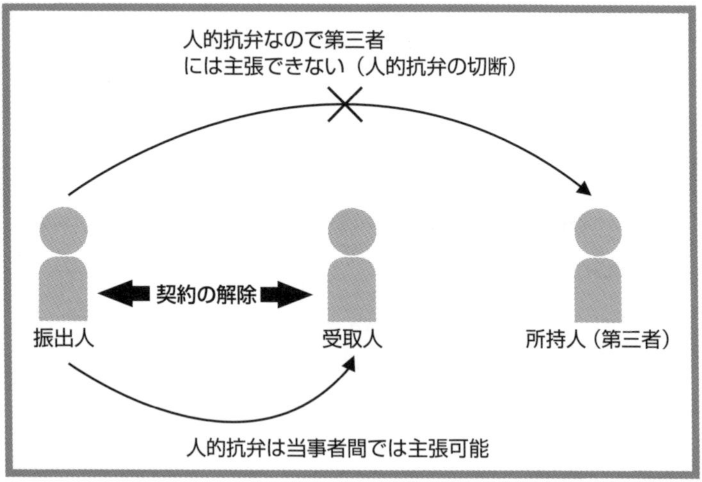

6 支払の呈示

約束手形では満期になると振出人は手形金を支払わなければなりません。でも、手形は流通しますから、いま誰が手形を所持しているのかわかりません。

そこで、手形の所持人は支払の呈示をしなければならないとされています。支払呈示期間は満期日（休日のときは次取引日）とその後の２取引日②となります。

この期間内に呈示をしないと、裏書人に支払を請求する権利

KEYWORD

①**除権判決**
紛失や盗難にあった手形を無効にする制度のこと。

講師より

②つまり、合計３日間となります。

（遡及権といいます）はなくなってしまいます。ただし、手形が無効になるわけではありませんので、振出人には支払請求できます。

過去問CHECK！

確定日払いの約束手形の所持人は、支払をなすべき日又はこれに次ぐ２取引日内に支払のため約束手形を呈示して、約束手形の支払を受けることができる。

○　支払日とこれに次ぐ２取引日の計３日以内に呈示する必要がある。

7 不渡り

手形はツケの取引に使われますし、第三者の手に渡ることもあるわけですから、できる限り現金化できないといけません。そして現金化できなかったときにはペナルティーとして不渡りの制度が定められています。

不渡りの種類は以下のようになります。

0号不渡り	形式・裏書不備、呈示期間経過など、適法な呈示をしなかったときの不渡り
1号不渡り	資金不足によるもの。一般的に不渡りといったらこれ。６ヵ月以内に２回不渡りが出ると銀行取引停止処分となる
2号不渡り	契約不履行、詐取、盗難、偽造、印鑑相違など、振出人に支払義務がないと思われる場合の不渡り 振出人は、手形金額と同額を銀行に預託し③、異議を申し立ててもらうことにより、取引停止処分を猶予してもらうことが可能

講師より

③これを、異議申立預託金といいます。

8 遡及

振出人が不渡りを出してしまい、手形金が支払われない場合、裏書人には担保責任①がありますので、所持人は裏書人に対して手形金を請求できます。これを遡及といいます。

KEYWORD

①裏書の担保的効力
裏書人は裏書によって被裏書人・その後にあらわれた譲受人に対し、約束手形の支払を担保する義務を負うという効力をいいます。

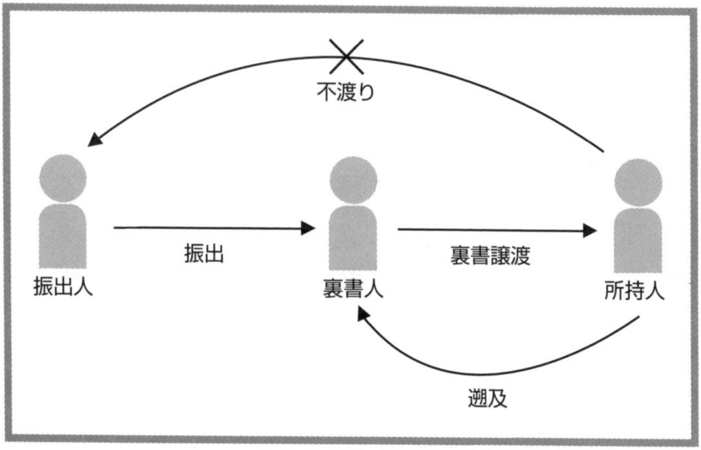

9 電子記録債権法

電子記録債権とは、磁気ディスク等をもって電子債権記録機関が作成する記録原簿に電子記録をすることによってはじめてその発生・譲渡等が行われる金銭債権をいいます。

手形の場合、作成や交付・保管にコストがかかり、また盗難や紛失といったリスクもあるため、これらコストやリスクを削減し、事業者の資金調達の円滑化等を図るため、電子記録債権法が制定されました。

電子記録債権法では、次の規定があります。

①電子記録債権の譲渡は、譲渡記録をしなければ、その効

力を生じない②

②債権を電子記録債権法に基づく電子記録債権によることとする場合、その発生記録に係る電子記録の請求は、法令に別段の定めがある場合を除き、電子債権記録機関に対して、債権者及び債務者の双方がしなければならない

③権利者として記録原簿に記録されている者が無権利者であっても、そのことを知らず③（善意）に電子記録債権を譲り受けた者や、支払をしてしまった者を保護する

④債務者は、原則として、電子記録債権を譲り受けた者に対し、記録原簿に記録されていない事由を理由に支払を拒むことができない

⑤電子債権記録機関は、原則として、不実の記録がされた場合における損害賠償責任を負う

②当事者間の合意だけでは効力は生じません。また、対抗要件ではありません。

③悪意または重大な過失がある場合は保護されません。

過去問CHECK！

電子記録債権の譲渡は、当事者間の合意のみによってその効力を生じるが、譲渡記録をしなければ、これを第三者に対抗できない。

× 譲渡記録をしないと効力が生じない。

第4編 資金需要者等の保護・財務会計

第49章　■重要度 ★★★

個人情報の保護に関する法律（個人情報保護法）

1 個人情報保護法の目的

デジタル社会の進展に伴い個人情報の利用が著しく拡大していることにかんがみ、個人情報の適正な取扱いに関し、基本理念および政府による基本方針の作成その他の個人情報の保護に関する施策の基本となる事項を定め、国および地方公共団体の責務等を明らかにし、個人情報を取り扱う事業者①及び行政機関等についてこれらの特性に応じて遵守すべき義務等を定めるとともに、個人情報保護委員会を設置することにより、行政機関等の事務及び事業の適切な運営を図り、個人情報の有用性に配慮しつつ、個人の権利利益を保護することを目的とします。

2 個人情報とは

（1）個人情報

個人情報保護法が適用される個人情報②は、**生存する個人**に関する情報です。既に死亡されている方の情報や会社の情報は含みません。また、個人情報というためには、特定の個人を識別できること（**個人識別性**）が必要となります。

個人識別性は、以下のいずれかに該当する場合に認められます。

①一定の要件を満たす貸金業者もこの事業者に含まれます。

②「個人に関する情報」とは、氏名、住所、性別、生年月日、顔画像等個人を識別する情報に限られず、個人の身体、財産、職種、肩書等の属性に関して、事実、判断、評価を表す全ての情報であり、評価情報、公刊物等によって公にされている情報や、映像、音声による情報も含まれ、**暗号化等によって秘匿化されているかどうかを問いません。**

①記述・照合要件を満たす	情報に含まれる記述等で、特定の個人を識別できる場合 ※音声や防犯カメラの映像も含まれる
	他の情報と容易に照合することで、特定の個人を識別できる場合 ※個人情報と紐付けされている購買履歴等
②個人識別符号が含まれる	特定の個人の身体の一部の特徴を電子計算機のために変換した符号が含まれている ※顔認識データや指紋認証等
	対象者ごとに異なるものとなるように書類等に付される符号 ※免許証番号やパスポート等

過去問CHECK！

個人情報とは生存する個人に関する情報をいうが、「個人に関する情報」とは、氏名、住所、性別、生年月日、顔画像等個人を識別する情報に限られず、個人の身体、財産、職種、肩書等の属性に関して、事実、判断、評価を表すすべての情報であり、評価情報、公刊物等によって公にされている情報や、映像、音声による情報が含まれるが、これらが暗号化等によって秘匿化されている場合には「個人に関する情報」には該当しない。

× 暗号化等によって秘匿化されている場合も該当する。

(2) 個人情報データベース等

個人情報データベース等とは、個人情報を含む情報の集合物であって、次のものをいいます。

①特定の個人情報を電子計算機③を用いて検索することができるように体系的に構成したもの
②上記①の他④、特定の個人情報を容易に検索することができるように体系的に構成したとして政令で定めるもの

講師より

③パソコンを用いたデータベース等が該当します。

講師より

④「上記①（パソコン等を利用したもの）の他」とされているので、パソコン以外（例えば、書類でファイリングしたもの）でも、目次、索引、符号等により一般的に容易に検索可能な状態の顧客リスト等は個人情報データベース等に該当します。

個人情報データベース等に該当する事例	①電子メールソフトに保管されているメールアドレス帳（メールアドレスと氏名を組み合わせた情報を入力している場合） ②インターネットサービスにおいて、ユーザーが利用したサービスに係るログ情報がユーザーIDによって整理され保管されている電子ファイル（ユーザーIDと個人情報を容易に照合することができる場合） ③従業者が、名刺の情報を業務用パソコン（所有者を問わない。）の表計算ソフト等を用いて入力・整理している場合 ④人材派遣会社が登録カードを、氏名の五十音順に整理し、五十音順のインデックスを付してファイルしている場合
個人情報データベース等に該当しない事例	①従業者が、自己の名刺入れについて他人が自由に閲覧できる状況に置いていても、他人には容易に検索できない独自の分類方法により名刺を分類した状態である場合 ②アンケートの戻りはがきが、氏名、住所等により分類整理されていない状態である場合 ③市販の電話帳、住宅地図、職員録、カーナビゲーションシステム等

（3）個人データ

個人データとは、個人情報データベース等を構成する個人情報をいいます。

個人データに該当する事例	①個人情報データベース等から外部記録媒体に保存された個人情報 ②個人情報データベース等から紙面に出力された帳票等に印字された個人情報
個人データに該当しない事例	①個人情報データベース等を構成する前の入力用の帳票等に記載されている個人情報

（4）保有個人データ

①6ヵ月以内に消去される個人データも保有個人データに該当します。

保有個人データ①とは、個人情報取扱事業者が、本人またはその代理人から求められる開示、内容の訂正、追加または削除、利用の停止、消去および第三者への提供の停止のすべてに応じることのできる権限を有する個人データであって、その存否が明らかになることにより公益その他の利益が害されるものとし

て次に掲げるもの以外のものをいいます。

公益その他の利害が害されるケース	例
①存否が明らかになることで、本人または第三者の生命、身体または財産に危害がおよぶおそれがあるもの	・不審者情報やクレーマー情報、総会屋情報 ・暴力団等の反社会的勢力情報
②存否が明らかになることで、違法または不当な行為を助長し、または誘発するおそれがあるもの	
③存否が明らかになることで、国の安全が害されるおそれ、他国もしくは国際機関との信頼関係が損なわれるおそれまたは他国もしくは国際機関との交渉上不利益を被るおそれがあるもの	・要人の行動予定情報
④存否が明らかになることで、犯罪の予防、鎮圧または捜査その他の公共の安全と秩序の維持に支障が及ぶおそれがあるもの	・警察などから受けた捜査関係事項照会の対象情報 ・犯罪収益との関係が疑われる取引（疑わしい取引）の届出の対象情報 ・振込め詐欺に利用された口座に関する情報

過去問CHECK！

保有個人データとは、個人情報取扱事業者が、本人から求められる開示、内容の訂正、追加もしくは削除、又は第三者への提供の停止のいずれかに応じる権限を有する個人データであって、１年以内に消去することとなるもの以外のものをいう。

× １年以内に消去することとなるものも保有個人データに該当する。

3 個人情報取扱事業者

個人情報取扱事業者①とは、個人情報データベース等を事業の用に供している者をいいます。「事業」とはいっても、営利目的に限定されません。改正以前は、個人情報データベース等を構成する個人の数の合計が、過去6ヵ月以内のいずれの日においても5,000件を超えない者は、個人情報取扱事業者に該当しないとされていましたが、改正により、これは削除されました。現在は**5,000件を超えていなくても個人情報取扱事業者となります**。

講師より

①個人情報取扱事業者に該当すると個人情報保護法上の規制を受けることになります。

4 個人情報の取得・利用

（1）利用目的の特定

個人情報取扱事業者は、個人情報を取り扱うにあたっては、その利用目的②をできる限り**特定**しなければなりません③。

また、個人情報取扱事業者は、利用目的を変更する場合には、変更前の利用目的と**相当の関連性**を有すると合理的に認められる範囲を超えて行ってはなりません。

個人情報保護ガイドラインでは、「事業活動に用いる」や「マーケティング活動に用いる」といった抽象的な利用目的は、「できる限り特定」したものとはならないとしています。利用目的は、提供する金融商品またはサービスを示した上で特定することが望ましく、次に掲げる例が考えられるとしています。

①当社の預金の受入れ
②当社の与信判断・与信後の管理
③当社の保険の引受け、保険金・給付金の支払

講師より

②指定信用情報機関の信用情報は返済能力の調査以外には用いられません。

③例えば、「当社の与信判断および与信後の債権管理に利用させていただきます」や、「返済または支払能力に関する調査のために利用いたします」などです。

④当社または関連会社、提携会社の金融商品・サービスの販売・勧誘
⑤当社または関連会社、提携会社の保険の募集
⑥当社内部における市場調査および金融商品・サービスの開発・研究
⑦特定の金融商品・サービスの購入に際しての資格の確認

また、金融分野における個人情報取扱事業者が、与信事業に際して、個人情報を取得する場合においては、利用目的について本人の同意を得ることとし、契約書等における利用目的は他の契約条項等と明確に分離して記載することとされています。

この場合、事業者は取引上の優越的な地位を不当に利用し、与信の条件として、与信事業において取得した個人情報を与信業務以外の金融商品のダイレクトメールの発送に利用することを利用目的として同意させる等の行為を行うべきではなく、本人は当該ダイレクトメールの発送に係る利用目的を拒否することができます。

過去問CHECK！

個人情報取扱事業者は、個人情報を取り扱うに当たっては、その利用の目的（以下、本問において「利用目的」という。）をできる限り特定しなければならない。例えば、「マーケティング活動に用いるため」という記載は、具体的に利用目的を特定している事例に該当する。

× 利用目的を特定していない事例に該当する。

（2）利用目的の変更

金融分野における個人情報保護ガイドラインでは、金融分野における個人情報取扱事業者は、特定した利用目的を変更する

①変更できないわけではありません。

場合①には、変更後の利用目的が変更前の利用目的からみて、**社会通念上本人が想定できる範囲**を超えて行ってはならないとしています。

許容例	「商品案内等を郵送」→「商品案内等をメール送付」
認められない例	「アンケート集計に利用」→「商品案内等の郵送に利用」

なお、本人が想定できない変更を行う場合には、**本人の同意**を得なければなりません。

(3) 利用目的による制限

個人情報取扱事業者は、**あらかじめ**本人の同意を得ないで、特定された利用目的の達成に必要な範囲を超えて、個人情報を取り扱ってはなりません。

②承継前の利用目的達成の範囲内なら問題ありません。

また、個人情報取扱事業者は、合併その他の事由により他の個人情報取扱事業者から事業を承継することに伴って個人情報を取得した場合は、あらかじめ**本人の同意**を得ないで、承継前における当該個人情報の利用目的の達成に必要な範囲を超えて②、当該個人情報を取り扱ってはなりません。

③金融分野における個人情報保護ガイドラインでは、本人の同意の取得は原則として書面とされています。

ただし、金融分野における個人情報保護ガイドラインでは、あらかじめ本人の同意③を得るために個人情報を利用することは、当初特定した利用目的にない場合にも、目的外利用にはあたらないとしています。

なお、以下の場合は利用目的の制限には抵触しません。

①法令に基づく場合	・犯罪による収益の移転防止に関する法律に基づき疑わしい取引を届け出る場合 ・金融商品取引法に基づく証券取引等監視委員会の職員による犯則事件の調査に応じる場合

②国の機関もしくは地方公共団体またはその委託を受けた者が法令の定める事務を遂行することに対して協力する必要がある場合であって、本人の同意を得ることにより当該事務の遂行に支障を及ぼすおそれがあるとき	・振り込め詐欺に利用された口座に関する情報を警察に提供する場合

また、同意の形式については、原則として、書面または電磁的方法によることとされます。

なお、事業者があらかじめ作成された同意書面を用いる場合には、文字の大きさおよび文章の表現を変えること等により、個人情報の取扱いに関する条項が他と明確に区別され、本人に理解されることが望ましいとされます。または、あらかじめ作成された同意書面に確認欄を設け本人がチェックを行うこと等、本人の意思が明確に反映できる方法により確認を行うことが望ましいとされます。

（4）取得についての利用目的の通知等

個人情報取扱事業者は、個人情報を取得した場合は、**あらかじめその利用目的を公表している場合を除き**④、速やかに、その利用目的を、本人に通知し、または公表しなければなりません。

金融分野における個人情報保護ガイドラインでは、通知・公表の方法として以下のように規定しています。

「通知」の方法	金融分野における個人情報取扱事業者は、原則として、書面によることとする
「公表」の方法	金融分野における個人情報取扱事業者は、自らの金融商品の販売方法等の事業の態様に応じ、インターネットのホームページ等での公表、事務所の窓口等への書面の掲示・備付け等適切な方法によらなければならない

④あらかじめ公表している場合は対象外とされている点に注意しましょう。

(5) 利用目的の明示

個人情報取扱事業者は、本人との間で契約を締結することに伴って契約書その他の書面・電磁的記録に記載された当該本人の個人情報を取得する場合、その他本人から直接書面に記載された当該本人の個人情報を取得する場合は、あらかじめ、本人に対し、**その利用目的を明示しなければなりません**①。ただし、人の生命、身体または財産の保護のために緊急に必要がある場合は、この限りではありません。

また、個人情報取扱事業者は、利用目的を変更した場合は、変更された利用目的について、本人に通知し、または公表しなければなりません。

講師より

①金融分野における個人情報保護ガイドラインでは、金融分野における個人情報取扱事業者は、与信事業に際しては、利用目的を明示する書面に確認欄を設けること等により、利用目的について本人の同意を得ることが望ましいとしています。

過去問CHECK!

個人情報取扱事業者は、例えば、アンケートに記載された個人情報を直接本人から取得する場合等、本人から直接書面に記載された当該本人の個人情報を取得する場合は、あらかじめ、本人に対し、その利用目的を明示しなければならない。ただし、人の生命、身体又は財産の保護のために緊急に必要がある場合は、この限りでない。

○　書面に記載された当該本人の個人情報を取得する場合は、あらかじめ、本人に対し、その利用目的を明示しなければならないが、人の生命、身体又は財産の保護のために緊急に必要がある場合は不要である。

(6) 不正の手段による取得の禁止

個人情報取扱事業者は、偽りその他**不正の手段**②により個人情報を取得してはなりません。

講師より

②犯罪行為と同視できるような違法行為(窃取・詐欺・脅迫・盗撮など)が該当します。

(7) 不適正な利用の禁止

個人情報取扱事業者は、違法又は不当な行為を助長し、又は誘発するおそれがある方法により個人情報を利用してはなりません。

(8) 漏えい等の報告等

個人情報取扱事業者は、その取り扱う個人データの漏えい、滅失、毀損その他の個人データの安全の確保に係る事態であって個人の権利利益を害するおそれが大きいものとして個人情報保護委員会規則で定めるものが生じたときは、個人情報保護委員会規則で定めるところにより、当該事態が生じた旨を個人情報保護委員会に報告しなければなりません。

漏えい等の報告①が必要なケースは、以下になります。

①要配慮個人情報が含まれる個人データの漏えい、滅失若しくは毀損(漏えい等)が発生し、又は発生したおそれがある事態

例:病院における患者の診療情報や調剤情報を含む個人データを記録したUSBメモリーを紛失した場合

例:従業員の健康診断等の結果を含む個人データが漏えいした場合

②不正に利用されることにより財産的被害が生じるおそれがある個人データの漏えい等が発生し、又は発生したおそれがある事態

①漏えい等の報告
個人データを第三者に閲覧されないうちに全てを回収した場合は、漏えいに該当しません。また、個人情報取扱事業者が自らの意図に基づき個人データを第三者に提供する場合は、漏えいに該当しません。

例：EC（電子商取引）サイトからクレジットカード番号を含む個人データが漏えいした場合

例：送金や決済機能のあるウェブサービスのログインIDとパスワードの組み合わせを含む個人データが漏えいした場合

③不正の目的をもって行われたおそれがある個人データの漏えい等が発生し、又は発生したおそれがある事態

例：不正アクセスにより個人データが漏えいした場合

例：ランサムウェア等により個人データが暗号化され、復元できなくなった場合

例：個人データが記載又は記録された書類・媒体等が盗難された場合

例：従業者が顧客の個人データを不正に持ち出して第三者に提供した場合

④個人データに係る本人の数が1,000人を超える漏えい等が発生し、又は発生したおそれがある事態

また、漏えい等に該当するケースは以下のものがあります。

①個人データが記載された書類を第三者に誤送付した場合

②個人データを含むメールを第三者に誤送信した場合

③システムの設定ミス等によりインターネット上で個人データの閲覧が可能な状態となっていた場合

④個人データが記載又は記録された書類・媒体等が盗難された場合

⑤不正アクセス等により第三者に個人データを含む情報が窃取された場合

⑥ 個人情報取扱事業者のウェブサイトの入力ページが第三者に改ざんされ、ユーザーが当該ページに入力した個人情報が、当該第三者に送信された場合であり、かつ、当該個人情報取扱事業者が、当該ページに入力される個人情報を個人情報データベース等へ入力することを予定していたとき

(9) 機微（センシティブ）情報について

金融分野における個人情報保護ガイドラインでは、金融分野における個人情報取扱事業者は、要配慮個人情報、労働組合への加盟、人種および民族、門地および本籍地、保健医療および性生活、ならびに犯罪歴に関する情報（機微《センシティブ》情報といいます）については、次に掲げる場合を除くほか、取得、利用または第三者提供を行わないこととしています①。

①法令等に基づく場合
②人の生命、身体または財産の保護のために必要がある場合
③公衆衛生の向上または児童の健全な育成の推進のため特に必要がある場合
④国の機関もしくは地方公共団体またはその委託を受けた者が法令の定める事務を遂行することに対して協力する必要がある場合
⑤源泉徴収事務等の遂行上必要な範囲において、政治・宗教等の団体もしくは労働組合への所属もしくは加盟に関する従業員等の機微（センシティブ）情報を取得し、利用し、または第三者提供する場合

ココが出る!

①法令に基づく場合等、取得・利用ができるケースもあるので、センシティブ情報は一切利用できないわけではありません。

⑥相続手続による権利義務の移転等の遂行に必要な限りにおいて、機微（センシティブ）情報を取得し、利用し、または第三者提供する場合
⑦保険業その他金融分野の事業の適切な業務運営を確保する必要性から、本人の同意に基づき業務遂行上必要な範囲で機微（センシティブ）情報を取得し、利用し、または第三者提供する場合
⑧機微（センシティブ）情報に該当する生体認証情報を本人の同意に基づき、本人確認に用いる場合

5 データ内容の正確性の確保・安全管理措置

（1）データ内容の正確性の確保

個人情報取扱事業者は、利用目的の達成に必要な範囲内において、個人データを正確かつ最新の内容に保つとともに、利用する必要がなくなったときは、当該個人データを遅滞なく消去するよう努めなければなりません。

（2）安全管理措置

個人情報保護法ガイドライン（通則編）では、以下の安全管理措置を講ずる必要があるとしています。

組織的安全管理措置	①組織体制の整備 安全管理措置を講ずるための組織体制を整備しなければならない。 ②個人データの取扱いに係る規律に従った運用 あらかじめ整備された個人データの取扱いに係る規律に従って個人データを取り扱わなければならない。 なお、整備された個人データの取扱いに係る規律に従った運用の状況を確認するため、利用状況等を記録することも重要である。 ③個人データの取扱状況を確認する手段の整備 個人データの取扱状況を確認するための手段を整備しなければならない。 ④漏えい等事案に対応する体制の整備 漏えい等事案の発生又は兆候を把握した場合に適切かつ迅速に対応するための体制を整備しなければならない。

	なお、漏えい等事案が発生した場合、二次被害の防止、類似事案の発生防止等の観点から、事案に応じて、事実関係及び再発防止策等を早急に公表することが重要である。 ⑤取扱状況の把握及び安全管理措置の見直し 個人データの取扱状況を把握し、安全管理措置の評価、見直し及び改善に取り組まなければならない。
人的安全管理措置	①従業者の教育 従業者に、個人データの適正な取扱いを周知徹底するとともに適切な教育を行わなければならない。
物理的安全管理措置	①個人データを取り扱う区域の管理 個人情報データベース等を取り扱うサーバやメインコンピュータ等の重要な情報システムを管理する区域（管理区域）及びその他の個人データを取り扱う事務を実施する区域（取扱区域）について、それぞれ適切な管理を行わなければならない。 ②機器及び電子媒体等の盗難等の防止 個人データを取り扱う機器、電子媒体及び書類等の盗難又は紛失等を防止するために、適切な管理を行わなければならない。 ③電子媒体等を持ち運ぶ場合の漏えい等の防止 個人データが記録された電子媒体又は書類等を持ち運ぶ場合、容易に個人データが判明しないよう、安全な方策を講じなければならない。 なお、「持ち運ぶ」とは、個人データを管理区域又は取扱区域から外へ移動させること又は当該区域の外から当該区域へ移動させることをいい、事業所内の移動等であっても、個人データの紛失・盗難等に留意する必要がある。 ④個人データの削除及び機器、電子媒体等の廃棄 個人データを削除し又は個人データが記録された機器、電子媒体等を廃棄する場合は、復元不可能な手段で行わなければならない。 また、個人データを削除した場合、又は、個人データが記録された機器、電子媒体等を廃棄した場合には、削除又は廃棄した記録を保存することや、それらの作業を委託する場合には、委託先が確実に削除又は廃棄したことについて証明書等により確認することも重要である。

技術的安全管理措置	①アクセス制御 担当者及び取り扱う個人情報データベース等の範囲を限定するために、適切なアクセス制御を行わなければならない。 ②アクセス者の識別と認証 個人データを取り扱う情報システムを使用する従業者が正当なアクセス権を有する者であることを、識別した結果に基づき認証しなければならない。 ③外部からの不正アクセス等の防止 個人データを取り扱う情報システムを外部からの不正アクセス又は不正ソフトウェアから保護する仕組みを導入し、適切に運用しなければならない。 ④情報システムの使用に伴う漏えい等の防止 情報システムの使用に伴う個人データの漏えい等を防止するための措置を講じ、適切に運用しなければならない。

また、金融分野向けの個人情報ガイドラインでは、以下のような安全管理措置を講ずる必要があるとしています。

①安全管理措置に係る体制整備

個人情報取扱事業者は、その取り扱う個人データの漏えい、滅失又は毀損の防止その他の個人データの安全管理のため、安全管理に係る基本方針・取扱規程等の整備及び安全管理措置に係る実施体制の整備等の必要かつ適切な措置を講じなければなりません。必要かつ適切な措置は、個人データの取得・利用・保管等の各段階に応じた「**組織的安全管理措置**」、「**人的安全管理措置**」及び「**技術的安全管理措置**」を含むものでなければなりません。

当該措置は、個人データが漏えい、滅失又は毀損等をした場合に本人が被る権利利益の侵害の大きさを考慮し、事業の性質、個人データの取扱状況及び個人データを記録した媒体の性質等に起因するリスクに応じたものとします。

> 例えば、不特定多数者が書店で随時に購入可能な名簿で、事業者において全く加工をしていないものについては、個人の権利利益を侵害するおそれは低いと考えられることから、それを処分するために文書細断機等による処理を行わずに廃棄し、又は廃品回収に出したとしても、事業者の安全管理措置の義務違反にはなりません。

②個人データの安全管理に係る基本方針・取扱規程等の整備

個人情報取扱事業者は、**個人データの安全管理に係る基本方針・取扱規程等の整備**として、次に掲げる「組織的安全管理措置」を講じなければなりません。

＜組織的安全管理措置＞

（1） 規程等の整備
①個人データの安全管理に係る基本方針の整備 ②個人データの安全管理に係る取扱規程の整備 ③個人データの取扱状況の点検及び監査に係る規程の整備 ④外部委託に係る規程の整備
（2） 各管理段階における安全管理に係る取扱規程
①取得・入力段階における取扱規程 ②利用・加工段階における取扱規程 ③保管・保存段階における取扱規程 ④移送・送信段階における取扱規程 ⑤消去・廃棄段階における取扱規程 ⑥漏えい事案等への対応の段階における取扱規程

③個人データの安全管理に係る実施体制の整備

金融分野における個人情報取扱事業者は、個人データの安全管理に係る実施体制の整備として、次に掲げる「組織的安全管理措置」、「人的安全管理措置」及び「技術的安全管理措置」を講じなければなりません。

組織的 安全管理措置	①個人データの管理責任者等の設置 ②就業規則等における安全管理措置の整備 ③個人データの安全管理に係る取扱規程に従った運用 ④個人データの取扱状況を確認できる手段の整備 ⑤個人データの取扱状況の点検及び監査体制の整備と実施 ⑥漏えい事案等に対応する体制の整備
人的 安全管理措置	①従業者との個人データの非開示契約等の締結 ②従業者の役割・責任等の明確化 ③従業者への安全管理措置の周知徹底、教育及び訓練 ④従業者による個人データ管理手続の遵守状況の確認
技術的 安全管理措置	①個人データの利用者の識別及び認証 ②個人データの管理区分の設定及びアクセス制御 ③個人データへのアクセス権限の管理 ④個人データの漏えい・毀損等防止策 ⑤個人データへのアクセスの記録及び分析 ⑥個人データを取り扱う情報システムの稼働状況の記録及び分析 ⑦個人データを取り扱う情報システムの監視及び監査

過去問CHECK！

「技術的安全管理措置」とは、個人データ及びそれを取り扱う情報システムへのアクセス制御及び情報システムの監視等の、個人データの安全管理に関する技術的な措置をいい、個人データの利用者の識別及び認証、個人データの管理区分の設定及びアクセス制御、個人データの安全管理に係る取扱規程に従った運用は、技術的安全管理措置に該当する。

× 個人データの安全管理に係る取扱規程に従った運用は組織的安全管理措置である。

（3）従業者・委託先の監督

個人情報取扱事業者は、その従業者に個人データを取り扱わせるにあたっては、当該個人データの安全管理が図られるよう、

従業者に対し必要かつ適切な監督を行わなければなりません。

個人情報取扱事業者は、個人データの取扱いの全部または一部を委託する場合は、その取扱いを委託された個人データの安全管理が図られるよう、委託を受けた者に対する必要かつ適切な監督を行わなければなりません。

金融分野における個人情報保護のガイドラインでは、金融分野における個人情報取扱事業者は、個人データの安全管理が図られるよう、適切な内部管理体制を構築し、その従業者に対する必要かつ適切な監督を行わなければならないとしています。

また、「委託」には、契約の形態や種類を問わず、金融分野における個人情報取扱事業者が他の者に個人データの取扱いの全部または一部を行わせることを内容とする契約の一切を含むとしています。

6 個人データの第三者提供の制限・共同利用

(1) 本人の同意のない第三者提供の禁止

個人情報取扱事業者は、あらかじめ本人の同意を得ないで、個人データを第三者に提供してはなりません。この「提供」には物理的に提供されていなくても、ネットワーク等で個人データを利用できる場合も含みます。

金融分野における個人情報保護ガイドラインでは、第三者提供についての同意を得る際には、原則として、書面によることとし、当該書面における記載を通じて、以下の事項を本人に認識させた上で同意を得ることとしています。

①個人データを提供する第三者

②提供を受けた第三者における利用目的
③第三者に提供される情報の内容

（2）例外

①第三者に含まれない場合

以下の場合は、第三者に該当しない①ため、第三者提供に該当せず、同意は不要となります。

ア）**利用目的達成に必要な範囲**での委託先への提供
イ）**合併**・営業譲渡・会社分割等の事業承継に伴う提供
ウ）**共同利用**（一定のグループ内で個人情報を利用する場合）
※共同利用の場合、事前に利用目的や共同利用者の範囲、個人データの管理について責任を有する者②の氏名等を通知する必要がある

②オプトアウト

オプトアウト③とは、以下の事項を事前に本人に通知し、または本人が容易に知りうる状態におく場合に、個人情報保護委員会に届け出れば、事前同意がなくても第三者提供が認められるという制度です。

ア）第三者への提供を行う個人情報取扱事業者の氏名又は名称及び住所並びに法人にあっては、その代表者等の氏名
イ）第三者への提供を利用目的とすること。
ウ）第三者に提供される個人データの項目
エ）第三者に提供される個人データの取得の方法
オ）第三者への提供の方法
カ）本人の求めに応じて当該本人が識別される個人データの第三者への提供を停止すること。
キ）本人の求めを受け付ける方法
ク）その他個人の権利利益を保護するために必要なものとして個人情報保護委員会規則で定める事項

①個人データに係る本人の親族は第三者に該当します。

講師より

②個人データの管理について責任を負う者とは、共同して利用する者において、第一次的に苦情を受け付け、その処理を行うとともに、開示、訂正等及び利用停止等の決定を行い、安全管理に責任を有する者をいいます。

オプトアウトの場合、本人の求めがあれば第三者提供を停止しなければなりません。

過去問CHECK！

個人情報取扱事業者は、利用目的の達成に必要な範囲内において個人データの取扱いの全部又は一部を委託する場合、当該個人データによって識別される本人からその同意を得なければならない。

× 利用目的の達成に必要な範囲内の提供の場合は同意不要である。

(3) 変更時の通知

個人情報取扱事業者は、利用目的または個人データの管理について責任を有する者の氏名もしくは名称を変更があった場合は、変更後の内容について、遅滞なく、本人に通知し、または本人が容易に知り得る状態に置かなければなりません。

7 保有個人データの公表等

①保有個人データの公表

個人情報取扱事業者は、保有個人データに関し、次の事項について、本人の知り得る状態に置かなければなりません。

ア）個人情報取扱事業者の氏名・名称
イ）すべての保有個人データの利用目的
ウ）保有個人データの利用目的の通知を求める請求の手続
エ）その他

③金融分野における個人情報取扱事業者は、与信事業に係る個人の返済能力に関する情報を個人信用情報機関に提供するにあたっては、オプトアウトの規定を適用しないこととされています。

②保有個人データの利用目的の開示

個人情報取扱事業者は、本人から、当該本人が識別される保有個人データの利用目的の通知を求められたときは、本人に対し、遅滞なく、これを通知しなければなりません。この場合、本人に対して、手数料を請求することができます。

③保有個人データの開示

本人は、個人情報取扱事業者に対し、当該本人が識別される保有個人データの開示を請求することができます。

8 保有個人データの本人に対する開示・訂正等

個人情報取扱事業者は、本人から、当該本人が識別される保有個人データの開示（当該本人が識別される保有個人データが存在しないときにその旨を知らせることを含みます）を求められたときは、本人に対し、書面の交付や電磁的方法の提供等で、本人が請求する方法により、遅滞なく、当該保有個人データを開示しなければなりません。ただし、開示することにより、本人または第三者の生命、身体、財産その他の権利利益を害するおそれがある場合や、個人情報取扱事業者の業務の適正な実施に著しい支障を及ぼすおそれがある場合等は、その全部または一部を開示しないことができます①。

①開示をしないことも認められるケースがあることに注意しましょう。

講師より

②要配慮個人情報は本人に同意を得て取得することが義務となっており、オプトアウトは禁止されています。

9 要配慮個人情報

要配慮個人情報②とは、本人の人種、信条、社会的身分、病歴、犯罪の経歴、犯罪により害を被った事実その他本人に対する不当な差別、偏見その他の不利益が生じないようにその取扱いに特に配慮を要するものとして政令で定める記述等が含まれる個

人情報をいいます。

10 仮名加工情報

仮名加工情報とは、個人情報の区分に応じて、個人情報の一部または全部を削除する等の措置を講じて他の情報と照合しない限り特定の個人を識別することができないように個人情報を加工して得られる個人に関する情報をいいます。

11 匿名加工情報

匿名加工情報とは、特定の個人を識別することができないように個人情報を加工して得られる個人に関する情報であって、個人情報に含まれる記述等の一部を削除するなどして、当該個人情報を復元することができないようにしたものをいいます。

12 個人関連情報

個人関連情報とは、生存する個人に関する情報であって、個人情報、仮名加工情報及び匿名加工情報の**いずれにも該当しないもの**をいいます。以下のものが該当します。

①Cookie等の端末識別子を通じて収集された、ある個人のウェブサイトの閲覧履歴
②メールアドレスに結び付いた、ある個人の年齢・性別・家族構成等
③ある個人の商品購買履歴・サービス利用履歴
④ある個人の位置情報
⑤ある個人の興味・関心を示す情報

第50章

■重要度 ★★★

消費者契約法

1 消費者契約法とは

消費者と事業者との間の情報の質および量ならびに交渉力の格差にかんがみ、事業者の一定の行為により消費者が誤認し、または困惑した場合について契約の申込みまたはその承諾の意思表示を取り消すことができることとするとともに、事業者の損害賠償の責任を免除する条項その他の消費者の利益を不当に害することとなる条項の全部または一部を無効とすることにより、消費者の利益の擁護を図り、もって国民生活の安定向上と国民経済の健全な発展に寄与することを目的とします。

2 消費者と事業者

消費者契約法は、個人消費者と事業者①との間の消費者契約②に適用されます。消費者と事業者とでは、有する情報量等に差があるため、消費者の保護が必要になるからです。

以下の者は事業者とされます。

①法人
②弁護士・税理士・医療機関
③個人が事業のために契約当事者となる場合

例えば、貸金業者が個人顧客との間で金銭消費貸借契約を結んだ場合、消費者契約法の適用があります。これに対し、貸金業者が個人顧客と金銭消費貸借契約を締結した場合であっても

①営利を目的としていなくても該当します。

②消費者契約は、個人消費者と事業者間の契約であり、政令で指定された商品や役務の提供契約ではありません。

個人顧客が事業のために契約した場合、この個人顧客も事業者になりますので、消費者契約法の適用はありません。

3 契約の取消し

事業者が以下のような不当な勧誘行為をしたため、消費者が誤認や困惑して契約したときは、消費者はその契約を**取り消す**ことができます。ただし、善意無過失の第三者には対抗できません。

①重要事項を事実と異なる内容を告げた（不実告知）
②不確かな事項を「確実」と説明した（断定的判断の提供）
③消費者に不利な情報を故意または重大な過失により告げなかった（不利益事実の不告知）
④消費者は退去をお願いしているのに強引に居座った（不退去）
⑤消費者は帰りたいと伝えているのに強引に引き留めた（退去妨害）
⑥社会経験の乏しさを利用して消費者の不安をあおった（不安をあおる告知）
⑦社会経験の乏しさを利用してデート商法などで消費者の好意を利用した（好意の感情の不当な利用・デート商法）
⑧高齢による判断力低下を不当に利用して消費者の不安をあおった
⑨霊感等特別な能力によって消費者の不安をあおった（霊感商法）
⑩契約前なのに消費者に対し、強引に損失補償を請求する等、契約締結前に債務の内容を実施した
⑪消費者にとって分量や回数などが多すぎる契約をした（過量契約）
⑫山等に勧誘をすると告げずに退去困難な場所へ同行して勧誘した（退去困難な場所での勧誘）
⑬威迫する言動を交えて消費者の第三者への相談の連絡を妨害した
⑭消費者が成年後見制度を利用すると契約を解除する条項を締結した
⑮契約前に目的物の原状を変更（加工等）して回復を著しく困難にする行為をした

この取消権は、追認をすることができる時から１年間（上記⑨の霊感商法については、３年間）行わないときは、時効によって消滅します。また、消費者契約の締結の時から５年（上記⑨の霊感商法については、10年）を経過したときも、消滅します。

過去問CHECK！

消費者契約法に基づき消費者に認められる取消権は、原則として、追認をすることができる時から１年間行わないときは、時効によって消滅する。当該消費者契約の締結の時から５年を経過したときも、同様とする。

○　追認をすることができる時から１年間または契約の締結の時から５年を経過したときは時効で消滅する。

注意!!

①故意または重大な過失があったときに限られています。

講師より

②事業者が履行の追完をする責任または不適合の程度に応じた代金若しくは報酬の減額をする責任を負うこととされている場合は事業者の責任を免除する特約も有効です。

4　事業者の責任を免除する条項等の無効

ア） 事業者の損害賠償の責任を免除する条項等の**無効**	①事業者の債務不履行により消費者に生じた損害を賠償する責任の**全部を免除**するまたは当該事業者にその責任の有無を決定する権限を付与する条項 ②事業者の債務不履行（当該事業者、その代表者またはその使用する者の**故意または重大な過失**①によるものに限る）により消費者に生じた損害を賠償する責任の**一部を免除**または当該事業者にその責任の有無を決定する権限を付与する条項 ③消費者契約における事業者の債務の履行に際してされた当該事業者の不法行為により消費者に生じた損害を賠償する民法の規定による責任の**全部を免除**または当該事業者にその責任の有無を決定する権限を付与する条項 ④消費者契約における事業者の債務の履行に際してされた当該事業者の不法行為（当該事業者、その代表者またはその使用する者の**故意または重大な過失**によるものに限る）により消費者に生じた損害を賠償する民法の規定による責任の**一部を免除**または当該事業者にその責任の有無を決定する権限を付与する条項 ⑤消費者契約が有償契約である場合において、引き渡された目的物が種類または品質に関して契約の内容に適合しないときに、これにより消費者に生じた損害を賠償する事業者の責任を免除②し、または当該事業者にその責任の有無もしくは限度を決定する権限を付与するもの

イ) 消費者が支払う損害賠償の額を予定する条項等の**無効**	①当該消費者契約の解除に伴う損害賠償の額を予定し、または違約金を定める条項であって、これらを合算した額が、当該条項において設定された解除の事由、時期等の区分に応じ、当該消費者契約と同種の消費者契約の解除に伴い当該事業者に生ずべき**平均的な損害の額を超えるもの** ⇒当該**超える部分**が**無効** ②当該消費者契約に基づき支払うべき金銭の全部または一部を消費者が支払期日（支払回数が 2 以上である場合には、それぞれの支払期日）までに支払わない場合における損害賠償の額を予定し、または違約金を定める条項であって、これらを合算した額が、支払期日の翌日からその支払をする日までの期間について、その日数に応じ、当該支払期日に支払うべき額から当該支払期日に支払うべき額のうち既に支払われた額を控除した額に**年 14.6%**の割合を乗じて計算した額を超えるもの ⇒当該**超える部分**が**無効**
ウ) 消費者の利益を一方的に害する条項の**無効**	民法、商法その他の法律の公の秩序に関しない規定の適用による場合に比し、消費者の権利を制限し、または消費者の義務を加重する消費者契約の条項であって、民法に規定する基本原則に反して消費者の利益を一方的に害するものは、無効とする

過去問CHECK！

消費者契約の解除に伴う損害賠償の額を予定する条項であって、その額が、当該条項において設定された解除の事由、時期等の区分に応じ、当該消費者契約と同種の消費者契約の解除に伴い当該事業者に生ずべき平均的な損害の額を超えるものは、当該条項そのものを無効とする。

× **超えた部分**が**無効**となる。

5 解除権を放棄させる条項の無効

次に掲げる消費者の解除権を放棄させる消費者契約の条項は、無効となります。

①事業者の債務不履行により生じた消費者の解除権を放棄させ又は当該事業者に解除権の有無を決定する権限を付与する条項
②消費者契約が有償契約である場合において、当該消費者契約の目的物に隠れた瑕疵があること（当該消費者契約が請負契約である場合には、当該消費者契約の仕事の目的物に瑕疵があること）により生じた消費者の解除権を放棄させ又は当該事業者に解除権の有無を決定する権限を付与する条項

6 事業者に対し後見開始の審判等による解除権を付与する条項の無効

事業者に対し、消費者が後見開始、保佐開始又は補助開始の審判を受けたことのみを理由とする解除権を付与する消費者契約（消費者が事業者に対し物品、権利、役務その他の消費者契約の目的となるものを提供することとされているものを除く）の条項は、無効となります。

7 消費者契約法上の金利制限

消費者契約法では、遅延損害金の最高利率を**14.6%**としています。しかし、消費者契約法では、同時に民法、商法以外の法律に消費者契約法とは別段の定めがあるときは、その定めによるとして、**他の法律の定めを優先**しています。

したがって、貸金業者の金銭消費貸借契約の場合ですと、利息制限法の規定が優先することになります。

過去問CHECK！

消費者契約の条項のうち、消費者契約に基づき支払うべき金銭の全部を消費者が支払期日までに支払わない場合における損害賠償の額を予定し、又は違約金を定める条項であって、これらを合算した額が、支払期日の翌日からその支払をする日までの期間について、その日数に応じ、当該支払期日に支

払うべき額から当該支払期日に支払うべき額のうち既に支払われた額を控除した額に年 14.6%の割合を乗じて計算した額を超えることとなるものは、当該超える部分につき無効である。

○ 原則として、14.6%を超える部分が無効となる。

8 適格消費者団体

不特定かつ多数の消費者の利益のために消費者契約法の規定による差止請求権を行使するのに必要な適格性を有する法人である消費者団体として内閣総理大臣の認定を受けた者を適格消費者団体といいます。この適格消費者団体には差止請求は認められていますが、**契約の取消権は認められていません。**

過去問CHECK！

事業者が、消費者契約の締結について勧誘をするに際し、勧誘をしている場所から退去する旨の意思を消費者が示したにもかかわらず、当該消費者を退去させないなど、消費者を困惑させることにより当該消費者契約を締結した場合、消費者契約法第２条（定義）第４項に規定する適格消費者団体には、当該消費者契約についての取消権が認められている。

× 適格消費者団体には差止請求は認められているが、取消権は認められていない。

第51章　■重要度 ★★★

不当景品類および不当表示防止法

1 景表法の目的

不当景品類および不当表示防止法（以下、景表法と略します）は、不当な表示や高額の懸賞をつけることで、商品の良し悪しではなく、懸賞につられて消費者が商品を購入することを制限する法律です。これを制限しないと、一般消費者の利益が害されることになるからです。

2 事業者・事業者団体

事業者	商業、工業、金融業その他の事業を行う者をいう 当該事業を行う者の利益のためにする行為を行う**役員**、**従業員**、**代理人**その他の者も、事業者団体・協定・規約の適用については、当該事業者とみなされる
事業者団体	事業者としての共通の利益を増進することを主たる目的とする２以上の事業者の結合体又はその連合体をいう

3 景品類とは？

講師より

①正常な商慣習に照らして値引・アフターサービス等と認められるものは該当しません。

景品類とは、物品や金銭・金券①、映画やスポーツの招待（饗応）、便益・労務その他の役務で、次の要件を満たすものです。

①顧客誘引の手段として ②取引に付随して提供する ③経済上の利益	**内閣総理大臣**が指定するもの

つまり、特定の商品の購入をした者やサービスを申し込んだ

者②に対して提供される景品について制限されるのです。

4 表示とは？

表示とは、顧客を誘引するための手段として、事業者が自己の供給する商品または役務の内容または取引条件その他これらの取引に関する事項について行う広告その他の表示であって、内閣総理大臣③が指定するものをいいます。

過去問CHECK！

表示とは、顧客を誘引するための手段として、事業者が自己の供給する商品又は役務の内容又は取引条件その他これらの取引に関する事項について行う広告その他の表示であって、内閣総理大臣が指定するものをいう。

○ 表示の説明である。

5 景品・表示の指定等

内閣総理大臣は、景品類の定義もしくは表示の定義の規定による指定をし、またはその変更もしくは廃止をしようとするときは、内閣府令で定めるところにより、**公聴会**を開き、関係事業者及び一般の意見を求めるとともに、**消費者委員会**の意見を聴かなければなりません。

6 不当な表示の禁止

事業者は、自己の供給する商品または役務の取引について、次のいずれかに該当する表示をしてはなりません。

②なお、この景表法の景品は“商品購入者やサービス申込者に限定して提供される場合”のものであり、対象を限定しないいわゆるオープン懸賞は景表法の制限を受けません。

③公正取引委員会が指定するのではありません。

(1) 優良誤認①

商品または役務の品質、規格その他の内容について、一般消費者に対し、実際のものよりも**著しく優良**であると示し、または事実に相違して当該事業者と同種もしくは類似の商品もしくは役務を供給している他の事業者に係るものよりも著しく優良であると示す表示であって、不当に顧客を誘引し、一般消費者による自主的かつ合理的な選択を阻害するおそれがあると認められる表示をしてはなりません。

(2) 有利誤認②

商品または役務の価格その他の取引条件について、実際のものまたは当該事業者と同種もしくは類似の商品もしくは役務を供給している他の事業者に係るものよりも取引の相手方に**著しく有利**であると一般消費者に誤認される表示であって、不当に顧客を誘引し、一般消費者による自主的かつ合理的な選択を阻害するおそれがあると認められる表示をしてはなりません。

(3) その他誤認のおそれがある表示

上記のほか、商品または役務の取引に関する事項について一般消費者に誤認されるおそれがある表示であって、不当に顧客を誘引し、一般消費者による自主的かつ合理的な選択を阻害するおそれがあると認められる表示をしてはなりません。

消費者信用の融資費用に関して、以下の実質年利の表示が明瞭に記載されていないとこの不当表示に該当するとされます。

①アドオン方式③による利息、手数料その他の融資費用の率の表示
②日歩、月利等年建て以外による利息、手数料その他の融資費用の率の表示
③融資費用の額の表示
④返済事例による融資費用の表示
⑤融資費用の一部についての年建てによる率の表示

講師より

①例えば原産地名を変えてしまうようなケースです。

講師より

②例えば二重価格表示が該当します。

KEYWORD

③**アドオン方式**
当初の元本に対して利息を計算する方法。元本は月々の返済により減少し、それによって利息も減少するはずですが、アドオン方式だと元本が減らないものとして計算されるため実際は利率が高くなる可能性があります。

過去問CHECK！

内閣総理大臣は、景品表示法第７条（措置命令）第１項の規定による命令に関し、事業者がした表示が同法第５条（不当な表示の禁止）第１号に該当する表示（「優良誤認表示」という）か否かを判断するため必要があると認めるときは、当該表示をした事業者に対し、期間を定めて、当該表示の裏付けとなる合理的な根拠を示す資料の提出を求めることができる。この場合において、当該事業者が当該資料を提出しないときは、同法第７条第１項の規定の適用については、当該表示は優良誤認表示とみなされる。

○ 表示の裏付けとなる合理的な根拠を示す資料の提出がないときは優良誤認表示とみなされる。

7 不実証広告規制

内閣総理大臣（**消費者庁長官**）は、事業者がした表示が、**優良誤認表示**に該当するか否かを判断するため必要があると認めるときは、当該表示をした事業者に対し、期間を定めて、当該表示の裏付けとなる合理的な根拠を示す資料の提出を求めることができ、事業者がその資料を提出しないときは、その表示は**優良誤認表示に該当する表示とみなされます**。なお、**有利誤認表示にはこの制度はありません**。

8 措置命令

内閣総理大臣は、不当な景品の規制や不当な表示の禁止に違

反する行為があるときは、当該事業者に対し、その行為の差止めもしくはその行為が再び行われることを防止するために必要な事項またはこれらの実施に関連する公示その他必要な事項を命ずることができます①。

ココが出る!

①すでに違反行為がなくなっている場合でも、差止め等を命じることができますが、疑わしい行為というだけでは差止め等を命じることができません。

都道府県知事も、当該事業者に対し、その行為の取りやめもしくはその行為が再び行われることを防止するために必要な事項またはこれらの実施に関連する公示その他必要な事項を指示することができます。

過去問CHECK!

内閣総理大臣は、景品表示法第４条（景品類の制限及び禁止）の規定による制限もしくは禁止又は同法第５条（不当な表示の禁止）の規定に違反する行為があるときは、当該事業者に対し、その行為の差止めもしくはその行為が再び行われることを防止するために必要な事項又はこれらの実施に関連する公示その他必要な事項を命ずることができる。ただし、その命令は、当該違反行為が既になくなっている場合にはすることができない。

× 違反行為が既になくなっている場合でもできる。

9 報告の徴収及び立入検査等

内閣総理大臣は、措置命令、課徴金納付命令又は勧告を行うため必要があると認めるときは、当該事業者もしくはその者とその事業に関して関係のある事業者に対し、その業務もしくは財産に関して報告をさせ、もしくは帳簿書類その他の物件の提

出を命じ、又はその職員②に、当該事業者もしくはその者とその事業に関して関係のある事業者の事務所、事業所その他その事業を行う場所に立ち入り、**帳簿書類その他の物件を検査**させ、もしくは**関係者に質問**させることができます。

10 適格消費者団体の差止請求権

適格消費者団体は、事業者が、不特定かつ多数の一般消費者に対して次に掲げる行為を現に行い又は行うおそれがあるときは、当該事業者に対し、当該**行為の停止**もしくは**予防**又は当該行為が法定の表示をしたものである旨の**周知**その他の当該行為の停止もしくは予防に必要な措置をとることを請求できます。

①商品または役務の品質、規格その他の内容について、実際のものまたは当該事業者と同種もしくは類似の商品もしくは役務を供給している他の事業者に係るものよりも著しく優良であると誤認される表示をすること
②商品または役務の価格その他の取引条件について、実際のものまたは当該事業者と同種もしくは類似の商品もしくは役務を供給している他の事業者に係るものよりも取引の相手方に著しく有利であると誤認される表示をすること

11 協定・規約

事業者又は事業者団体は、内閣府令で定めるところにより、景品類又は表示に関する事項について、**内閣総理大臣及び公正取引委員会**③の認定を受けて、不当な顧客の誘引を防止し、一般消費者による自主的かつ合理的な選択及び事業者間の公正な競争を確保するための協定又は規約を締結し、または設定することができます。

講師より

②立入検査をする職員は、その身分を示す証明書を携帯し、関係者に提示しなければなりません。また、この権限は、犯罪捜査のために認められたものと解釈してはなりません。

③消費者委員会ではありません。

第52章　■重要度 ★★★

財務・会計

1 支払能力の調査等

（1）源泉徴収票等

①貸付けの金額と既存の貸付契約の残高の合計が50万円を超えるときは収入を証する書面の提出を貸金業者は求めなければなりません。

貸金業法では、支払能力を超える貸付けが禁止されていますので、個人顧客等に一定の貸付けをする場合、年間の給与その他定期的な収入の調査を、**源泉徴収票**等の書面①で実施することが求められています。

<収入を証する書面>

	ポイント
①源泉徴収票	企業等が個人に支給した給与等支払額およびその所得税を源泉徴収した額を証明する書面。支払金額や給与所得控除後の金額、源泉徴収税額等を記載
②支払調書	所得税法上、給与や報酬等の支払者がその支払の明細を記入し、税務署に提出しなければならない書類
③給与の支払明細書	直近２ヵ月分以上のもの
④確定申告書	所得税を確定させるため、個人が、その年の１月１日から12月31日までを課税期間としてその期間内の収入・支出等から所得を計算した申告書のこと
⑤青色申告決算書	所得税の青色申告者が複式簿記等の手法に基づいて帳簿を記載し、それにより、所得税等の計算をした決算書
⑥収支内訳書	事業所得等を有する青色申告以外の白色申告者が、確定申告をする場合に確定申告書に添付する書類
⑦納税通知書	市区町村等の発行する市民税や固定資産税等の納税を通知する書面
⑧所得証明書	市区町村等の発行する前年中の所得額についての証明書 課税証明書ともいう
⑨年金証書	年金金額変更通知書等、年金を受ける権利を証明する書面

①支払金額

支払金額は、1月1日から12月31日までに支払われた給与等の支払金額が記載されています。簡単にいうと年収になります。**所得税や住民税は控除されていません。**

②給与所得控除後の金額

給与所得控除後の金額とは、支払金額から給与所得控除①を引いた額になります。給与所得では、支払金額に応じて控除される金額が決まっています。例えば支払金額（年収）600万円でしたら、600万円×20%＋44万円＝164万円が控除額になります。したがって、給与所得控除後の金額は、600万円(支払金額)－164万円(所得控除)＝436万円となります。

講師より

①自営業の場合は売上から経費等を引けますが、給料の場合ですとこのような経費を算出することが難しいので、給与所得控除というものが決められています。

③所得控除の額の合計額

上記の給与所得控除以外にも様々な所得控除があります。その合計額になります。

④源泉徴収税額

実際に源泉徴収された金額です。**住民税の金額は含まれていません。**

⑤控除の種類

ここには控除の種類と控除額が記載されます。

②配偶者控除は、事実上の夫婦関係にある者には適用されません。

a. 配偶者控除②

年間の合計所得金額が48万円以下（給与のみの場合は給与収入が103万円以下）の配偶者については、控除を受ける納税者本人の合計所得に応じて、一定額が控除されます。

b. 配偶者特別控除

年間の合計所得が48万円を超える配偶者であっても控除を受ける納税者本人の合計所得全額に応じて一定額が控除されます。

c. 控除対象扶養親族数（扶養控除）③

配偶者以外の扶養親族	38 万円控除
特定扶養親族	63 万円控除
70 歳以上の同居の親族	58 万円（同居以外は 48 万円）控除

d. 障害者の数（障害者控除）

納税者自身又は控除対象配偶者や扶養親族が所得税法上の障害者に当てはまる場合には、障害者 1 人について 27 万円、特別障害者に該当する場合は 40 万円控除されます。

e. 社会保険料控除

厚生年金保険や健康保険の保険料で、被保険者として負担するものは控除されます。会社員の方ですと、厚生年金保険料等の一部は事業主（会社等）が支払っていますが、ここで控除対象となるのは、会社員の方が支払った分についてです。**事業主が払った分は含まれていません。**

f. 生命保険料控除

納税者が一定の生命保険料、介護医療保険料及び個人年金保険料を支払った場合には、一定の金額の所得控除を受けることができます。

g. 地震保険料控除

納税者が特定の損害保険契約等に係る地震等損害部分の保険料や掛金を支払った場合には、一定の金額の所得控除を受けることができます。

h. 住宅借入金等特別控除

住宅ローン控除ともよばれるもので、居住者が住宅ローン等を利用して、マイホームの新築等をした場合で一定の要件を満たす場合において、その取得等に係る住宅ローン等の年末残高

③扶養控除には配偶者は含まれていません。配偶者特別控除が別途あるからです。

の合計額等を基として計算した金額を、居住の用に供した年分以後の各年分の所得税額から控除するものです。

(2) 確定申告

サラリーマン等の給与所得がある人は、年末調整により所得税等が精算されるため、一般的には確定申告は不要ですが、以下の場合には所得税の確定申告が必要となります。

①給与の収入金額が **2,000 万円**を超える
②給与を１か所から受けていて、かつ、その給与の全部が源泉徴収の対象となる場合において、各種の所得金額（給与所得、退職所得を除く。）の合計額が 20 万円を超える
③給与を２ヵ所以上から受けていて、かつ、その給与の全部が源泉徴収の対象となる場合において、年末調整をされなかった給与の収入金額と、各種の所得金額（給与所得、退職所得を除く）との合計額が 20 万円を超える
④同族会社の役員やその親族などで、その同族会社からの給与のほかに、貸付金の利子、店舗・工場などの賃貸料、機械・器具の使用料などの支払を受けた
⑤給与について、災害減免法により所得税等の源泉徴収税額の徴収猶予や還付を受けた
⑥在日の外国公館に勤務する方や家事使用人の方などで、給与の支払を受ける際に所得税等を源泉徴収されないこととなっている

2 企業会計

(1) 企業会計とは？

企業会計とは、ある企業における経済的事象を、主として貨幣単位で測定し、その結果に関する情報を伝達する行為をいいます。企業会計には、関係者に財務情報を提供する情報提供機能と、関係者の利害を調整する役割があります。

つまり、企業会計には、経営者が経営方針を決定する資料①の役割と、当該企業に関わる者（株主や債権者等）に対する情報開示①の役割があるのです。

①管理会計と財務会計の考え方です。

(2) 財務会計と管理会計

企業会計には財務会計と管理会計という2つの領域があります。

財務会計	株主・投資家・取引先・債権者・国等の企業外部の利害関係人に対して、企業の財政状態または経営成績に関して報告する会計
管理会計	会社の経営者が会社の経営方針や経営計画を策定し、これに基づき会社の管理を行うことを目的とした会計

(3) 企業会計原則

企業会計原則は、企業会計における実務の中から、公正妥当と認められたものを要約したもので、すべての企業がこれに従わなければならないとされています。

企業会計原則は、以下の3原則から成り立っています。

①一般原則

一般原則とは、文字どおり企業会計に関する一般的な指針であり、規範的な性質を有します。一般原則には以下の7原則が規定されています。

真実性の原則	企業の財政状態および経営成績に関して、真実な報告を提供するものでなければならないとする原則
正規の簿記の原則	すべての取引につき、正規の簿記の原則②に従って、正確な会計帳簿を作成しなければならないという原則
資本取引・損益取引区別原則	資本取引と損益取引を明確に区別し、特に資本剰余金と利益剰余金を混同してはならないという原則
明瞭性の原則	財務諸表によって、利害関係者に対し必要な会計事実を明瞭に表示し、企業の状況に関する判断を誤らせないようにしなければならないとする原則
継続性の原則	企業会計は、その処理の原則および手続を毎期継続して適用し、みだりにこれを変更してはならない③という原則

②一般的には複式簿記が用いられます。

③みだりに変更できないのであって、一切変更できないわけではありません。

保守主義の原則	企業の財政に不利な影響を及ぼす可能性がある場合には、これに備えて健全な会計処理をしなければならないとする原則
単一性の原則	株主総会提出のため、信用目的のため、租税目的のため等、さまざまな目的のために異なる形式の財務諸表を作成する必要がある場合でも、その報告内容は実質的に単一のものでなければならないとする原則

過去問CHECK！

企業の財政状態に影響を及ぼす多額の取引については、その取引の内容をできる限り詳細かつ堅実に注記しなければならない。これを一般に堅実性の原則という。

× 堅実性の原則というものはない。

②損益計算書原則

損益計算書を作成・表示するための具体的な処理基準のことで、実現主義、発生主義、費用収益対応の原則等があります。

③貸借対照表原則

貸借対照表を作成・表示するための具体的な処理基準のことで、取得原価主義、時価主義等があります。

④重要性の原則

一般原則ではありませんが、重要性の原則というものもあります。企業会計は、株主や債権者にとって非常に重要ですので、定められた会計処理の方法に従い、できるだけ正確に行われるべきものです。しかし、あまりにもに詳細すぎてしまうと会計データ自体が煩雑となり、重要な会計情報がそうでない会計情報に埋没してしまい、かえって、財務諸表の明瞭表示にとっての障害となってしまうおそれがあります。

そこで、財務諸表の概観性を高めるために、重要性の乏しい取引については簡便な会計処理の採用が認められています。それがこの重要性の原則です。

⑤ 重要な後発事象

後発事象とは、貸借対照表日後に発生した事象で、次期以後の財政状態および経営成績に影響を及ぼすものをいいます。重要な後発事象は、当該企業の将来の財政状態および経営成績を理解するための補足情報として有用ですので、これを注記事項として開示するのです。重要な後発事象の例としては、次のようなものがあります。

① 火災、出水などによる重大な損害の発生
② 多額の増資または減資および多額の社債の発行または繰上げ償還
③ 会社の合併、重要な営業の譲渡または譲受
④ 重要な係争事件の発生または解決
⑤ 主要な取引先の倒産

3 財務諸表の種類

財務諸表には以下の書類があります。

損益計算書	ある期間における企業の経営成績を明らかにするため、その期間の費用・収益がどれくらい発生したかという損益の増減を示す財務諸表
貸借対照表	ある時期における企業の財政状態を明らかにするため、その時点でのすべての資産・負債および資本の状況を表示する財務諸表
キャッシュ・フロー計算書	会社の会計期間の資金の流れを表示する財務諸表
株主資本等変動計算書	貸借対照表の純資産の部の変動状況を示す財務諸表 純資産を株主資本、評価・換算差額等、新株予約権の３つに区分し、それぞれの内訳および増減額を記載する

(1) 損益計算書

損益計算書とは、ある期間における企業の経営成績を明らかにするため、その期間の費用・収益①がどれくらい発生したかという損益の増減を示す財務諸表です。簡単にいうと、どれくらい儲かったかを表示するのです。でも、企業の収入や支出は、なにも取引だけからとは限りません。天災による損害や税金等も発生するからです。

①費用には、売上原価や販売費用、一般管理費等、収益には営業収益や営業外収益があります。

①損益計算書の区分

損益計算書は、以下の３つに区分されます。

営業損益計算	企業の営業活動から発生する収益と費用を記載し、その差額として営業損益を計算する区分
経常損益計算	営業活動以外で毎年発生する費用・収益を営業損益に加減して経常損益②を計算する区分
純損益計算	臨時的に発生する特別な損益等を経常損益に加減して純損益を計算する区分

KEYWORD

②経常損益
企業の継続的な経営活動から生じる損益。

■損益計算書

売上高	・営業活動による収益	営業損益計算
売上原価	・仕入れ、製造原価	
売上総利益	・粗利	
販売費及び一般管理費	・通常の営業活動に必要な費用	
営業利益	・会社の通常営業活動により得られる利益	
営業外収益	・利息、家賃等の営業活動に関係なく経常的に発生する収益・費用	経常損益計算
営業外費用		
経常利益	・企業の収益力	
特別利益	・固定資産の売却や天災による損害等、臨時的で特別な利益・損失	純損益計算
特別損失		
税引前当期純利益	・税金を引く前の当期純利益	
法人税①等	・損益に対応する税金	
当期純利益	・会社の当期の純利益	

売上総損益金額	**売上高**から**売上原価**を減じて得た額（売上総損益金額）は、**売上総利益金額**として表示しなければならない。ただし、売上総損益金額が零未満である場合には、零から売上総損益金額を減じて得た額を売上総損失金額として表示しなければならない
営業損益金額	**売上総損益金額**から**販売費及び一般管理費の合計額**を減じて得た額（営業損益金額）は、**営業利益金額**として表示しなければならない。ただし、営業損益金額が零未満である場合には、零から営業損益金額を減じて得た額を営業損失金額として表示しなければならない

KEYWORD

①法人税
法人（会社等）の所得に対して課せられる税のこと。

経常損益金額	**営業損益金額**に**営業外収益**を加えて得た額から**営業外費用**を減じて得た額（経常損益金額）は、**経常利益金額**として表示しなければならない。ただし、経常損益金額が零未満である場合には、零から経常損益金額を減じて得た額を経常損失金額として表示しなければならない
税引前当期純利益	**経常損益金額**に**特別利益**を加えて得た額から**特別損失**を減じて得た額（税引前当期純損益金額）は、**税引前当期純利益金額**（連結損益計算書にあっては、税金等調整前当期純利益金額）として表示しなければならない。ただし、税引前当期純損益金額が零未満である場合には、零から税引前当期純損益金額を減じて得た額を税引前当期純損失金額として表示しなければならない
当期純利益	**税引前当期純利益金額**または**税引前当期純損失金額**に、当該事業年度に係る法人税、住民税及び事業税（利益に関連する金額を課税標準として課される事業税をいう。）並びに法人税等調整額（税効果会計の適用により計上される法人税、住民税及び事業税の調整額をいう。）の金額を加減した金額は、**当期純利益金額**または**当期純損失金額**として記載しなければならない

過去問CHECK！

売上高から売上原価を減じて得た額（「売上総損益金額」という）が零以上の場合を売上総利益金額という。

○　売上総利益金額の説明である。

②発生主義と実現主義

発生主義、実現主義とは、収益・費用をいつ計上するのかを定める規定のことをいいます。

発生主義	現金が支出されたかどうかは関係なく、費用の発生の事実をもって計上を行う方法①

講師より

①例えば費用の発生が3月なら4月にそれを支払ったとしても3月に費用として計上します。

実現主義	収益に関してはより確実性が高まってから計上する方法

（2）貸借対照表

　ある時期における企業の財政状態を明らかにするため、その時点でのすべての資産・負債および純資産の状況を表示する財務諸表をいいます。企業にはさまざまな資産がありますが、資産を取得する際には何らかの対価が必要となります。貸借対照表は、この資産の保有と資金の調達を表しています。

①貸借対照表の区分

　貸借対照表は、まず左側に資産、右側に負債と資本（会社計算規則では純資産）②が記載されます。そして、それぞれ以下のように区分されます。

＜資産の部＞

	内容	項目
流動資産	流動資産とは、資産のうち、正常営業循環過程③にあるもの、又は正常営業循環過程になくても**1年以内**に現金化が予定されているもの	当座資産（現金・預金、売掛金、受取手形、有価証券等）棚卸資産、その他流動資産（前渡金、前払金、短期貸付金等）が該当する
固定資産	長期間にわたって企業に使用され、または企業に保有される資産のこと	**有形固定資産**（土地、建物、機械設備等）、**無形固定資産**（特許権、営業権等）、**投資その他資産**（長期前払費用、長期保有の株式等）が該当する
繰延資産	企業が創立するまでに要したコスト（創立費等）や、株式発行に要したコスト（新株発行費）などのように、その支出の効果が当期だけのものでなく、将来にわたって長期的に発現すると見込まれる特定の費用	

講師より

②資産から負債を引いた残りが純資産となります。

KEYWORD

③正常営業循環過程
営業サイクルの中にある項目を流動資産・流動負債とする基準。

＜負債の部＞

	内容	項目
流動負債	正常営業循環過程にあるもの、または正常営業循環過程になくても**1年以内**に費用化が予定されているもの	支払手形、買掛金、未払金、前受金、前受収益、未払費用等が該当する
固定負債	1年を超えて支払い義務が発生する負債	社債、長期借入金、退職給与引当金等が該当する

企業会計原則では資本の部として、会社計算規則では純資産の部として区分されます。

＜資本の部＞

資本金		**株主の出資の合計額**
剰余金	**資本準備金**	将来の多額の支出や損失の発生に備えておくため資本金に組み入れなかった出資
	利益準備金	債権者保護の目的に従い、会社の稼得した利益のうち社内で留保すべきとして規定されている金額
	その他の剰余金	株主の出資のうち資本金に計上されなかったもので、資本準備金以外のもの（資本剰余金）や利益のうち配当せず会社内部に留保した金額で利益準備金以外のもの（利益剰余金）等

＜純資産の部＞

株主資本①	会社の資本となる財産。株主が出資した**資本金**、**新株式申込証拠金**や**資本準備金**、それを用いた利益の**利益準備金**や**利益剰余金**からなる
評価・換算差額等	その他有価証券評価差額金や繰延ヘッジ損益、土地再評価差額金等、資産または負債に係る評価差額（時価評価に伴う含み損益）を当期の損益として処理していない場合、純資産の部に計上するための区分
新株予約権②	株式会社に対して行使することにより当該株式会社の株式の交付を受けることができる権利を新株予約権といい、その払込額が表示される

KEYWORD

①**株主資本**
株主資本には、株主が出資した資本金等が該当します。

ココが出る！

②社債に区分するのではありません。

過去問CHECK！

資産の部は、流動資産、固定資産及び金融資産に区分しなければならない。

× 金融資産ではなく繰延資産に区分する

②取得原価主義と時価主義

購入金額をベースに貸借対照表の金額を記載していくことを取得原価主義といいます。貸借対照表の資産の多くは、資産購入時の金額をベースにしていますが、時価主義といって資産・負債を評価する際に、その時点での市場価格を用いて評価するものもあります。

③重要な後発事象

以下につきましては、財務諸表に注記されるべき重要な後発事象とされています。これらは財務諸表作成後の事象（後発事象）なので、当年度の財務諸表には記載されていませんが、翌期以降に影響があることが分かっているわけですから、注記しておくのです。

① 主要な取引先の倒産
② 会社の合併、重要な営業の譲渡又は譲受
③ 火災、出水等による重大な損害の発生
④ 多額の増資又は減資及び多額の社債の発行又は繰上償還

■貸借対照表

資産の保有状態 → ／ ← 資金の調達方法

資産の部	負債の部
流動資産 現金預金 受取手形 売掛金 棚卸資産 固定資産 有形固定資産 土地 建物 備品 無形固定資産 工業所有権 投資等 投資有価証券 繰延資産	流動負債 支払手形 買掛金 借入金 固定負債 長期借入金 社債
	純資産の部
	株主資本 資本金 新株式申込証拠金 資本剰余金 資本準備金 利益剰余金 利益準備金 自己株式 評価・換算差額等 新株予約権 少数株主持分

(3) キャッシュ・フロー計算書

キャッシュ・フロー計算書というのは、「実際のお金の流れで会社の実態を表す財務表」です。キャッシュ・フロー計算書は、営業活動によるキャッシュ・フロー①（営業CF）、投資活動によるキャッシュ・フロー（投資CF）、財務活動によるキャッシュ・フロー（財務CF）の3つに分けられます。

KEYWORD

①**キャッシュ・フロー(cash flow)**
お金の流れのこと。

①営業活動によるキャッシュ・フロー（営業CF）	本業による収入と支出の差額を表すもの

②投資活動によるキャッシュ・フロー（投資 CF）	固定資産や株、債券などの取得や売却をした時の現金の流れを表すもの
③財務活動によるキャッシュ・フロー（財務 CF）	現金の不足分をどう補ったのかを表すもの

索　引

【た】

【な】

【は】

【ま】

2024年度版《ねんどばん》　貸金業務《かしきんぎょうむ》取扱主任者《とりあつかいしゅにんしゃ》 合格《ごうかく》テキスト

(平成24年度版　2012年7月1日　初版　第1刷発行)

2024年6月7日　初　版　第1刷発行

編著者　ＴＡＣ株式会社
(貸金業務取扱主任者講座)

発行者　多田敏男

発行所　ＴＡＣ株式会社　出版事業部
(ＴＡＣ出版)

〒101-8383
東京都千代田区神田三崎町 3-2-18
電話 03 (5276) 9492 (営業)
FAX 03 (5276) 9674
https://shuppan.tac-school.co.jp

印　刷　株式会社ワコー

製　本　株式会社常川製本

ISBN 978-4-300-11098-0
N.D.C. 338

貸金業務取扱主任者

全国公開模試

TACの「全国公開模試」は、出題可能性の高い論点を精選して予想問題を出題します。緊張感の中、冷静に問題を読み取り、時間配分、問題の取捨選択を行えるかをトレーニングできる機会としても活用してください。

ココが POINT!

1 本試験レベルの予想問題を出題!

TACの「全国公開模試」は、近年の本試験の出題傾向を徹底分析したうえで、出題可能性の高い論点を精選して出題します。これまでも多くの本試験的中しているTACの全国公開模試を受験し、万全の状況で本試験に望んでください。

2 本試験までの指針となる充実の成績表!

得点分布表では、科目ごとに全体順位が一目でわかり、個人別成績表では、各問ごとに正答率が示されるため、どの問題を優先して復習しなければならないかが明確になり、本試験までの効果的・効率的な学習の指針となります。

3 詳細な解答解説だから復習もスムーズ!

効率的に復習できるよう、解答解説冊子のほか、解答解説講義もWeb配信します。根拠法令などの記載も充実しており、スムーズに復習することができます。

受験方法

◎会場受験

〔会　場〕 TAC八重洲校
TAC渋谷校

〔実施日〕 2024年
10/6(日)
13:00〜15:00

◎自宅受験

10月上旬にTACより問題を発送します。
答案提出締切日までに受験し、返送してください。

受験料
(消費税10%込)

¥8,500

「全国公開模試」の詳細は、8月下旬に「TACホームページ」および「全国公開模試パンフレット」でご案内予定です。

書籍の正誤に関するご確認とお問合せについて

書籍の記載内容に誤りではないかと思われる箇所がございましたら、以下の手順にてご確認とお問合せをしてくださいますよう、お願い申し上げます。

なお、正誤のお問合せ以外の**書籍内容に関する解説および受験指導などは、一切行っておりません。**
そのようなお問合せにつきましては、お答えいたしかねますので、あらかじめご了承ください。

1 「Cyber Book Store」にて正誤表を確認する

TAC出版書籍販売サイト「Cyber Book Store」のトップページ内「正誤表」コーナーにて、正誤表をご確認ください。

CYBER BOOK STORE TAC出版書籍販売サイト

URL:https://bookstore.tac-school.co.jp/

2 1の正誤表がない、あるいは正誤表に該当箇所の記載がない ⇒ 下記①、②のどちらかの方法で文書にて問合せをする

★ご注意ください★

お電話でのお問合せは、お受けいたしません。
①、②のどちらの方法でも、お問合せの際には、「お名前」とともに、
「対象の書籍名(○級・第○回対策も含む)およびその版数(第○版・○○年度版など)」
「お問合せ該当箇所の頁数と行数」
「誤りと思われる記載」
「正しいとお考えになる記載とその根拠」
を明記してください。
なお、回答までに1週間前後を要する場合もございます。あらかじめご了承ください。

① ウェブページ「Cyber Book Store」内の「お問合せフォーム」より問合せをする

【お問合せフォームアドレス】

https://bookstore.tac-school.co.jp/inquiry/

② メールにより問合せをする

【メール宛先 TAC出版】

syuppan-h@tac-school.co.jp

※土日祝日はお問合せ対応をおこなっておりません。
※正誤のお問合せ対応は、該当書籍の改訂版刊行月末日までといたします。

乱丁・落丁による交換は、該当書籍の改訂版刊行月末日までといたします。なお、書籍の在庫状況等により、お受けできない場合もございます。
また、各種本試験の実施の延期、中止を理由とした本書の返品はお受けいたしません。返金もいたしかねますので、あらかじめご了承くださいますようお願い申し上げます。

TACにおける個人情報の取り扱いについて
■お預かりした個人情報は、TAC(株)で管理させていただき、お問合せへの対応、当社の記録保管にのみ利用いたします。お客様の同意なしに業務委託先以外の第三者に開示、提供することはございません(法令等により開示を求められた場合を除く)。その他、個人情報保護管理者、お預かりした個人情報の開示等及びTAC(株)への個人情報の提供の任意性については、当社ホームページ(https://www.tac-school.co.jp)をご覧いただくか、個人情報に関するお問い合わせ窓口(E-mail:privacy@tac-school.co.jp)までお問合せください。

(2022年7月現在)